KB073506

인구 감소,

인구경제학이 찾아낸 미래 비즈니스 모델 총정리

부의 대전환

일러두기

본 책에서 등장하는 나이는 만 나이를 따랐습니다.

인구 감소,

인구경제학이 찾아낸 미래 비즈니스 모델 총정리

부의 대전환

전영수 지음

21세기북스

인구 변화는 우리 사회가 맞이할
최후의 큰 호재

　　인구 변화가 심각하다는 데 이견은 없을 것입니다. '심각'이란 단어로도 충분히 설명되지 않는 전대미문의 변화 흐름입니다. 예측 범위를 일찌감치 큰 폭으로 벗어난, 즉 속도와 범위와 깊이가 세계 신기록이죠. 출산율 2.1명이 인구 유지선인데, 우리는 0.72명대니 놀라움을 넘긴 경악스러운 성적표가 아닐 수 없습니다.

　　우리나라보다 앞서 인구 문제를 겪은 주요 선진국도 줄기는 줄어들지만, 얼추 ±1.6명대에 머물고 있죠. 뒤늦게 뛰어들어 가뿐히 추월하는 충격적인 감소세에 절체절명의 국가 위기란 진단도 빈말은 아닐 것입니다. 초저출생과 초고령화의 유일무이한 선두 사례답게 지금은 흥밋거리인 해외 토픽이 아닌 전 세계의 고민거리로 전락했을 정도입니다. 최소한 20~30년은 인구 변화가 메가 트렌드로 남을 수밖에 없는 이유죠.

앞으로는 어떻게 될까요? 개선되면 좋겠는데 여러모로 쉽지 않습니다. 의지가 부재하고 능력의 한계도 문제지만 거스를 수 없는 초유의 큰 흐름이라는 분석에 힘이 실립니다. 선진국형의 성장 정체에 따른 자연스러운 구조 갈등이 가족 분화와 자녀 출생이라는 인생 경로를 연기하고 포기하게 해 인구 구조가 변해서입니다. 자녀 없이 살아가는 인생이 가성비는 물론 가심비까지 월등히 좋아서죠.

어쩌면 인류 본능에 가까운, 수천 년의 DNA에 새겨진 번식 본능조차 호구지책의 엄중한 현실의 압박에 무릎을 꿇은 것과 같습니다. 그래서 설혹 광범위하고 대폭적인 구조 개혁을 동원해도 충격을 줄여줄 뿐 흐름에 맞서기는 힘들 것으로 보입니다.

인구 변화와 뒤이어 다가올 파장에서 벗어난 미래는 없습니다. 불행의 핵심 원인은 인구 변화의 악순환 탓이며 행복을 추동하는 엔진도 인구 변화의 호순환 덕일 것입니다. 피할 수 없다면 맞서는 수뿐입니다. 인구 변화는 피할 수도 피해서도 안 될 이슈죠. 물론 저출생과 고령화가 실존하는 위협 가운데 최고 수준의 위기와 악재란 점은 부인할 수 없습니다.

0.72명의 출산율은 개발도상국 때 정한 준칙이 선진국인 지금 현실적인 환경과 맞지 않아 발생한 불협화음의 결과물입니다. 이격을 줄이고 편차를 좁히며 제도와 현실을 조율하는 전환 작업이 필요합니

다. 동시에 인구 변화라는 시대 흐름에 의한 충격을 최소화하고 편익을 최대화하는 새로운 경쟁 무기로 인구 변화를 활용하는 역발상적인 접근이 바람직합니다.

누구에게는 위기이지만 누구에게는 또 기회입니다. 망조로 여겨진 악재가 새로운 질서를 재편하는 호재가 된 사례는 많죠. 우리나라의 성장 경로가 증빙하듯 위기를 기회로 바꾸는 모범적인 성공 사례가 절실합니다. 그렇다면 인구 변화로 '고도성장 → 지속 성장'의 새로운 질서도 타진할 수 있습니다.

'퍼스트 펭귄'이란 말을 들어봤을 것입니다. 무리 생활을 하는 펭귄이 먹이를 사냥하기 위해 바다로 뛰어드는 모습에서 나온 말입니다. 바닷속에는 천적들이 많죠. 그래서 땅끝에서 눈치를 보며 주저주저합니다. 이때 용기를 내 도전하는 한 펭귄이 뛰어들면 나머지도 덩달아 뒤를 따릅니다.

지금 우리 사회는 혁신 도전의 퍼스트 펭귄이 될지 혹은 인구 변화의 확정적 절멸에 설지 고빗사위에 선 듯합니다. 외신이 우리의 인구 문제를 자주 다루며 주목하는 이유도 이제 후발 위치에 선 그들의 고민에서 비롯됩니다. 저성장과 재정난을 겪고 있는 선진국의 골칫거리에 인구병까지 트릴레마를 완성한 유일한 사례가 우리나라이기 때문이죠. 오래전 우리나라가 그랬듯 인구 문제가 덜 심각한, 그러나 곧 줄어들 수밖에 없는 선진국이 이제는 반대 입장에서 우리나라를 좇아

후발자의 이득을 챙기고자 추격하는 준비를 끝낸 셈입니다.

우리의 길은 두 가지뿐입니다. '인구보너스 → 인재보너스'의 혁신적인 점프를 완성하거나, '선진국 → 개발도상국'으로 전락하는 함정에 함몰될 것입니다. 당연히 우리 사회가 선택할 수 있는 카드는 지향성과 현실론 모두 전자로 향합니다. 고도성장의 바통을 넘겨받는 지속 성장의 새로운 작동 질서를 실험하고 안착하는 경로입니다. 인구가 줄어도 누구나 풍족한 삶을 꾸릴 수 있는 뉴노멀을 제안하고 강화해야 할 운명입니다.

단순한 양적 지표로서 노동(L)과 자본(K)의 단위 투입당 부가 가치의 창출 셈법은 멈춰섰습니다. 애덤 스미스의 자본주의는 여기까지인 듯합니다.

앞으로 필요한 것은 인구 변화가 성장 엔진일 수밖에 없는 신시대의 뉴패러다임입니다. 새로운 질서와 달라진 혁신이 합쳐질 때 위기라는 가면을 쓰고 달려오는 기회를 품어 안을 수 있을 것입니다. 우리는 그럴 만한 경험과 능력이 충분합니다.

우리 사회에 달라진 신자본주의의 작동 체계를 요구하고 기대한다면 과한 접근일까요? 상식과 고정 관념은 불필요한 껍데기에 불과합니다. 0.72명의 출산율도 기성세대와 선배 집단과 언어나 문법이, 달라진 후속 세대의 반발과 저항에 따른 결과라는 사실을 잊어서는 곤란하죠.

인구 덕에 여기까지 왔다고 해서 인구 탓에 무너질 이유는 없습니다. 도리어 저출생과 고령화라는 가장 급박하고 급격한 상황에 내몰린 한국의 특수 상황을 호기로 전환하는 체인지 메이커의 자세가 필요하죠. 강조컨대 인구가 전부입니다. 인구는 경제이자 미래면서 기회이자 행복입니다.

매몰찬 감소를 반가운 축소로 뒤집는 한판승 전략을 수립할 것을 기대합니다. 인구 변화의 미래가 걸린 단 한 번뿐인 새판 짜기는 이미 시작됐습니다. 오너십이 강할수록 밤잠을 못 이룰 정도입니다. 도태될 것인가 도약할 것인가 자문하며 대응할 때입니다. 어떤 변화든 그 자체로 훌륭한 기회인 법입니다.

이 책은 모두 3부로 구성돼 있습니다. 가장 중요한 문제 제기인 저출생과 고령화의 인구 변화가 왜 기회일 수밖에 없는지를 1부에서 알아봅니다. 본격화된 인구 재편이 어떻게 기회를 포착하는 성공 조건으로 귀결되는지 주로 기업과 시장 측면에서 살펴봅니다.

상징적인 사례로 자산 시장을 집중적으로 분해해 변화 양태와 수익 기회를 살펴봅니다. 과거와 같은 접근으로는 무난한 자산 투자가 힘들어질 예정입니다. 확고부동한 금융 이론 가운데 하나인 생애 주기 가설조차 저출생과 고령화에 부딪혀 근본부터 흔들리기 때문입니다.

2부에서는 자산 시장보다 더 근본적인 구조 변화가 일어날 실물 시장을 다룹니다. 축소 시장의 진성 고객을 찾아야 인구 변화를 위한 성장 기회에 올라탈 수 있는데요. 아마도 대량 등판이 예고된 1970년 대생을 필두로 한 1,700만 요즘 어른(1955~1975년생)이 열쇠를 쥔 듯합니다.

더불어 인구가 많았을 때 통했던 산토끼론은 이제 생애 전체 반복 소비를 전제한 집토끼론으로 교체될 듯합니다. 당장은 인구 감소를 벌충해줄 노년의 증가에 집중할 필요가 있습니다. 달라진 노년 집단이 불러온 새로운 트렌드에 블루오션의 힌트가 숨어 있기 때문이죠.

이를 토대로 고성장이 외면한 매력적인 사업 틈새를 찾는 작업이 필요합니다. 인구 변화를 딛고 선 새로운 성장 후보 비즈니스부터 지속 가능한 대안 모델까지 살펴보며 몇몇 힌트를 3부에서 제안합니다.

그럼에도 이 책은 한계와 약점이 많습니다. 새로운 관점과 주장을 논리적으로 유지하고자 다양한 증거와 통계 근거를 제안했음에도 불구하고 전제 조건과 함께 논리 비약이 적지 않다는 점을 고백합니다. 불안한 논리와 불편한 인식이 있다면 전적으로 제 역량 부족임을 밝히며 양해를 구합니다.

그간 인구와 관련된 나름의 공부와 연구를 반복했음에도 불구하고 다시금 쉽지 않은 영역이자 주제라는 생각이 듭니다. 단일 이슈가 아닌 수많은 톱니바퀴가 뒤엉켜 작동하는 사회와 사람의 문제란 점에서 특히 만만치 않습니다. 그렇기에 이만큼 영향력이 넓고 후폭풍이 거센 연구 주제도 없는 듯합니다.

인구 문제를 통계의 눈으로 바라볼 때 드러나는 제도와 현실의 간극이 더는 대결과 갈등의 위기가 아닌 공감과 상생의 기회가 되기를 바랍니다. 더불어 책을 통해 낯설고 힘들지만, 인구를 둘러싼 새로운 접근과 달라진 실험이 확대되기를 또한 바랍니다.

책은 수많은 분의 지지와 응원에 힘입어 완성할 수 있었습니다. 일일이 감사 말씀을 드리지 못해 송구합니다. 지면을 빌려 고개 숙여 깊은 고마음의 인사를 올립니다. 모든 분의 미래에 작은 도움이라도 되기를 바랍니다.

2024년 3월

전영수

Contents

프롤로그 인구 변화는 우리 사회가 맞이할 최후의 큰 호재   4

1부
인구 감소는 왜 기회인가

1장   예정된 미래, 축소 시장

1. 다가올 대전환의 힌트가 될 인구 변화   17

2. 인구병이 앞당긴 수축 사회, 대한민국   27

3. 인구 변화가 쏘아 올린 부의 대전환   37

4. 인구 재편의 기회를 포착하기 위한 성공 조건   47

2장   자산 시장이 재편된다

1. 인구 변화가 촉발한 자산 시장 변화   57

2. 청년의 변심 속에 수익은 방황하고 있다   65

3. 20년 후 출생 제로, 청년이 내 집을 살까   73

4. 멈춰버린 신도시와 원도심의 수직 도시   82

5. 세대부조의 붕괴를 예고하다   94

2부
축소 시장의 진짜 고객들

1장 1970년대생이 온다

1. 달라진 '요즘 어른'이 사는 법   107

2. 돈 쓸 준비가 된 1970년대생   114

3. 1970년대생의 남다른 인생 경험과 돈벌이   123

4. 1970년대생의 잘 벌고 잘 쓰는 법   132

5. 1970년대생의 취향 욕구와 비즈니스 모델   142

2장 돈 되는 축소 시장의 집토끼

1. 고객 감소가 불러올 신질서를 장악하라   151

2. 모객 전략을 수정하라   162

3. 고객이 줄어도 더 팔면 그만   171

4. 돈 되는 집토끼를 잡아라   180

5. 집토끼의 헤어질 결심?   191

3부
도태될 것인가, 도약할 것인가

1장   인구는 줄어도 노인은 늘어난다

1. 인구 감소 vs. 초고령화   203
2. 돈의 힘이 쏘아 올린 초고령화   212
3. 베이비부머 세대가 불 지핀 새로운 트렌드   221
4. 늙음에서 성장으로   230
5. 초고령화의 연착륙을 위한 해법   242

2장   고성장이 외면했던 실속 있는 틈새시장

1. 인구 감소가 불러온 틈   253
2. 일본 쇠락의 길인가, 지속 한국의 길인가   261
3. 롤모델 없이 위기를 헤쳐 나가야 할 때   270
4. 인구 감소가 발굴한 새로운 비즈니스   279
5. 가족 붕괴에서 읽는 비즈니스 트렌드   288
6. 우리나라 10대 인구 트렌드   295
7. 지속 가능한 뉴노멀   309

1부

인구 감소는 왜 기회인가

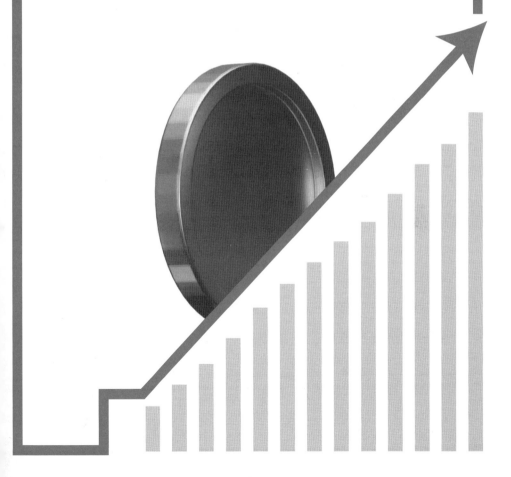

1장

예정된 미래, 축소 시장

다가올 대전환의 힌트가 될
인구 변화

'인구가 줄면 나라가 망한다?' 대부분이 공유하는 상식이자 고정 관념이다. 인구 공급이 감소 혹은 정체인데 경제 활동이 증가하거나 확대될 수는 없어서다. 선수가 없으면 경기가 멈춰 서는 것과 같다. 선수 본인(가계)은 물론 직간접이고 전후방에 위치한 관련 주자(기업과 정부)까지 휴장하는 신세로 전락한다. '경제 활동 → 소득 획득 → 소비 증가 → 조세 확대 → 재정 확충 → 복지 지출'의 순환 경제가 인구 감소 앞에서 벌벌 떠는 이유다.

실제 인구는 생산과 소비 주체라는 이중 성격을 모두 가지고 있을 뿐더러 재정을 떠받치고 복지를 제공받는 양가적인 특성이 있다. 따라서 투입 자체가 줄어들면 창출 결과도 적어질 수밖에 없다. 경제 활동의 축소가 돌고 돌아 우리 사회를 떠받친 세대부조의 사회 근간을 뒤흔드는 까닭이다.

하지만 정말 인구 감소는 악재일까? 아쉽게도 지금까지는 악재로 분류한다. 일단 총인구 감소가 이미 확인된 선행 사례에서 '인구 감소 → 경제 악화 → 사회 부담'인지부터 살펴보자. 2023년을 기준으로 볼 때 주요국 가운데 총인구 감소국은 3개국이다. 순서대로 일본(2016년), 한국(2020년), 중국(2022년)이다.

우리나라와 중국은 통계상 유의미한 감소 영향을 확정 짓기에 아직 시간이 짧다. 경기 주기의 순환 파동이 완결되지 않았다는 점에서 상황이 악화된 요인이 인구가 변화된 탓인지 그 인과성을 검증하기는 이르다.

이런 점에서 인구 감소의 본격적인 후폭풍을 체감할 수 있는 것은 일본뿐으로 해석할 수 있다. 저출생(저출산을 '저출생'으로 바꿔 쓰자는 중립적 표현 권고에 따랐다. 다만 '출산율'처럼 개념 정의가 고정된 보통 명사는 그대로 썼다)과 고령화의 인구 변화가 생활 전반과 경기 흐름에 영향을 줄 만한 시간 경과를 확인할 수 있기 때문이다.

상수로 확정된 대한민국 인구 위기

서구에서 찾아볼 수 있는 사례는 다르다. 대부분은 자연 감소(출생 - 사망 = 마이너스)에도 불구하고 나라 밖의 국제 유입으로 총인구는 줄

곧 증가세다. 2021년 기준 북아메리카 1.6명, 유럽 1.5명, 아시아와 남아메리카 1.9명은 모두 인구 유지선인 2.1명 아래의 자연 감소이지만, 총인구는 대부분 플러스다. 따라서 우리 사회에 적용하고 비교하기는 어렵다.

그렇다면 인구 감소가 지속된 일본에서 사회 전체에 걸친 파급적인 악재 여부를 확인할 수 있다. 불황 원인이 다양해 인구 감소만으로 인과성을 논하기는 부족하지만, 대체적인 흐름은 '인구 감소 = 장기 불황'에 무게 중심이 쏠린다. 인구가 줄면서 활력이 끊기고 구조가 흔들리고 있어서다. 인구 변화가 국가 채무와 소득 감소, 즉 '빈곤 사회와 빈곤 국민'을 키웠다는 혐의에서 결코 자유롭지 않다는 얘기다.

그만큼 '인구 = 국력'은 장기간 국가 서열과 사회 기반을 결정짓는 파워풀한 이미지다. 심지어 제아무리 잘살아도 인구가 적으면 대접조차 받지 못하는 것이 국제 사회의 냉정한 운영 질서다.

경제가 좋아도 인구가 적으면 강소국으로 불릴지언정 국제 의제를 다룰 때 리딩 파워는 거의 없다. 따라서 인구 감소는 위기 변수로 해석될 수밖에 없다.

워낙 장기간 신화처럼 인식된 탓에 머릿수야말로 승부수가 될 수밖에 없는 잣대로 기능했다. 5030클럽으로 구분 짓기가 대표적이다. 인구 5,000만 명에 1인당 국민소득 3만 달러를 파워 국가로 보는 평가다. 세계 10위권에 안착한 멤버인데, 우리나라는 2019년에 7번째로 5030클럽에 가입했다. 참고로 국민소득 5만 달러까지 넘긴 5050클럽은 미국뿐이다. 인구 파워와 경제 능력을 합친 국가 경쟁력 넘버원의

G1 국가다운 덩치이자 실력이다.

'인구 감소 = 대형 악재'면 앞날은 퀴퀴하고 답답하고 우울한 사회일 수밖에 없다. 그것이 우리 사회가 직면할 정해진 미래라면 갈등과 절망은 불가피하다. 당위론은 물론 현실론도 결코 인정할 수 없는, 그래서 맞서고 넘겨야 할 시대 화두일 수밖에 없다.

일본 사례만 들어 악재 논리를 수용할 이유도 여유도 없다. 일본은 뜯어보면 인구 감소가 침체 원인 가운데 하나지만, 전부는 아니다. 차라리 정책 무능, 혁신 거부, 폐쇄주의, 매뉴얼화 등 다른 불황의 영향이 더 클 수 있다. 그러므로 인구 악재가 사회 붕괴로 연결된다는 주장에 얽매일 필요는 없다.

총인구가 감소하는 2번째 국가답게 우리나라의 앞길이 '인구 감소 = 지속 성장'을 증명하는 경로로 설정하고 추진하는 것이 바람직하다. 차라리 인구 감소는 아니지만 적은 인구로 높은 성과를 내는 강소국의 국가 비전과 경제 전략을 인구 감소국의 변형 모델로 분해해 체화하는 것이 먼저다.

인구는 적지만, 경제 성과는 세계 최고인 북유럽 강소국은 꽤 매력적인 연구 대상이다. 각각이 다른 길을 걸어온 경로 의존성 탓에 그대로 차용할 수는 없겠지만, 힌트로는 제격이다. 좋은 것은 받고, 안 될 것은 버리면 그만이다.

우리나라는 고빗사위에 섰다. 세계 신기록의 출생 통계가 뒷받침하듯 한국형 인구 변화는 과속이 축적되며 제어하기 힘들 정도로 가속도까지 붙었다. 방치하면 열도 침몰을 운운하는 불행 사회로 전락한 일본 전철을 밟을까 우려될 뿐이다.

결국에 선택지는 없다. 손 놓고 있을 수도 없다. 인구 감소가 국력 약화로 이어지는 직결 변수라면 우리 사회에 필요한 것은 완화 전략과 적응 전략 속에 인구가 감소하는 충격을 최소화하는 것과 도약하는 기회를 최대화하는 것이다.

안타깝게도 고성장을 끌어준 요소 투입형 성장 함수인 $Q = f(L, K)$는 끝났다. 최소한 자원이 풍부하고 욕망이 통제되는 성숙 사회(= 선진국)에서 먹혀들기는 어렵다. 우리나라도 선진 대열에 합류했다. 사회 부적응형의 사건 사고 등 조로(早老)형 성장통이 끝나면 정체 압력은 거세질 전망이다.

인구 감소로 시작된 노동(L)과 자본(K)의 연쇄 부족은 피하기 어렵다. 총요소생산성처럼 이를 대체할 강력한 투입 자산이 요구될 수밖에 없다. 기존 질서, 고정 관념과 결별한 새로운 투입 요소를 찾아내는 것이 관건이다. 얼추 얼개는 보인다. 청년 인구, 혁신 사고, 향상 기술, 규제 완화, 틈새 기회, 미래 공간 등 정량적이고 정성적인 후보 가치가 그렇다. 예전에는 양념이었지만 앞으로는 본질로 부각할 미래 자산이다.

이들 혁신 자산이 노동과 자본을 보완하고 대체하며 핵심 요소로 기능하면 선진국이 갈망하는 인구 감소형 지속 가능한 자본주의도 기대할 수 있다. 축소 경제를 거부하고 성장 욕구를 흡수하는 신자본주의를 우리나라가 써내는 것이다. 잠재력은 확인됐고 충분하다. 새로운 혁신 모델과 경제 이론을 쓸 자질과 능력, 의지를 두루 갖췄다.

경쟁력과 역발상의 조합으로 껍데기(위기)에 휘둘리기보다 알맹이(기회)를 찾아내는 심미안을 권유한다. 그렇다면 우리나라에서 시작된 인구 감소의 메가 트렌드는 위기가 아닌 기회일 수밖에 없다.

인구 트렌드는 기회 창출의 상수다

기회 창출의 상수이자 미래 독법의 힌트인 인구 변화를 완전하고 확실하게 이해하고 장악하는 것은 필수불가결하다. 강력한 설명력의 나침반이 있음에도 더듬대며 불안하게 한 발 한 발 내디딜 필요는 없다.

고정 관념에 휩싸여 결정적인 힌트를 놓쳐서는 곤란하다. 무엇보다 메가 트렌드의 순풍이 불 때 제대로 올라타려면 선제적인 전략을 수립하고 사전 준비를 당연히 해야 한다. 머뭇거릴 연유와 시간은 없다. 출발은 미래를 진단하는 상수이자 시장 독법의 전부인 인구를 정복하는 것부터다. 즉 인구가 전부인 까닭이다.

인구만큼 영향력과 파급력이 큰 요소도 없다. '인구 = 국력'이라는 등치는 줄었지만, 여전히 인구만 한 잣대도 없다. 선진국이 이민과 난민을 흡수하기 위한 국제적인 전입을 확대하는 경쟁에 나서는 것은 도덕적 인류애보다는 효율적 국부론이 더 설득력 있다. 내국인이 줄어들면 외국인을 통해서 부족분을 메우고 생산성을 높이려는 차원이다. 그래서 '인구 감소 = 국부 유지'라는 사례가 드물다. 그나마 하방 압력을 줄이는 것이 최선이다. 결국에 인구 변화를 완전히 정복하는 일은 필수 가치다.

모르고 지나치면 가랑비에 옷 젖듯 뒤늦은 후회일 확률이 높다. 무엇보다 불확실성이 판치는 시대답게 앞날을 대비하려면 인구 변화부터 챙기는 것이 손쉽고 효과적이다. 인구 변화는 작고 약한 퍼즐이지만 하나하나 맞출수록 사회 전체, 미래 독법을 위한 밑그림과 큰 그림까지 그려준다. 시행착오를 줄인 자기 확신으로 새로운 점프 기회를 제공해준다.

'변수 → 상수'로 업그레이드한 인구 구조는 미래 계산에 투입할 수 있는 필수 조건에 가깝다. 그래야 깔끔한 계산식과 뚜렷한 결과치를 추출할 수 있다. 양적 변화는 물론 질적 변화까지 넣을 때 제대로 된 결과를 도출하는 일이 가능한 것은 물론이다.

이를테면 어제의 청년과 오늘의 청년은 사고 체계가 다르기 때문이다. 어제의 중년도 내일의 노년일 수는 없다. 결국에 양도 바뀌지만, 질도 변한다. 이를 잘 분석하고 반영해야 진단을 확실히 할 수 있고 정확한 처방을 할 수 있다.

아쉽게도 인구 변화를 위한 참고서도 정답지도 거의 없다. 일본 정도이지만 우리나라에 적용하기는 어렵다. 당장 초저출생만 봐도 선행국의 격차와 편차가 현격히 벌어진 이유를 설명하기 어렵다. 인구 변화를 나타내는 경고성 숫자나 현상에도 불구하고 우리나라의 상황 판단과 지체 대응도 차별적이다. 사상 최저치라느니 전대미문이라느니 미증유라느니 하는 데는 우리나라만의 이유가 있다. 좇을 만한 대상이 없고 매력적인 힌트도 없으니 비빌 언덕은 우리나라뿐이다.

진짜 '충격'은 아직 오지도 않았다

인구 통계는 앞날을 열어젖힐 유력한 열쇠다. 변화에 관한 진폭이 극심한 우리 사회는 인구 힌트만 한 유의미한 진단 툴도 없다. 다른 수많은 영향 변수에도 불구하고 최소공배수는 인구 변화다. 정치 지형, 경제 양상, 사회 구조 등 모든 것이 달라졌다면 이는 인구 구조에서 비롯된 변화일 수밖에 없다.

모든 변화는 인구에서 시작한다. 미래를 읽으려면 인구를 통하는 것이 기본이다. 어렵지는 않다. 사주팔자보다 더 손쉽게 앞날은 읽을 수 있다.

인구와 관련 있는 직간접적인 통계는 많다. 통계청에서 5년마다 시행하는 인구주택총조사부터 행정안전부가 매해 매월 실시하는 주민등록인구통계가 밑그림이라면 매년 나오는 개별 기관의 차별화된 인구 통계는 각양각색의 색연필이다. 설계가 작위적이라서 완전히 신뢰하기는 힘들지만, 대략적인 규모와 방향은 추출할 수 있

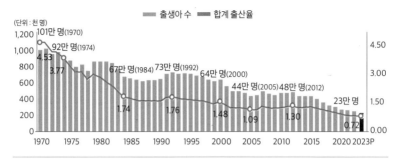

1970~2023년 출산율과 출생아 장기 추이

■ 출생아 수　■ 합계 출산율

(단위 : 천 명)

101만 명(1970)
92만 명(1974)
4.53
3.77
67만 명(1984)　73만 명(1992)
64만 명(2000)
44만 명(2005)　48만 명(2012)
1.74　1.76
1.48
1.09　1.30
23만 명
0.72

1970　1975　1980　1985　1990　1995　2000　2005　2010　2015　2020　2023P

4.50
3.00
1.50
0.00

*2023년 출생과 사망 통계는 잠정
자료 : 통계청

다. 필요에 따라 참고 자료로 쓰기에도 좋다.

인구는 삶을 다룬다. 흐름을 뒤바꾸고 운명을 좌우한다. 작은 나비가 태풍을 불러오듯 순환적인 연결성을 감안할 때 인구 변화는 곁에 두고 챙겨봐야 할 필수 의제 가운데 하나다. 인구 통계에 관한 정밀독해만 하면 위기인지 기회인지는 정해진 것과 같다.

인구 변화는 모든 것을 바꾼다. 지금까지의 변화는 무시해도 좋다. 하나둘 목격한 변화에 대한 충격은 가벼운 잽 정도에 불과하다. 동시다발로 던져질 묵직한 어퍼컷은 아직 시작하지도 않았을뿐더러 희미하게 예고된 상태에 불과하다. 다운을 피하려면 맞은 후 버티기보다 사전에 피하는 것이 상책이다.

인구 급변은 위기일 수 있지만 준비해놓았다면 기회에 가깝다. 어쩌면 '고성장 → 저성장'으로 정리할 수 있는 패러다임 전환 시기에 주어진 마지막 한판의 대형 장세일 수도 있다.

이미 눈치 빠른 선발 선수의 혁신적인 행보에서 확인할 수 있듯 '인구 변화 → 고객 변화 → 소비 변화 → 시장 변화 → 사업 변화'의 연결 고리는 시작됐다.

인구 변화에 관한 관심과 공부는 필수다. 변화된 인구 구조를 알면 사양 산업조차 성장 시장으로 뒤바뀔 수 있다. 인구 변화는 생존 토대이자 성장 기반이다. 인구를 알아야 미래가 보인다.

인구병이 앞당긴 수축 사회, 대한민국

우리나라가 방향 상실이라는 거대 함정에 빠진 듯하다. 좁혀오는 위기에도 불구하고 속수무책으로 포위된 채 이러지도 저러지도 못하는 형국이다.

꽉 막힌 현실은 흐릿한 희망조차 허용하지 않는 분위기다. 방향을 잃었고 경로는 없으며, 방책은 헛되고 미래는 닫혔다. 이로써 우리 사회는 부정적이고 비관적인 수식어만 확대 재생산한다.

그나마 몇 없는 긍정적이고 낙관적인 기대감은 갈수록 설 땅을 잃는다. 마지막일 소중한 기회조차 이해타산 속에 허망스레 잃어버리는 상황 인식이나 문제 대응을 볼 때 우리 사회의 지속 가능성은 제로에 가깝다. 똑똑하고 감각적인 미래 세대가 결혼과 출산의 가족 포기에 배팅한 이유다.

처음부터 부정적인 난기류가 우리 사회를 지배한 것은 아니다. 코로나19라는 먹구름만 걷혀도 활력을 회복하는 일은 자연스러울 것으로 내다봤다. 전 지구를 괴롭혔던 팬데믹이라는 돌발 변수만 극복하면 정상적으로 복귀한 후 순항할 것이라는 기대감이 컸다. 현실은 그렇잖다. 녹록지 않은 상처 속에 외면했던 증상마저 덧붙으며 단순 상처가 아닌 중증 질환으로 번지는 모습이다.

그래서 뾰족한 활로 없이 한 치 앞도 모른 채 멈춰 서고 돌아보기를 반복한다. 갇힌 채 꽉 막힌 교통 체증처럼 답답하고 불안하다. 게다가 시원히 뚫릴 기세조차 찾기 어렵다. 문제를 해결해야 할 리더 집단의 의지와 능력마저 실종 상태가 아닌가 싶다.

'이대로면' 미래 풍경은 수축 사회로 확정적으로 진입한다. 감축과 축소로 향할 역경과 갈등은 충분히 예고됐다. 혹여 아닐 여지를 위해 전제를 붙여본들 상황을 개선하기 위한 개전의 정은 기대 이하이므로 먹먹한 현실을 뒷받침한다. 일찍이 불거진 숱한 조짐과 경고는 반면교사보다 불협화음만 심화시킨다.

엄하고 암울한 사회답게 '제도 vs. 현실'의 불일치(미스매칭)는 돌고 돌아 '나 아니면 OK'식의 폭탄 돌리기로 귀결된다. '제도 = 현실'을 위한 과제는 쌓여 있지만, 손쉽게 풀릴 상황은 지나갔다.

제도를 수정하기 위한 구조 개혁부터 고정 관념의 인식 전환까지 동시다발의 셈법이 필요하다. 와중에 우리나라 경제의 '낙관론 vs. 비관론'은 아쉽게도 후자로 쏠린다. 한국형 장기 복합 불황이 시작됐다는 날 선 경고다.

한국형 장기 복합 불황이 보내는 경고

그렇다면 원인은 뭘까? '수축 사회'라는 단어에서 추정할 수 있듯 오그라들고 줄어든다는 점에서 잠재적인 유력 힌트를 도출할 수 있다. 추론은 팽창과 확장, 성장 등 양적인 플러스형 사회 경제 구조가 멈춰섰다는 지점에서 시작한다. 즉 인플레이션이 떠받친 장기 복합 호황의 고도성장론이 종언을 고했다는 의미다.

남은 선택지는 두 가지다. 편편한 기울기 속에 계속해 우상향(↗)일지 혹은 높은 산의 깊은 골처럼 내리꽂는 우하향(↘)일지다. 둘 다 과거의 기적적인 고성장은 고려하거나 기대하지 않는다. 아쉽게도 팽배한 비관론처럼 우리 사회의 앞날은 축소, 감축, 정체 등 마이너스형일 확률이 높다. ±1~2%대의 현행 유지 성장률조차 다행일 정도로 성장 기반인 투입 자원의 여력 자체가 축소된 탓이다.

수축 사회를 만들어낸 출발점을 되짚고, 주고받은 영향력을 쪼개면 설명 변수는 하나로 압축할 수 있다. 이제는 익숙해진 키워드 '인구 변화'다. 우리 사회의 수많은 문제가 왜 생겨나고 심해지는지 생각해보면 답은 꽤 명확해진다. 직접적인 인과성이나 간접적인 상관성에 차이는 있을지언정 우리 사회의 변화 양상을 통제하고 관할하는 최대 변수이자 기초 뿌리는 인구 변화로 요약할 수 있다. 사회 변화의 원점에 달라진 인구 구조가 있다는 얘기다.

복잡하고 어지러워도 화재 현장의 정황 증거가 한곳의 발화 지점을 향해 눕듯 시대 흐름의 근본 요인은 하나같이 인구 변화로 모인다. 모든 것은 '인구 변화로 설명할 수 있다'라고 해도 과언이 아닐 정도다. 만들고 쓰는 생산적이고 소비적인 단위 활동부터 경제 너머의 사회적 작동 방식까지 '미세 욕구 → 집합 수요 → 인구 수급 → 구조 변화'로 결정되는 까닭이다.

따라서 인구 변화를 안다는 것은 선택이 아닌 필수다. 미래를 읽는 데 인구 변화만큼 설득력 있고 논리력이 강력한 암시 지표도 없다. 시대를 읽어내는 압도적인 바로미터로 제격이다. 이를 알고 모르고는 천양지차일 수밖에 없다. 특히 우리 사회의 앞날에 부정적인 기류가 가득한 만큼 선제적 차원에서 최대한 정보를 수집하고 내용을 분석해 위험 회피와 기회 창출의 묘책을 찾는 접근은 필수불가결하다.

그렇다면 인구 변화는 훌륭한 쓰임새로 활용할 수 있다. '탄광 속의 카나리아'라는 비유가 있다. 유해 가스에 민감한 카나리아를 보며 위험 신호를 체크하고 탈출 경로를 세운다는 광부의 생존 비법을 뜻한다. 우리 사회의 앞날에서 위험과 재앙을 걷어내려면 인구 지표야말로 가장 반가운 카나리아다.

성장률 1% 미만이 머지않았다

그럼에도 인구 변화는 아직 범용적인 보통 명사는 아닌 듯하다. 최근 몇 년 새 발표된 충격적인 출생 지표 탓에 상당한 위기감과 폭넓은 공감대가 형성되며 시급한 사회 문제로 안착했지만, 여전히 긴가민가 혹은 오락가락의 시대 화두로 방황하는 신세다. 특히 대응 체계를 구축하고 실현할 신성한 신탁 의무를 지닌 정치와 행정의 무시 회피형 매너리즘이 고질적이다. 그래서 수많은 말만 떠돌 뿐 정작 필요한 개혁에 관한 손길은 찾기 어렵다.

배가 산을 향하는 국민연금에 관한 개혁 논의만 봐도 갈수록 복잡해질 뿐 실마리는 실종됐다. 없는 묘책을 찾자니 시간을 끌며 뭉개는 수만 반복한다. 갈등과 비용은 후속 세대의 외상 장부로 떠넘겨진다. 와중에 똑똑해진 청년 세대가 가족 분화와 출산 카드를 버리는 것은 당연지사다.

인구 변화를 볼 때 수축 사회를 회피할 방법은 없다. 일시적 저성장이면 좋겠지만 상황 논리와 기반 환경은 구조적 저성장을 향한다. 잠재 성장률은 벌써 1~2%대까지 떨어졌다.

1990년대부터 추적해보면 5년마다 1%씩 하락한다(1995년은 7%대). 2030~2040년대의 제로 성장이 기우만은 아니라는 의미다. 좋은 말로 감축 성장이지만 모든 것이 떨어지는 축소 지향의 디플레이션은 머지 않은 현상이다.

세계에서 가장 빠른 저출생과 고령화가 저성장을 부채질하며 2030년에 0.69%까지 잠재 성장률이 추락한다는 연구도 있다(한국경제학회, 2023년). 노동과 자본을 쏟아부어도 혁신 함수(≒ 총요소생산성)가 발휘되지 않으면 성장을 유지하는 것은 힘들어서다.

실제 우리나라의 성장률은 일찌감치 하방 국면에 진입했다. 1980년대 이전만 해도 두 자릿수 성장률을 보였지만 이후 일관된 하향 추세를 유지했다. 1980~1990년대 7~9%대의 성장률은 30~40년 후인 현재 1~2%대까지 떨어졌다. 노동, 자본, 총요소생산성으로 정리할 수 있는 요소 투입형의 성장 모형이 힘들어졌기 때문이다.

높은 출산율로 거대 인구가 태어나며 노동 시장에 공급됐고, 그들이 근로 활동과 함께 조세를 납부하며 자본 축적을 일궈냈으며, 정부 지원, 기술 개발, 혁신 가치 등 정성 자산과 무형 자산이 뭉쳐지며 총요소생산성을 만들던, 어쩌면 우리나라가 가장 모범적인 실현 국가였던 요소 투입형 발전 모델이 약해지고 멈춰 서는 결과다. 즉 인구 변화로 볼 때 최초 투입부터 노동 공급이 감소하는 반전이 시작됐고, 이 결과 자본 축적은 제로 상황으로 수렴되며, 보너스로 주어졌던 총요소생산성도 약화할 우려가 구체적이다.

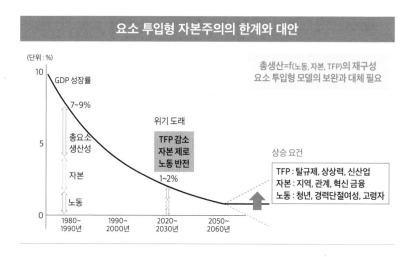

갈 방향은 뻔하다. 새롭고 달라진 노동과 자본을 보완하고 대체할 요소를 발굴하고 투입해야 하며, 상식 파괴와 혁신 지향이 전제된 총요소생산성을 재구성해야 한다. 인류 최초로 고전적 요소 투입형의 성장 함수를 대체할 새로운 모델 수립만이 유일한 해법일 따름이다.

그럼에도 냉엄해진 현실 인식은 여전히 소수 의견이다. 만만찮은 도전 과제가 축적되고 확산하고 있지만, 단번에 풀어낼 만능열쇠라도 찾듯 위기 체감도는 옅고도 낮다.

카나리아의 울음소리가 가득하지만, 무시하고 외면하며 눈앞의 이익을 확보하는 데 몰두하고 있다. 현실을 모르니 미래를 품는 것은 기대하기 어렵다. 수많은 정책 대응에 맞서는 열악한 성과 창출은 고질적인 병폐로 우리 사회를 짓누른다. 신호를 소음으로 받아들이니 원인을 분석하기는커녕 해법을 도출하는 데도 엇박자를 낼 수밖에 없다.

인구 변화를 보건대 수축 사회의 확정 진입을 뜻하는 경고 신호는 벌써부터 반복해서 발신됐다. 길게는 1983년 인구 유지선(출산율 2.1명)을 하향 돌파하면서 감소세가 경고됐고, 짧게는 2003년 저출생고령사회위원회의 본격적인 방어 체제까지 가동됐음에도 출산에 대한 개선이 없는 상황 악화만 불러왔다.

즉 '인구병 = 저성장'은 40년 전부터 시작됐고, 본격적인 대응도 20년 동안 실행해오고 있었다. 그런데도 성적표는 출산율 0.65명 (2023년 4분기 잠정치)이다. 대단히 꼬인 잘못된 인식이고 대응이 아닐 수 없다.

여전히 파워풀한 고성장의 기억

한편 고성장을 여전히 강렬하게 욕망한다. 축소 사회임에도 고성장을 꿈꾸는 관성과 습관적인 인식, 접근이 많다. 현실 상황과 동떨어진 과도한 목표 설정이 곳곳에서 펼쳐진다. 나라 살림을 책임지는 정부의 성장과 세수 목표부터 평균 이상의 지속 성장을 갈구하는 개별 기업의 매출과 이익 목표까지 축소 인정보다는 과다 설정이 일반적이다.

당장 사정이 여의찮다면 주가 전망의 모범 답안(?)처럼 '상저하고(上底下高)'를 채택할 뿐이다. 갈수록 좋아질 것이니 지금보다 목표치를 높게 잡아도 좋다는 식이다. 잠재 성장률 1~2%대에 맞서 과도한 달성 목표(핵심 성과 지표)로 좌절과 핑계만 내놓는 것은 아닌지 우려될 정도다.

그만큼 고성장의 기억은 강력하다. 워낙 압축적인 고도성장인 까닭에 그 경험을 몸으로 기억하는 중년 이상의 인구 집단이 많다. 두 자릿수 성과 창출을 당연히 여기는 경험 경로를 지닌 경우다. 그들의 '빨리빨리'가 독보적인 속도와 범위를 내세우며 '후진국 → 선진국'을 달성한 것은 불문가지다.

GDP와 국민총소득 등 양적 수준을 뒷받침하는 세계 랭킹 10위권은 기적처럼 일궈낸 고성장의 증거 자료다. 선진 그룹인 OECD나 EU와 비교해도 대등할뿐더러 중심 국가로까지 우뚝 서며 세계 표준을 선도할 찰나다. 고성장을 주도하고 견인한 생생한 기억은 저성장의 딴지조차 손쉽게 걷어찬다. 못할 것이 없다는 전투력과 헝그리 정신이 뿜어낸 향상심은 역사 속 고성장을 소환하며 축소 사회로의 진입 거부를 외친다.

물론 성장은 진리다. 지속 성장은 영원불변의 추구 가치다. 이를 뒷받침하듯 우리 사회도 지금껏 몸집을 키우며 잘 달려왔다. '열심히' 뛰었으니 '탄탄한' 성과를 냈다.

다만 저성장형 축소 재편은 거부나 회피하기 힘든 시대 조류다. 어쩌면 많은 것이 풍부해진 선진국이 품어 안아야 할 숙명에 가깝다. 그만큼 더는 내달리기 힘든 임계점에 닿은 분위기다.

무엇보다 성장을 이끌 투입 요소가 마뜩찮다. 베이비부머 세대 등 인구보너스(Demographic bonus)가 '거대 집단 + 개발 초기 + 저렴 몸값 + 우수 인재'의 선순환적인 고성장을 만들어냈다면 지금은 노동 투입이 없어 줄줄이 축소나 폐쇄되는 인구오너스(Demographic onus)를 걱정할 판이다. 실제 1970년 102만 명의 출생아 수가 2023년 ±23~24만 명(추정)대로 떨어질 정도다. 이 결과 '인구 감소 → 시장 축소 → 매출 하락 → 소득 감소 → 재정 악화 → 자본 부족 → 성장 하락'은 메가 트렌드에 가깝다.

필요한 것은 시대 변화에 맞춘 혁신 해법이다. 커질 것을 생각해 넉넉히 재단해 입었던 옷도 성장이 멈추고 체격이 줄면 다시 수선해 입는 것이 좋다. 상황 변화를 반영해 '옷 = 몸'을 맞춰야 모양새도 살아나는 법이다. 결국에 인구 변화로 확인된 축소 체격에 안성맞춤인 전방위적인 구조 개혁이 필수다.

기능과 설명되지 않는 고성장기 질서 구조를 저성장에 맞춘 뉴노멀형의 새로운 시스템으로 전환하는 것을 권유한다. 달라진 현실 인식과 상황을 냉엄하게 수용하는 것이 혁신 대응의 전제 조건이다. 물론 반발과 저항은 상상을 초월할 것이다. 속 편하게 독점하고 축적했던 저항 세력의 이권 감소형 이해 조정은 물밑담합과 개혁 포기에서 확인할 수 있듯 가시밭길 천지다. 최대한 버티며 외면하고 방치해야 이익 극대화가 가능해서다.

다만 곤란한 상황까지 내몰렸다. 연일 바닥을 찍는 인구 통계를 볼 때 기존 이해와 신규 카드는 공존하기 힘든 공멸 한계를 뜻한다. 방치하면 인구 절벽의 차기 바통인 국가 소멸로 직결될 절체절명의 복합적인 위기다. "한국 완전히 망했네요. 와! 그 정도로 낮은 수치의 출산율은 들어본 적도 없어요"(조앤 윌리엄스 명예교수, 2023년 EBS 다큐멘터리 〈인구 대기획 초저출생〉 인터뷰)라는 평가를 귀담아들을 때다. 더는 강 건너 불구경하듯 받아들이면 곤란하다.

익숙한 것과의 결별이 쉽잖듯 저성장을 공감하고 수용하는 것도 쉽지 않다. 그렇다고 지금처럼 이익의 사유화와 비용의 사회화로 치닫는 각자도생은 경계 대상이다. 저성장과 인구병을 한층 악화시킬 수밖에 없다. 현실을 진단해야 미래를 예측할 수 있다. 인구 구조가 불 지핀 위기 발생의 경고에 맞선 고효율의 회피 전략과 고성능의 대응 체계만이 위기를 탈출할 수 있는 묘수다. 그렇다면 "예고된 경고는 오지 않는다"는 격언도 실현될 수 있다. 위기는 기회에 가까울 수 있어서다.

인구 변화가 쏘아 올린
부의 대전환

시대 변화는 맞서기보다 올라타는 것이 좋다. 순리에 어긋나면 불행이 다가선다. 변화의 규모, 속도, 범위가 상상 초월인 인구 구조는 저항보다 순응을 요구한다.

선행하지는 못해도 최소한 동행하며 변화 흐름과 함께하는 것이 바람직하다. 반대로 나 혼자 살고자 회피해본들 결국은 다 함께 망하는 아픔에 직면한다. 청년 인구의 출산 포기가 우리 사회의 전멸 신호라면 외면과 무시가 아닌 공감과 대응이 자연스럽다. 문제는 풀어야지 미뤄서는 곤란하다. 인구 변화에 맞게 생존을 확보하고 지속 성장을 위해 자세를 전환하는 것이 시급하다. 새 술은 새 부대가 맞다. 체형이 변했다면 옛날에 맞춘 옷은 수선이 필수다.

해외의 우리나라에 대한 걱정은 갈수록 깊어진다. 사뭇 우리나라만 태평할 뿐 '망했거나 곧 망할 것'이라는 뉘앙스가 짙다. 염려해줘서 고맙지만, 곧이곧대로 받아들일 필요는 없다. 어렵고 심대한 위협적인 악재지만 회피하고 포기할 근거는 어디에도 없다.

경고는 주목하되 좌절은 금물이다. 현실론과 당위론 모두 '위기 → 공멸'이 아닌 '기회 → 성장'을 향한다. 개혁 저항과 이권 세력을 보건대 여전히 실망스럽지만, 소중한 기회를 품어 안을 기대조차 흘려보낼 수는 없다. 비관보다는 낙관이다.

그렇다면 인구 변화는 지속 성장의 퀀텀 점프를 위한 디딤돌로 활용하는 것이 좋다. 알려진 악재는 악재가 아니다. 반영을 하고 대비하면 '위기 = 기회'다. 차라리 불확실성이 힘들지 확실한 악재는 속 편하다. 기회는 위기라는 가면을 쓴 채 공포라는 옷을 입고 다가오는 법이다. 준비하면 인구 변화는 블루오션에 가깝다.

위기는 녹슨 관행을 뜯어고칠 절호의 기회다

수많은 지표와 통계는 우리 사회가 새로운 시대 국면에 들어섰음을 뒷받침한다. 즉 '더 빨리 더 많이 더 크게'를 이뤄줬던 인플레이션 시대는 끝났다. 실제 출산율을 필두로 성장과 확장을 뜻하는 경제 통계와 사회 지표가 제로(0)로 치닫는다. 전에 없던 급속도의 광범위한 현상이다.

물론 끝은 시작이다. 지금은 과거와 미래를 잇는 결정적인 변곡 순간이자 구분 시점이다. 이전(인플레이션)과 이후(디플레이션, 스태그플레이션)의 차이와 변화를 잘 알고 영역과 중심을 잘 잡을수록 새로운 시대에 성공적으로 안착할 확률은 높아진다.

지금껏 알려진 시대 변화를 차분히 복기하고 반영해 미래 현장에도 먹혀듦 직한 정밀한 수정과 전환이 중요하다. 달라진 시대 개막은 머리(철학, 인식)부터 몸통(구조, 질서)은 물론 팔다리(셈법, 행동)까지 종합적인 변화를 의미한다. 삶을 지배하는 새로운 규칙이 등장한 것이다. 이미 축소 사회에 진입했고, 벌써 감축 성장은 시작됐다.

시대 변화에 맞는 비즈니스 모델일 때 생존과 성장은 담보되며 확장된다. 그렇다면 비즈니스의 변신은 무죄다. 구체제의 달콤한 성공 기억은 서둘러 삭제하는 것이 좋다. 변해야 흥한다.

기업은 고빗사위에 섰다. 항상 단군 이래 최대 위기라는 우스갯소리도 있지만, 갈수록 악재가 확대되는 가운데 구조 전환을 체감할 수 있으며 더는 시대 변화를 무시하기 힘든 상황까지 다다랐다. 호구지책(비즈니스)의 염려로 밤잠을 설친다는 경영자도 수두룩하다. '기업 실적 = 개인 이해'인 오너일수록 절체절명의 위기감은 넓고 높다.

우리 사회가 기록한 인류사적 인구 변화만 봐도 복잡다난의 만만찮은 미래 도전을 뜻하므로 기존의 비즈니스 모델로 버텨낼지 고민스럽다. 그래서 비즈니스 모델을 재검토하고 기존 사업과 신규 사업 등의 포기, 전환, 확대를 포함한 전면적인 리셋이 필요할 수밖에 없다. 어느 때보다 기업가정신의 발로와 함께 동물적인 사업 감각을 발휘해야

해서다. 그럴수록 시대 변화가 낳은 갈림길의 물음표를 느낌표로 바꾸고자 철저한 시대 연구와 미래 진단에 사활을 걸어야 한다.

개인도 마찬가지다. 기업의 비즈니스처럼 개인의 생애 모델도 바꿔야 할 수정 단계의 리셋 타임에 들어섰다. 시대 변화에 밝은 후속 세대는 이미 인생 모형을 대폭 수정하고 전환한다. 시대가 변했는데 과거 모델을 추종해본들 먹혀들기 힘들기 때문이다.

'신시대 ≠ 구모델'을 누구보다 잘 알기에 인생 셈법을 바꾸는 영점 조정을 필수적인 관문으로 받아들인다. 과녁이 움직이니 사수도 따라가며 반응하는 식이다. '교육 → 취업 → 결혼 → 출산 → 양육 → 승진 → 은퇴'의 고전적인, 그러나 인플레이션 시대에 유효했던 라이프 사이클을 반대하고 거부하는 것이다. 그들의 복잡해진 인생 셈법은 당연시됐음에도 터부화된 0.65명의 출산율로 확인할 수 있다.

선배격의 기성세대도 비슷하다. 나날이 불어나던 소득과 자산의 축적은 사라졌고, 바통처럼 떠받치던 세대부조도 멈춰설 수 있음을 깨닫기 시작했다. 1,700만 베이비부머(1955~1975년)의 절대다수는 시대 변화가 촉발한 가족 붕괴로 믿을 것은 본인뿐이라는 인식 속에 각자도생의 은퇴 불가와 노후를 준비하는 데 돌입했다. 결국에 인구 변화는 가족 해체와 인생 리셋의 원인이자 결과답게 개인의 삶을 힘있게 쥐락펴락한다.

위기는 리셋을 만나 기회가 된다. 완벽히 달라질 앞날을 살아낼 성공 공식은 사라진 신화가 아닌 새로운 혁신에서 시작한다. 성공의 끝단을 몰락의 첫 단으로 내몰아서는 곤란하다. 위험을 넘어 위기를 뚫는 전향적이고 낙관적인 인식과 실천이 필요하다. 인구 변화를 볼 때 누구도 가보지 않은 경로라는 점에서 우왕좌왕하면서 갈피를 잡기 힘들어할 것으로 예상하지만, 이는 당연한 수순이며 맞닥뜨릴 수밖에 없는 현실이다.

고성장기와 비교해 루트는 축소되지만, 기회는 무궁무진하다. 총론적 축소와 각론적 확장이 정확한 표현이다. 당연히 축소 압력 속에서도 살아남을뿐더러 나날이 성장하는 기업과 시장은 존재한다. 기업 특유의 저력을 보건대 과소평가할 이유는 없다. 눈앞의 시대 흐름은 현미경으로, 다가올 미래 공간은 망원경으로 대응하면 인구 변화에서 촉발된 소멸 압력도 지속 성장의 혁신 기회로 치환할 수 있다.

새로운 자본주의 모델을 개척할 대한민국

한편 우리나라의 초저출생을 다루는 외신의 관심과 시선은 단순한 걱정 수준을 넘어선다. 잠깐 주목할 만한 가십 뉴스로 치부하기에는 보도 빈도와 취재 범위가 잦고 넓다. 매년 스스로 새로운 바닥을 찍는 충격적인 출생 지표가 알려지면서부터다. 10년 넘게 세계 꼴찌이니 단순한 일시 현상이 아닌 복잡한 구조 붕괴로 주목한다.

저출생과 고령화의 인구 변화를 앞서 경험한 선진국이 후속 주자인 우리나라의 추월 속도와 달성 기록에 놀라는 것은 당연한 결과일지도 모른다. 그들이 수십 년간 걸린 일을 우리나라는 수년 아니 수개월 만에 끝내버리는 역동적인(?) 사회인 까닭이다. 실제 인구 변화를 뜻하는 거의 모든 세계 신기록(통계와 지표)은 하나같이 한국산이다. 그것도 매년 신기록을 갈아치우며 가볍게 세계의 시선을 압도한다.

선진국이 우리나라의 인구 통계에 주목하는 이유는 다른 곳에 있다. 장기간 성장 정체에 빠진 선진국을 구해낼 새로운 자본주의 실현 실험을 테스트베드일 수밖에 없는 우리나라의 인구 변화 속에서 확인하고 기대할 수 있기 때문이다.

실제 250년 자본주의 역사는 요소 투입형의 성장 함수로 설명할 수 있다. 즉 Q = f(L, K)에 따라 노동(L)과 자본(K)이라는 생산 요소를 투입하면 산출(Q)이 발생하는 전형적인 양적 성장을 뜻한다. 그래서 노동과 자본의 규모, 빈도, 속도가 GDP를 키우는 결정적인 변수로 작용한다.

우리나라도 성장 함수의 덕을 톡톡히 봤다. 더 정확히는 우리나라만큼 요소 투입형, 특히 노동 투입형 자본주의 모범 경로를 제대로 실현한 선진국도 없는 듯하다. 전쟁 이후 가진 것은 베이비부머 세대로 표현되는 사람 숫자뿐이었는데, 이를 인구보너스로 잘 활용했다.

거대 인구, 저렴 몸값, 우수 인재라는 삼박자 속에 수출 주도형의 고속 성장이 본격화된 것이다. 숫자는 많고 몸값은 싼데 교육까지 잘 받은 인구 투입은 '노동 투입 → 소득 확보 → 조세 확충 → 재정 강화'를 통한 자본 축적으로 연결되며 세계가 부러워하는 한강의 기적을 고도 압축적으로 현실화했다.

압축 성장은 인구 공급이 만들어낸 '노동(L) → 자본(K)'의 승수 효과로 정리할 수 있다. 여기에 우리나라보다 앞서 선진국으로 진입한 선행국의 존재감도 한몫했다. 선진국이 먼저 달성한 경제 성장의 선행 경로를 잘만 따라가면 저비용과 고성과의 벤치마킹이 가능해서다. 이른바 선발자를 뒤따르는 경제 추격론의 실현이다.

이는 뒤처진 개발도상국이 선진국을 좇는 방식의 산업화를 채택할 때 쓰인다. 무에서 유를 만드는 것보다 훨씬 고성능 성장 전략이다. 기술 복제를 통한 시간과 비용을 절감하는 효과가 있어 '리버스 엔지니어링'으로도 불린다. 선진국의 완성품을 수입하고 분해해 역으로 원부자재를 자국화해 조립하고 완성하는 형태다. 끼워 맞추기만 잘하면 충분하다. 지금에야 저작권법 등 법적 문제로 귀결되지만, 당시만 해도 선진국은 후발자와 추가적인 격차를 확대하는 전략에 집중했다.

경제 추격론은 우리나라가 '조립 가공 → 기초 산업 → 기술 가치 → 혁신 산업'의 형태로 단계별 추격을 완성하고 부가 가치를 업그레이드하도록 실현시켜준 강력한 이론 기반이다. 일본과 한국, 중국의 발전 단계별 추격 모델도 이렇듯 완성될 수 있다.

전 세계가 주목하는 지금이 기회다

그 결과 개발도상국인 우리나라는 선진국 진입이라는 성과를 얻었다. 영광스럽게 '우리나라 = 선진국'이라는 등식에 이견은 없다. 선진국 그룹에 가장 최근에 올라탄 사례다. 국제 개발 협력계로 본다면 '수여국 → 공여국'이 된 최초 기록이다.

성장의 덫에 빠져 1970년대부터 상당수의 중남미와 아시아 국가를 고생시킨 '중진국의 함정'은 벗어난 것으로 평가한다. 개발도상국과 신흥국이 선행국의 추격 수혜로 순조롭게 성장한 후 중진국 즈음에서 성장이 정체되거나 퇴보되는 현상을 말하는데, 우리나라는 성공적인 예외 사례에 가깝다.

물론 완전한 안심은 금물이다. 아직도 한 켠에서는 선진국 논쟁을 지속할 정도로 여차하면 '선진국 → 중진국'으로 탈락할 염려가 상존한다. 최소한 요소 투입형의 '생산 인구 = 노동 인구'가 전제된 '루이스 전환점'의 그림자를 벗어나지 못한 탓이다. 지방 권역의 풍부한 노

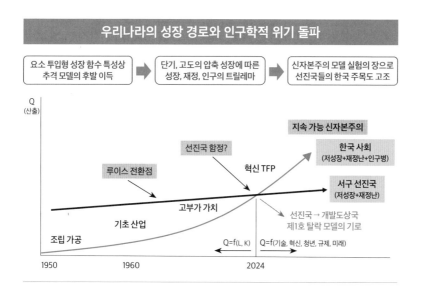

우리나라의 성장 경로와 인구학적 위기 돌파

요소 투입형 성장 함수 특성상 추격 모델의 후발 이득 ▶ 단기, 고도의 압축 성장에 따른 성장, 재정, 인구의 트릴레마 ▶ 신자본주의 모델 실험의 장으로 선진국들의 한국 주목도 고조

Q (산출)

지속 가능 신자본주의

선진국 함정?

혁신 TFP

한국 사회 (저성장+재정난+인구병)

루이스 전환점

서구 선진국 (저성장+재정난)

고부가 가치

선진국 → 개발도상국 제1호 탈락 모델의 기로

기초 산업

조립 가공

Q=f(L, K)   Q=f(기술, 혁신, 청년, 규제, 미래)

1950   1960   2024

동력에서 시작된 '농업 인구 → 도시 이동 → 공업 투입 → 효율 증대 (저비용, 고성장) → 완전 고용 → 경제 성장'까지는 좋은데, 이후 우리나라에서 확인된 '인구 감소 → 노동 부족 → 임금 인상 → 성장 지체'의 전환 압박에 놓인 까닭이다.

이로써 우리나라는 서구 선진국을 좇으며 중진국의 함정에서 벗어났지만, 루이스 전환점의 끄트머리에서 선진국에의 안착 여부를 시험하고 평가받는 중으로 추정할 수 있다.

확실한 것은 인구보너스가 쏘아 올린 후발 주자의 추격 모델은 끝났다는 점이다. 손쉬운 벤치마킹의 실종이다. 그럼에도 선진국의 공통적인 골칫거리인 저성장, 재정난, 인구병이라는 총체적인 사회 질환은 우리나라가 더 심각하고 긴박하게 확인할 수 있고 확산되고 있다. 뒤늦게 도착해 선진국의 축제를 즐기기도 전에 온몸은 만신창이가 됐고, 사활을 건 수술대에 소환될 처지에 놓였다.

절대다수의 선진국은 성장 질환의 최후 증상인 저출생과 고령화의 인구 악재가 더디게 진행되면서 심각성이 낮다. 하지만 우리나라는 뒤늦었는데 더 나쁜 상황이 된 유일무이한 사회가 됐다. 실제로도 0.72명의 아슬아슬한 출산율은 EU 평균치(±1.6명)의 절반도 되지 않는다. 선진국이 아직 '저성장 ↔ 재정난'인 반면 우리나라는 '저성장 ↔ 재정난 ↔ 인구병'의 트릴레마까지 완성한 셈이다.

이대로면 고성장기와는 정반대로 우리나라의 현재가 그들의 미래와 같다. 상황이 역전돼 선진국이 우리나라를 뒤쫓는다는 얘기다. 선진국이 아직까지는 여유롭지만, 곧 닥칠 수밖에 없는 인구병을 먼저 경험한 우리 사회에 주목하는 이유다.

확장하면 우리나라는 자본주의의 새로운 패러다임을 만들어낼 유력 주자로 제격이다. 그렇다면 전무후무한 트릴레마에 휩싸인 전 세계의 걱정거리에서 지속 가능한 자본주의의 실험 공간으로 변신할 수 있다. 우리나라의 위기가 세계의 기회로 전환되고 활용된다는 뜻이다. 즉 달라진 한국형 인구 구조를 잘만 쓰면 새로운 자본주의의 길도 열린다.

단순화하면 인구 구조 탓에 힘들어진 노동(L)과 자본(K)의 전통적인 투입 요소 없이도 결과적으로 부가 가치(Q)를 높이는 새로운 성장 함수를 제안할 수 있다.

요컨대 달라진 시대 환경에 맞게끔 총요소생산성(TFP)을 새롭게 기획하고 투입하고 연결하면 노동과 자본 없이도 생산성이 높아진다. 그 전대미문의 새로운 실험이 요구되고 압박되는 우리 사회를 후발 주자인 선진국이 주도면밀하게 지켜보는 것이다.

선진국 이후의 지속 가능성이라는 자본주의 신모델은 우리나라의 인구 변화가 빚어낸 회피하기 힘든 과제이자 전 세계의 관심사로 손색이 없다. 신자본주의의 실험이 성공하면 인류 역사상 요소 투입 없이 지속 성장의 마법을 풀어낸 최초 기록도 우리나라 몫이라고 할 수밖에 없다.

인구 재편의 기회를
포착하기 위한 성공 조건

'변화는 당연한데 급변이 이상하다', '적시 대응 없이 버텨낼 재간은 없다'. 우리나라의 인구 구조가 정확히 이렇다. 전대미문의 속도, 범위, 깊이를 지닌 인구 급변이 일상적이다. 정상적인 국가에서 희귀한 출산율 1명 밑을 최초로 찍은 2018년(0.98명)만 해도 설마설마했다. 십수 년째 연속적인 세계 신기록 자체 갱신은커녕 0.65명(2023년 4분기 잠정치)까지 내려앉을 줄은 누구도 예상하지 못했다.

아무리 빨리빨리가 내재화된 역동적인(?) 사회다운 행보라지만 숫자를 볼 때마다 놀랍고 또 놀라운 일이다. 이로써 인구 변화의 최전선에 내몰린 우리 사회를 이제 주요 외신이 염려해줄 정도다. 대체 무슨 일이 있는 것일까. 아쉽게도 외신의 눈은 시행착오와 반면교사로 수렴된다.

원인은 많다. '인구 변화 → 사회 변화 → 인구 변화'처럼 독립 변수와 종속 변수의 무한 루프가 빚어낸 자기 복제적인 순환 결과다. 인구라는 것이 생산과 소비 주체일뿐더러 현재 인구의 미래 선택마저 통제해 원인과 파장은 다층적이고 복합적일 수밖에 없다.

그럼에도 인구 급변은 둘로 요약할 수 있다. '일반론 vs. 특수론'이다. 전자는 저출생과 고령화에 닿는 이론과 구조적인 보편 배경인 반면 후자는 우리 사회만의 경로 의존 혹은 비교 제도의 특이 상황을 뜻한다. 분해하면 둘이 뒤엉켜 최초이자 최저의 충격적인 인구 통계를 낳았다. 대응 시점마저 놓치자 내리꽂힌 출산율은 인구학의 추계 범위를 이탈하며 독특한 가속도를 완성했다.

한국형 인구 급변의 원인

일반론의 핵심 근거는 '고성장 → 저성장'의 기조 변화다. 인구 급변은 고령화율(65세 ↑ / 전체 인구)의 증가인데, 1차적 추동 변수는 분모 감소부터 비롯된다. 분모가 줄면 분자가 그대로라도 비율은 떨어진다. '저출생 → 고령화'의 연결 효과다. 하물며 분모가 급감(초저출생)하고 분자가 급등(베이비부머 세대의 대량 은퇴)까지 했으니 0.7명은 당연지사다. 이때 출생이 급감하는 것은 저성장과 맞물린 후속 세대가 합리적인 선택을 한 결과다.

한정적인 자원에 관한 무한 경쟁과 확보 난항 속에 고비용의 가족 분화를 택하기는 어렵다. 주요국이 저성장을 한 후 인구 유지선(출산율 2.1명)을 깬 것도 같은 이유다.

반면 특수론은 우리나라만의 출생 포기의 원인 변수다. (1) 수도 중심의 자원 집중, (2) 학력 중심의 성공 모델, (3) 고비용형 가족 결성, (4) 성차별적 독박 육아 등이 유력하다. 하나같이 '저밀도, 고출생 → 고밀도, 저출생'의 과도한 수도 전입을 낳는다. 저성장의 전환과 압박 중에 한국적인 특수 허들까지 높아 결혼과 출산은 저지되고 포기된다.

맞물린 대책은 많다. 지금도 나름의 처방 카드는 숱하게 등장하고 있고, 논의하고 있다. 더는 없을 정도로 없는 것이 없다. 사실 검증은 둘째치고 항간에 화제인 '15년 380조 원'의 천문학적 투입 예산이 반증 자료다. 신뢰성은 별도로 그간 많은 것을 해왔다는 의미다.

성과는 기대 이하다. 원가조차 못 뽑은 초라한 성적표다. 시대 변화를 외면한 고루한 원인 분석과 익숙한 단편적인 대응에 함몰된 결과다. 멈춰선 사수가 변하는 과녁을 못 맞히듯 고정 관념 속 행정 편의와 복지부동의 표지 갈이 한 정책 세트만 내놓은 탓이다. 기성세대와 이해 조정에 관한 저항과 반발만 신경 쓰며 시대 변화의 본질과 혁신에 눈감은 총체적 패착에 가깝다. 백화점식 정책 나열을 반복할수록 달라진 MZ세대의 궤도 이탈은 확대될 수밖에 없다.

'현실(원인) ↔ 대응(해법)'의 불일치도 이해가 된다. 인구 대응만큼 고비용, 저효율의 정책 과제도 별로 없다. 인구 충격을 현실적으로 체

저성장 안착
(감축, 성숙 사회로 진입)

- 고성장 종료에 따른 자원 쟁탈전 양상
- 2%대 잠재 성장률
- 내수 한계 봉착과 제한된 취업

기업 대응 부족
(불확실성 높음,
단기 이익 중시)

- 정책 불신에 따른 해외 시장으로의 접근
- 규제 중심 정책으로 인한 활력 감퇴
- ESG의 피상적 접근

가치관 변화
(고학력자 증가,
구시대 공식 의심)

- 여성의 사회 진출 활성화
- 교육 → 취업 → 입신 모델 의심
- 결혼, 출산 거부 트렌드

미숙한 정책 대응
(관성적인 정책,
현실적 재정 문제 봉착)

- 기존 정책의 답보
- 대응과 효과의 시차 한계
- 현금 살포형 재정 의존

위기 의식 부재
(외면과 방치 구조화)

- 인구 파급력에 관한 체감 부족
- 단절적 정치 체계 한계
- 호구지책과 당사자성 부재

인구 변화의 한국적 특수론

**한국적 성공 DNA
종교화된 입신양명**

가족 분화와 효용 감소
(대체 가족 다양화, 인생관 다각화)

- 집안 간의 거래로 전락한 천문학적 결혼 비용
- 유교적 문화에 따른 낮은 혼외자 비율
- 안정된 먹이와 둥지냐? 실용적 본능과 편익이냐?

전근대적 성공 모델
(고학력 → 대기업)

- 1% 인생 외 패배주의 문화 팽배
- 대학 진학률 고공행진
- 출산 부담 강화와 효율 감소 → 자녀 효용 감소

엄마 중심 독박 육아
(공공성 vs. 시장화 논의 대두)

- 남성 전업, 여성 가사 모델 의심
- 성별별 가사 분담율 국제 비교
- 고비용, 저품질 육아 보완, 대체↓

서울 중심 자원 집중
(초고밀도 → 초저출생)

- 중앙집권 vs. 연방주의
- 교육·취업 수도권 집중 → 인구의 블랙홀이 된 수도권

감하는 데 시간차가 있듯 '투입 → 성과'도 지체 현상이 생긴다. 세대 정책이라는 말처럼 장기적으로 실행하고 거액의 예산을 투입해도 성과 창출은 한참 후에나 확인할 수 있다. 정책 실행을 위한 유인과 동기가 낮다는 뜻이다. 곧바로 티 나는 인기 정책이 아닌 데다 고통 분담마저 전제된 인구 대응이 먹혀들 리 만무하다.

의지와 능력과 무관하게 윤석열 정부가 노동, 교육, 연금의 3대 개혁을 국가 의제로 띄우며 '지방 시대'를 국가 의제로 정리한 것이 그나마 반갑고 희망적인 이유다. 최상단에 있는 리더십의 관심과 의지가 중요한 까닭이다.

물론 뾰족한 수는 없다. 벌써 시작해도 이미 뒤늦어져 상황을 반전하기보다 완화와 적응을 위한 전략뿐이다. 당위론만 거론하는 차담회보다 실천적 방법론을 결정하는 기회로만 삼아도 고무적이다.

포기는 쉽지만, 아직은 아니다. '위기 = 기회'는 진리다. 인류 역사는 갈등 속에 진화라는 문제 해결의 중첩 경로를 뜻한다. 세계가 걱정하는 한국형 인구 변화도 자력갱생의 새로운 성공 모델로 남을 수 있다. 특히 선진국형 성장 도약과 지속 가능한 자본주의를 '한국형' 수식어로 완성할지 주목되는 시점이다.

좋음 직한 벤치마킹의 선행 사례는 없다. 일반론과 특수론이 뒤섞인 인구 난제는 마땅한 이론적인 기반이나 추종할 만한 샘플조차 없어 스스로 실험해보고 극복할 수밖에 없다. 잘만 완성하면 우리나라를 뒤따를 선진국의 훈수와 지도가 기대된다.

상황은 무르익었다. 얼마 남지 않은 기회를 충분히 활용하며 동시다발적인 구조 개혁에 나설 때다. 정권 교체와 무관한 장기 비전, 시대 변화에 조응한 인식 전환, 부처를 초월한 달라진 실효 정책 등이 절실하다. 무엇보다 위기를 기회로 바꿀 공감과 협력이 절대적이다.

우선순위는 있으나 단계적인 접근은 거부되고 있다. '일반론 vs. 특수론'의 분리 대응보다 동시다발적인 종합 실행이 맞다. 여유는커녕 시간조차 없어서다. 즉 저성장 늪에서 탈출할 건강한 성장 전략이 시급하다. '탈(脫)제조, 향(向)서비스'의 구조 재편과 성장 담보를 위한 규제를 완화하고 혁신을 유도하는 뉴노멀 같은 아이디어가 필요하다.

동시에 5,000만 명의 상식이나 80억 명의 비상식인 특수론의 중도화와 중립화로 후속 세대의 미래 선택을 응원하는 것이 좋다. 부모 찬스 없는 가족 분화가 손쉽게 채택되게끔 차별적이고 경직적인 자원 배분을 수정하는 식이다. 요컨대 '서울, 서열, 기득, 정치, 자본'이라는 인구 오적을 제거하는 전환 작업이 필수다.

인구오너스에서 인재보너스로

가능성은 깊고 기대감은 높다. 인구 해법은 못할 이유도, 안 할 연유도 없는 회피하기 힘든 시대 화두다. '충격 → 혁신'의 발상 전환과 혁신 실험을 전제로 위기를 기회로 올라탈 파도는 충분히 조성됐다. 허송세월 속 논쟁만으로는 곤란하다. 서둘러 위험을 최소화하고 성과 최대의 기준을 설정하며 게임 원칙부터 바꿔주는 것이 바람직하다.

상식을 타파하고 기본값을 재검토해야 한다. 독박 육아는 기본 전제를 '육아 휴직 → 육아 근무'로 전환하는 식이다. 도농 격차의 '한양 인재론'도 자치 분권, 순환 경제와 발맞춘 '굽은 나무론'으로 대체하면 좋다. MZ세대에 불편한 '연공급'도 '성과급'으로 수정되는 시대답다. 인구 대책을 '복지 대응 → 성장 기회'로 바꾸듯 역할 주체도 '정부 독점 → 기업 보완'이 현실적이다. 그래야 '인구오너스 → 인재보너스'에 올라탄 모범 유형의 지속 사회로 실현될 수 있다. 일본(Society 5.0)과 독일(Industry 4.0)의 장기 전략이 새로운 인재 가치와 달라진 혁신 기회로 통하는 것은 우연보다 필연에 가깝다.

'인구 대응 = 정부 역할'은 수정 대상이다. 공익을 증진하기 위한 신탁 의무를 부여받은 정부지만, 인구 문제만큼은 녹록지 않다. 고용, 주거부터 인프라와 서비스까지 녹여 든 복합 과제라 풀기 어렵다. 이때 능력자를 발탁하는 것은 자연스럽다.

저성장으로 인한 자원 감소를 혁신적인 시장 확대로 풀어낼 기업 등판이 그렇다. 노동 수요와 욕구 실현부터 재정 유지와 성장 동력의 원동력답게 사회를 유지하는 데 필요한 수많은 자원을 생산하고 연결하는 공급 엔진이다.

정부(공공)가 앞서고 기업(영리)이 보태면 인구 문제는 한층 수월해진다. 기업은 실효적인 인구 해법을 위한 자원을 투입하고 가치를 창출하는 자사 정책으로 제도화할 때다. 또 달라진 대응 전략은 새로운 가치 창출로 통한다. 낯설고 힘들며 헷갈리는 변화가 압박할수록 불편하고 불안하고 불만스러울 수 있다. 훌륭한 부가 가치를 창출하기 위한 토대라는 의미다.

인구 혁신은 기업과 시장에 다목적 기회를 제공한다. 유력한 주인 공이자 강력한 당사자라는 점에서 인구 변화에서 비롯된 성장 기회를 노리는 것이 좋다. 미래 시장은 재편될 수밖에 없다. 인구 급변은 시장 의 변화를 한층 앞당긴다. 산업체와 기업의 대응도 멈추면 도태되지만 변하면 성장한다.

모든 기업에 미래는 있다. 필요한 것은 핵심 사업의 주변 지점이 던 져준 기회를 포착하는 것이다. 인구 변화와 주력 산업의 경계 즈음은 훌륭한 보물 천지다(엣지 전략). 보물을 찾아내 구슬로 꿰는 달라진 혁 신 실험 중에 인구 위기는 매력적인 성장 기회로 진화할 수 있다.

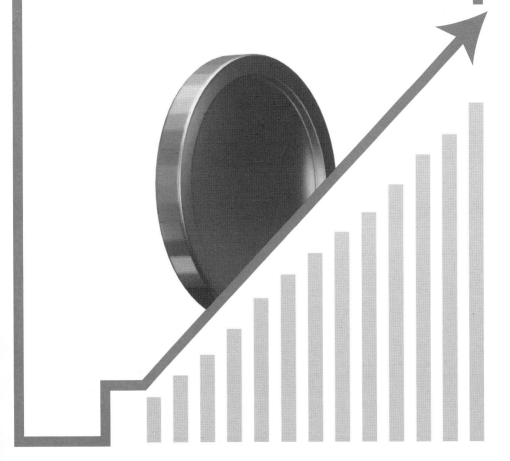

2장

자산 시장이 재편된다

인구 변화가 촉발한
자산 시장 변화

인구 구조는 미래를 준비하기 위해 정복해야 할 과제다. 더 잘살려면 인구 변화에 순응하는 전략을 수립해야 한다. 달라진 신질서답게 게임 룰을 새롭게 설정할 수밖에 없다. 인구 변화가 낳은 시장 재편의 결과다. 무수한 소음 중에서 확실한 신호를 찾아내는 현명함은 필수다. 당장 게임에 참가하기 위한 멤버 구성의 양적이고 질적 변화는 기존 질서를 재검토하라고 아우성친다.

확장형 경제 성장이 힘들면 뒤따르는 자산 시장도 어려워진다. 먹고사는 실물 거래가 커지자 금융화에 힘입은 자산 시장이 문전성시를 이뤘는데, 이것이 만만찮아진 것이다. 끝없는 인구 공급이 전제된 경제 성장의 신기루가 걷힌 셈이다.

금융은 실물의 마침표이자 완성본이다. 시차와 편차는 있지만, 실물 경제의 성장에 비례해 금융 시장도 확장된다. 실물이 달라지면 금융도 바뀔 수밖에 없다. 인구 변화로 부가 가치가 변하면 금융 시장의 상황이 변하는 것은 불가피하다. 바로미터는 이자율로 확인할 수 있다. 대개 실물 경제가 정체되는 선진국의 시중 이자는 낮다. 자본을 조달해 창출할 수 있는 여력 자체가 줄어드니 기준점인 이자율을 높일 수 없어서다.

그래서 선진국은 저성장, 저금리가 일반적이다. 투자 상품을 취급하는 자산 시장의 거래 기준도 저금리로 재편된다. 인플레이션을 추억하며 디플레이션에 대항하는 선진국형 자산 재편이 본격화되는 것이다.

신질서가 부른 자산 재편

이로써 자산 시장의 신질서는 전에 없던 굴절점에 섰다. 인플레이션과 이별하고 종언과 맞물린 새로운 자산 시장의 작동 원리가 예고된 셈이다. 공고했던 기존 준칙은 시대 변화 속에 과거의 유물로 전락한다. 상식 파괴가 전제된 새로운 운용 기준은 자산 격차를 한층 심화시킬 전망이다.

뉴노멀의 이해나 흡수가 떨어지면 저금리 속 창출 기회는 줄어들 수밖에 없다. 잠깐의 현상과 긴 트렌드를 헷갈려 휘말릴 확률도 높아진다. 이를테면 금융 위기와 팬데믹 탓에 풀린 막대한 돈을 흡수하려는 차원의 금리 인상을 고금리로 오해하는 경우다. 저성장과 고금리는 공존할 수 없다. 흐름은 저금리다.

돈의 향방은 재편된다. 인구 감소형 돈의 논리 흐름이 본격화된다. 인구 변화가 촉발한 뉴노멀이 시작됐으니 돈을 둘러싼 거래 대상과 축적 방식은 달라질 수밖에 없다.

강조컨대 수급은 모든 것을 앞선다. 수요 감소 앞에 가격 인상은 없다. 고객이 줄어드는 데 매출이 늘어날 수 없듯 살 사람이 줄어들면 값은 떨어지고 만다. 베이버부머 세대라는 단어처럼 거대 인구의 지속적인 공급이 전제된 확장적인 덧셈 시대가 끝난 것이다.

대신 가속화된 인구 감소로 현장 단위의 마이너스형 불일치는 증가세다. 대표적인 것이 세대부조를 필두로 한 사회 구조의 붕괴 조짐이다. 다수의 부양 인구가 소수의 고령 그룹을 먹여 살리던 조세 체계와 복지 체계가 멈춰 선 것이다. 현역 때 자산을 쌓고 노후에 쓰는 자산 운용의 기본값도 휘둘린다. 저성장이 낳은 장기적이고 구조적인 저금리가 자산 시장의 성과를 엇가를 운용 복병이 된 셈이다.

고성장과 인플레이션이었던 시절에 투자 데뷔와 자산 운용의 진입 허들은 상대적으로 낮았다. 시장 금리가 높아 저축할 동기가 충분한 데다 자본을 축적하고자 하는 욕망이 간절해 정부 주도의 지원 제도도 많았다. 무엇보다 경제 활동의 최소 단위인 인구수가 많았고 또 늘어났다. 실물 경제는 물론 자산 시장의 수요 그룹이 탄탄했기에 공급 체계도 덩달아 확대되고 보강되며 관련 시장을 키워왔다.

지금은 완전히 달라졌다. 저출생으로 인해 노동 공급과 소비 주체인 인구 숫자가 예측 범위 밖에서 폭감세다. 경제 활동의 핵심 인자이자 최소 단위가 감소하니 성장은 약화하고 소비는 줄어들며 시장은 축소될 수밖에 없다. 고성장이 빚어낸 확장 지향적인 자산 시장이 사라진 것이다.

향후 자산 시장의 재편 흐름은 '저(低)의 시대'로 압축할 수 있다. 반드시 챙겨야 할 우리 사회의 미래 의제와도 같다. 기업과 가계의 영업 활동과 근로 활동뿐 아니라 추가적인 자산 소득의 안전한 확보를 가름할 결정적인 키워드인 까닭이다.

상황은 쉽지 않다. 눈높이를 하향 조정하는 것은 필수다. 벤치마킹(시장 평균)만 좇아도 두 자릿수 이자와 수익률을 가뿐히 거두던 '고(高)의 시대'는 끝났다. 사회를 위한 경제와 경제를 위한 금융의 작동

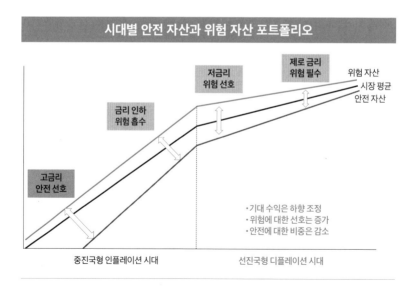

시대별 안전 자산과 위험 자산 포트폴리오

제로 금리
위험 필수

저금리
위험 선호

금리 인하
위험 흡수

고금리
안전 선호

위험 자산
시장 평균
안전 자산

•기대 수익은 하향 조정
•위험에 대한 선호는 증가
•안전에 대한 비중은 감소

중진국형 인플레이션 시대　　　선진국형 디플레이션 시대

기제 모두 제로(0)로 수렴되는 작용과 반작용의 흐름이 치열할 전망이다. 개인은 '위'를 원하지만, 현실은 '아래'를 향하는 딜레마가 본격적으로 등장한 것이다. 즉 수축을 향하는 현실과 여기에 맞선 성장을 꿈꾸는 정책의 치열한 대결 구도 속에 축소 안정의 선진국화는 불가피해진다.

더 이상 가족을 위해 저축하지 않는다

인구 변화에서 비롯된 자산 시장의 재검토는 크게 매수와 매도 관련의 수급 조정과 자산 선택의 구성 변화로 요약할 수 있다. 즉 전자는 자산 시장의 매매 주체인 사람(인구)의 변화를, 후자는 상황 변화에 따른 선호 자산(상품)의 조정을 뜻한다. 자산 시장의 참여 인구는 총량이 감소하는 속에 적응하는 전략을 택한다. 가족 포기와 출생 감소로 가족을 부양하기 위한 전통적인 자산 구매는 변형됐다.

동시에 고령화의 수명 연장과 수익률의 하향 안정은 선호 자산의 포트폴리오를 바꾼다. 기대 수익이 컸던 인플레이션 시대에는 '안전 자산 〉 위험 자산'이 많았지만, 저금리(디플레이션)가 확산하면 '안전 자산 〈 위험 자산'으로 추가 수익에 배팅하는 경향이 커진다.

그렇다면 자산 시장은 '안전 자산 → 위험 자산'으로 무게 중심을 이전할 확률이 높다. 일본 노인이 고위험, 고수익의 외환 투자(FX)에 나선 것도 디플레이션을 이기려는 위험 자산에 대한 선호 현상 가운데 하나다. 안전 자산인 은행 저축은 시대 수익이 낮은데 유지비마저 낼 수 있어서다.

결국에 인구 변화는 자산 시장의 운용 철칙을 뒤흔든다. 프랑코 모딜리아니(Franco Modigliani)의 '생애 주기 가설'이 대표적이다. 현재 소득과 평생 소비의 엇박자 때문에 연령대별 소비 성향과 선호 자산이 달라진다는 이론이다. 근로 소득의 여유와 부족을 중립화해 생애 전체의 소비 지출과 맞추려는 행위를 뜻한다.

유년기와 노년기는 '소비 〉소득'인 반면 현역기는 '소득 〉소비'인데 흑자 저축으로 적자 소비를 상쇄해 평균이 맞춰진다. 이를 연령대별 소득과 소비로 음양을 구분하면 생애 주기에 맞춰 대응 전략을 도출할 수 있다. 근로 소득으로 흑자가 날 때 적극적인 자산 운용을 해 수익을 축적한 후 적자일 때 꺼내 쓰는 방식이다.

특히 가족을 부양할 때 흑자 구간을 늘려야 자녀와 부모에 대한 지원이 수월해진다. 자녀 교육, 자가 마련, 자녀 분가, 의료 지출, 노후 자금 등 생애 지출을 고려할 때 자산 운용의 범위와 규모가 커지는 것이다. 반면 가족 분화를 포기하면 그럴 필요는 감소한다. 저축하려는 동기가 상대적으로 줄어들고, 자산 소득도 본인의 노후를 위한 수준이면 충분하다. 자산 운용의 동기 감퇴를 뜻한다.

자산 운용의 편입 대상인 상품 선호도 달라진다. 최소한 "아껴야 잘살죠"라는 말을 은행에서 들을 일은 줄어든다. 저축 시대의 종료다. 은행 이자로는 목돈을 굴리기는커녕 기대 수익도 거의 없어서다. 실제

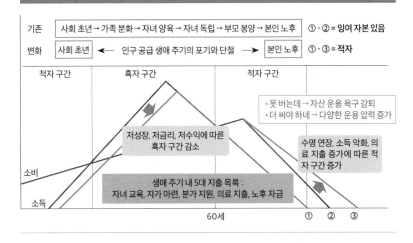

인구 변화와 생애 주기 자산 운용의 미래 변용

기존 | 사회 초년 → 가족 분화 → 자녀 양육 → 자녀 독립 → 부모 봉양 → 본인 노후 | ①-② = 잉여 자본 있음

변화 | 사회 초년 ← 인구 공급 생애 주기의 포기와 단절 → 본인 노후 | ①-③ = 적자

적자 구간　　　　흑자 구간　　　　　적자 구간

• 못 버는데 → 자산 운용 욕구 감퇴
• 더 써야 하네 → 다양한 운용 압력 증가

저성장, 저금리, 저수익에 따른 흑자 구간 감소

수명 연장, 소득 악화, 의료 지출 증가에 따른 적자 구간 증가

소비

생애 주기 내 5대 지출 목록: 자녀 교육, 자가 마련, 분가 지원, 의료 지출, 노후 자금

소득

60세　　　　　　　① 　② 　③

저축 동기는 줄어들고 있다.

저축 동기는 크게 3가지다. 인생 단계별 소득과 지출의 불균형을 해소하고(생애 주기 동기), 실업·질병·사고 등 돌발 상황에 대비(예비 동기)하거나 자손에게 물려주기 위해(상속 동기)서다. 생애 주기 가설이 흔들리듯 이제는 저축으로 적자를 벌충하는 것은 힘들어졌다.

결혼과 출산의 실종 시대라면 상속 동기도 별로다. 예비 동기를 빼면 저축할 이유는 더더구나 없다. 반면 불확실성은 커진다. 아이로니컬하게 가족이 지원해주지 않아 본인이 대응해야 할 필요는 더 커진다. '소득 = 지출'이면 깔끔하다. 문제는 도저히 통제하기 힘들 때 위험을 회피하기 위한 '지출 = 소득 + 알파(α)'는 절실해진다. 소득 부족을 메워줄 자산 운용과 추가 수익의 욕구는 같지만, 목적은 '가족 부양 vs. 본인 위험'으로 구분되는 것이다.

향후 자산 시장은 먹구름 속 차별화가 불가피하다. 계속해서 덩치를 키우며 적자 영역을 벌충할 동기를 채워줬던 경기 확장과 인구 증가 등 인플레이션 시대가 끝났기 때문이다. 즉 자산 종류별 비중 조정은 자연스럽고, 선수 교체에 따른 선호 조정도 당연지사다.

플러스알파의 욕구 발현까지 거세될 수 없다면 선제적이고 미시적인 시장 독법과 판단하는 훈련을 강화하는 것은 꼭 필요하다. 자산 시장도 시장 참여자의 수급 일치로 균형 가격이 정해지므로 정보의 비대칭성과 불확실성을 통제하고 이해해 길목을 지킨다면 한층 유리해진다. 저출생과 고령화의 성숙 사회에서 자산 소득은 과거와 완벽히 결별한 뉴노멀일 때 획득 확률이 높아진다. 시장 참가만으로 일정 소득을 안겨주던 호시절의 게임 규칙은 이제 설 땅이 없다.

청년의 변심 속에
수익은 방황하고 있다

사회는 연결된다. 개인(점)을 관계(선)와 공간(면)으로 구조화한 것이 사회다. 사회로 뭉쳐질 때 비용 최소와 편익 최대의 경제 방식도 실현될 수 있다.

불특정다수가 수요 공급의 완전 경쟁에 참여할 때 모두를 만족하는 균형 가격을 달성할 수 있다. 따라서 관계가 끊기면 공간은 물론 사회조차 힘겨워진다. 거래는 가려지고 줄어들며, 가격은 불투명하고 불만족스럽다.

인구 변화는 관계 단절을 뜻한다. '출생 → 결혼 → 출산 → 은퇴'의 가족 분화를 포기하고 단절된다는 의미다. 자녀를 키우고 부모를 부양하는 전통의 바통 터치식 세대부조는 멈춰선다. 가족 내부(용돈)부터 사회 전체(연금)의 세대 이전형 상부상조도 멈춘다.

그렇다면 사회 흐름은 끊긴다. 완전 경쟁과 균형 가격이 휘둘리면 정상적인 거래는 힘들다. 사줄 사람이 생겨야 돈이 돌 텐데 고객도 없고 의사도 없다면, 내놓아도 안 팔리면 시장 왜곡이 생겨난다. 만들면 팔리던 시절을 살았던 기성세대로서는 듣도 보도 못한 기현상에 당황스럽다.

반면 청년 세대는 살 돈, 즐길 가족, 느낄 효용이 적을수록 시장 참가를 거부한다. 바통 터치가 없으면 실물이든 자산이든 경색되고 축소된다. 한국형 인구 급감이 자본주의 250년 전제 조건조차 뒤흔드는 매가톤급 후폭풍이라는 얘기다.

'고령 선배 → 후속 청년'으로의 역할, 금전, 권력 등 무게 중심이 원활하게 이동하고 확대되는 일이 시급하고도 절실해진다. 한정적인 자원을 둘러싼 노청(老靑) 대결이 조장되고 심화되면 세대 간 거래와 사회 지속은 기대하기 어렵다.

저금리 속 위험 자산의 선호도는 지속된다

인구 구조는 자산 시장의 미래 향방을 결정할 근원 변수로 제격이다. 특히 참여 기간이 길 수밖에 없는 청년 인구의 구조 변화에 주목할 필요가 있다. 다른 시장 내외부의 결정 변수와 엮여 자산 시장의 참여 빈도, 지불 여력, 구매 패턴을 쥐락펴락할 잠재 수요와 미래 고객인 까닭이다. 앞날의 자산 가격을 결정할 핵심 주체라는 얘기다.

선배 그룹의 보유 물건부터 시장 공급의 신규 상품까지 받아줬던 후속 청년의 자산 매입 규모와 의지, 능력의 동반 감퇴는 수요 감소와 재고 증가를 거쳐 가격 하락을 견인하는 원인으로 손꼽힌다. 사회에 발을 들여놓은 후 선배 세대가 즐겼던 인플레이션형의 근로 소득과 자산 축적의 증가 행진이 멈춰 선 것이 주효했다. 더불어 저금리로 기대 수익도 낮아져 부모 세대의 토지 신화는 붕괴되기 시작했다.

자산 시장의 뉴노멀은 청년 중심의 인구 변화에 달렸다. 따라서 위험을 피하고 수익을 좇고자 합리적이고 효율적인 의사 결정을 내리겠다면 인구 변화가 만들어낼 양적이고 질적인 트렌드를 포착하는 것이 좋다.

실물 시장의 사업 변화만큼 자산 시장도 상황을 재편하는 일이 불가피해졌다. 시장 성장을 위한 최대 호재가 인구 증가인 것은 불문가지다. 일하고(생산) 쓸(소비) 사람이 많아지면 시장은 커진다. 투입(인풋)이 늘면 산출(아웃풋)도 늘어나서다.

과거 경로도 그랬다. 40년 넘게 세계화의 신자유주의는 글로벌 자산 시장의 전성기를 만들었다. 인구 급증이 불러온 마법의 동반 성장이었다. 세계대전 이후 베이비부머 세대가 쏟아졌고, 집 안을 벗어난 맞벌이형 여성 노동도 한몫했다. 1990년대는 중국과 동유럽의 폐쇄적 장막 시장이 열리며 거대 인구가 세계 경제에 통합됐다.

더는 아니다. 쏟아지던 후속 인구는 순식간에 줄어들고, 큰 덩치로 돈을 벌며 세금을 내던 중핵 인구는 봉양 대상이 됐다. 노동 부족을 메우던 인구 수입도 개발도상국의 출산 감소로 브레이크가 걸렸다. 뺏고 뺏으려는 새로운 인구 전쟁으로 비화된 것이다.

이로써 자산 시장의 행위 준칙인 이자율은 하향 안정세로 향한다. 성장과 물가는 수렴할 수밖에 없으므로 저(低)의 시대는 개막됐다. 분해하면 '디플레이션 vs. 스태그플레이션' 가운데 하나다. 성장과 물가의 동반 하락(디플레이션)이 엇박자인 성장 ↓, 물가 ↑(스태그플레이션)보다는 낫다.

그런 점에서 금리 조정은 자산 시장의 흐름을 엇가를 최대 변수 가운데 하나다. 즉 인구 변화의 충격을 완화하고 대응하는 차원의 금리 결정이 무엇보다 중요해진다. 중장기적인 금리 인하는 피할 수 없다. 단, 저금리는 자산 시장의 총알 공급(수요 증가)을 의미해 버블을 조장할 우려가 있다.

그렇다면 미세적이고 선제적인 금리 조정이 관건일 수밖에 없는데, 문제는 이게 쉽지 않다는 점이다. 1985년 일본의 플라자합의와 이후의 급격한 금리 인하(5% → 2.5%)가 버블 경제의 씨앗이었다는 교훈이 떠오른다. 연이은 패착인 1990년대 수직적인 금리 인상(2.5% → 6%)도 일본 경제를 복합 불황의 터널로 밀어 넣었다. 와중에 1997년 생산가능인구의 최초 하락을 통한 인구 악재까지 시작되며 수요(노동 ↓)와 공급(소비 ↓) 양측의 디플레이션형 동반 침체가 아직까지 일본 사회를 짓누르고 있다.

자산 시장은 완전한 경쟁만으로 성립되지 않는다. 정책 단위와 돌발 변수의 반영 수준도 참가하려는 의지와 기준 가격을 결정할 중대

요소다. 또 참가 선수의 상황 논리도 밀접하게 연관 있다. 저출생과 고령화의 인구 변화가 생애 전체에 걸친 자산 소득의 축적 동기를 재편하는 식이다.

경제 성장을 모르고 잉여 소득도 없는 청년 세대가 기성 그룹의 기존 자산을 받아줄지 미지수다. 기업 성장을 못 읽어내는 청년 고객이 주식 투자를 할 확률은 낮아서다.

고령 인구가 근로 소득이 단절되는 위협을 피하고자 위험 자산을 편입하는 행위도 극히 합리적이다. 6080세대가 부동산 매수 세력으로 등장한 현실도 매한가지다. 세대 전체로는 코인 투자는 물론 선물 옵션의 파생 상품을 통한 위험 선호가 자연스럽다. 안전 자산의 아늑함에 함몰돼 푼돈(저금리)에 집중할수록 미래의 현금 흐름을 망칠 수 있기 때문이다.

시장 진입을 포기하는 청년

성장 동력을 회복시키려는 정책 카드는 눈물겨울 전망이다. 저금리 속 가계 부문의 잘 살아내려는 각자도생이 자산 시장의 동맥경화로 비화돼서는 곤란해서다.

빈곤 가계가 늘수록 재정 압박도 커질 수밖에 없다. 그래서 자산 시장을 조성하려는 노력에 사활을 걸 전망이다. 이를테면 선진국이

해왔던 것처럼 '저축에서 투자로'를 내세워 경제 폐색을 뚫고 원활한 자금 흐름을 유도하고자 나설 확률이 높다.

자산 시장의 부가 가치를 위한 세제 혜택을 확대하려는 조치가 기대된다. 조부모의 축적 자산(스톡)이 손주의 미래 소비(플로)로 연결되게끔 상속과 증여 제도를 재검토하는 것도 충분히 예상할 수 있다. 어떤 전략이 유효할지 아직은 알 수 없다. 분명한 것은 자산 시장의 재편을 논의하고 질서를 수정하는 일이 시작됐다는 점이다. 인구 변화가 소환해낸 자산 시장의 재편 화두야말로 미래의 부를 엇가를 유력 변수라는 의미다.

자산 시장에 대한 참여를 독려하기 위한 정책 유혹이 제아무리 강력하고 매력적일지언정 청년 그룹의 의지와 능력이 없으면 무용지물이다.

숫자가 줄어도 파워가 커지면 시장 활력은 유지되지만, 지금처럼 빈곤 족쇄, 청년 차별, 미래 불안이 점점 증가하면 시장 데뷔를 연기하고 포기한다. 줄어든 참여 선수의 자발적인 등판 좌절로 직결되기 마련이다. 이를 뒷받침해주는 것이 달라진 인식 체계다.

처음에는 팍팍해진 살림살이가 가족 분화를 막았다면 지금은 '나홀로'가 속 편한 인생 모델로 채택되는 문화 현상으로 비화된다. 가족을 갖지 않는 것이 상식이자 정상이라는 의미다. 그렇다면 어중간한 당근만으로 이들의 결정을 번복하기는 어렵다. 인류의 본능이라는 결혼과 출산조차 상황 변화로 거세하고 포기하는 판에 인센티브로서 정책을 활용하는 방안은 제한적일 수밖에 없다.

경제적 한계를 넘어 문화적 유행으로 넘어가면 시장 재편은 더 본격화된다. 차익 실현이라는 강력한 토지 신화가 전제된 시장 조성은 달라진다. 후속 청년에의 자산 시장 손바뀜은 최소한 필수에서 선택으로 넘어간다. 누구나 사야 했던 필수재인 집이 있으면 좋지만 없어도 그만인 선택재로 강등(?)된다. 요컨대 '소유에서 활용으로'의 패러다임 전환이다.

괴롭게 미루기보다는 가볍게 즐기려는 심리의 공유 소비와 맞물린다. 미래 편익과 현재 고통을 교환하지 않으려는 청년의 행복을 확정하기 위한 차원이다. 어차피 사본들 시대 수익이 낮으므로 소유 포기를 과감하게 택한다. '감축 경제 → 절약 고통 → 소유 거부 → 사용 가치 → 자산 포기'라는 연결 구도다.

사용 가치를 높이는 관련 시장과 플레이어의 다양한 공급 라인도 선택지를 늘린다. 내 집 없이도 충분히 잘 살아내는 새로운 트렌드의 제안과 확대를 뜻한다.

금융 상품은 부동산보다 더 다양화된다. 잠재 고객의 상황 변화를 반영한 달라진 상품 구성과 혁신 구조가 불가피해서다. 부동산 일변도의 자산 배치(포트폴리오)를 수정하기 위해서도 균형 회복은 풀어야 할 난제 가운데 하나다.

이때 주고받던 세대부조가 흔들리며 확인된 부동산 수급 변화는 대체재 또는 보완재로서 금융 상품의 숨통을 열어준다. 축소 지향의 부동산을 대신할 대안 카드는 달라진 후속 청년의 자산 선호와도 맞물린다. 가계 자산 가운데 65%(부동산 등 비금융 자산)가 찾아갈 기회인 까닭이다(통계청, 2022년).

벌써 금융 상품의 달라진 라인 업은 연일 강화되고 있다. 위험과 수익의 재구성을 통한 구조 모델은 펀드, 연금, 매자닌 등 신상품에 녹아들며 달라진 고객 욕구에 부응하고 있다.

20년 후 출생 제로,
청년이 내 집을 살까

변화는 생경하고 불편하다. 익숙한 것과의 결별을 뜻한다. 익숙함이 안겨준 권력과 돈을 쥔 쪽일수록 '변화 = 조정'에 따른 거부와 저항은 만만찮다. 즉 구조 변화는 이해 조정을 수반한다. '새 술은 새 부대'가 맞아서다.

인구 변화는 광범위하고 무차별적인 강력한 구조 조정이 시작됐음을 의미한다. 질서는 달라지고 성과는 엇갈린다. 방향과 압력은 위협이 동반된 절체절명의 위기 사태로 이어진다. 경제 활동의 본류인 인구 감소의 축소 지향적인 경향 탓이다. 어쨌든 숫자와 활동이 줄면 욕망과 거래는 쪼그라든다.

그럼에도 손 놓고 있을 수는 없다. 방치할 여유도 무시할 시간도 없어서다. 외부에 의한 타성적이고 소극적인 구조 조정보다는 내부의 자발적이고 적극적인 개혁 주도가 바람직하다. 똑똑한 축소(Smart Shrink)를 좇아 인구 절벽을 혁신 기회로 삼자는 취지다. 위협적일수록 기회는 매력적인 법이다.

인구 변화에서 비롯된 자산 시장에 관한 재편 논의는 부동산 없이 진행할 수 없다. 집이야말로 우리 사회의 최종적인 평가 기준이자 총체적인 집합 욕망인 까닭이다. 자산 축적부터 경기 조절과 세금 정책을 넘어 정권 운명까지 움켜쥔 대형 화두다. 동시에 집값 향방은 현재와 미래의 가계 행동을 결정짓는 근원 변수다.

집값 예측을 어지럽힌 일등 공신(?)은 인구 변화다. 선도국조차 손쉽게 제친 파격적인 한국형 인구 변화는 예측의 신뢰와 정확성을 단번에 무너뜨렸다. 집값 논쟁의 방향을 냉정한 논리보다 감정적 당위로 퇴색시킨 배경이다. 토지 신화를 딛고 선 선배 세대와 인생 모델을 거부한 후속 청년이 집값으로 대결되고 분리된 이유다.

인구 변화가 어지럽힌 집값 논쟁

물론 집값 전망의 고려 변수는 많다. 세대 간 바통 터치의 손바뀜이 감소되고 중단되면 집값은 새로운 국면에 진입한다. 인구 감소만큼 중요한 세대 증가(1인화)도 변수다. 균형 가격을 훼손하는 가수요와 빚잔치도 뺄 수 없다. 그만큼 인구 변화와 집값 향방은 복잡다단하다. 그럼에도 흐름은 양자택일로 귀결된다. '인구 변화 + 부동산 = 위기 vs. 기회'가 그렇다. 오르든지 말든지의 이슈다.

최소한 과거보다 기회는 줄고 위기는 커질 수밖에 없다. 총론 위기 속 각론 기회로 압축할 수 있다. 바꿔 말해 차별화 속 양극화다. 덩달아 구조 변화인 만큼 기회 수준은 한층 크고 넓게 다가올 전망이다. '위기 → 기회'라는 순풍에 올라탄 혁신적 소수 멤버가 절대 수익의 독점 수혜를 누리게 된다. 그러려면 치밀한 연구 분석과 과감한 혁신 도전이 필수다. 독립 변수이자 통제 변수인 인구 변화의 완전한 정복은 대전제다.

그렇다면 내 집을 둘러싼 효용은 어떻게 될까? 효용 측정은 크게 경제와 심리 부분으로 나눌 수 있다. 경제적 가성비(비용 대비 편익)로 보면 내 집 효용은 '매수(소유) 〉 임차(사용)'일 때 유효하다. '집값 = 자기 자본 + 외부 조달'에 따른 시세 차익이 이자 비용보다 크면 사는 것이 좋다. 더불어 주거 안정을 통한 정성 효과는 만족 효용을 더 높여 준다. 이는 지금껏 확인된 편익 경로다.

최소한 빚을 내서 사는 것이 옮겨 다니는 것보다 낫다는 확정 신호가 있었다. 문제는 앞으로다. 내 집 효용이 인구 감소를 극복할지 논쟁적이다. 구조 전환기답게 생활 환경과 작동 방식을 좌우하는 세상의 룰이 달라졌기 때문이다.

후속 세대의 당연했던 생애 최초로 주택을 마련하는 일은 전에 없이 흔들린다. 살 수도 없거니와 사본들 보유 부담이 기대 효용보다 높다는 판단에서다. 토지 신화의 끝물을 목격한 일부 청년의 영혼을 끌어모은 매수가 화제지만 경기 상황, 수급 변화, 조달 비용 등을 볼 때 지속하기는 어렵다. 따라서 초과 수요가 일상화된 서울과 수도권 일부는 예외이지만 양극화와 차별화에서 비켜선 곳은 냉기가 확연하다.

부모 찬스가 없다면 동반 매수는 더 힘들다. '인구 = 수요'라면 시점 문제일 뿐 추세는 하향이라는 공감대가 넓다. 인구 감소에도 불구하고 신규 공급과 집값을 유지하는 논리의 근거가 됐던 부모의 상속 전략(상속세 부담 경감)도 계속되기 어렵다.

물론 인구 감소에도 불구하고 세대 증가라면 독립 세대의 주택 수요는 유지할 수 있다. 주택담보대출의 변제 기간은 긴데 만혼화로 소득 활동이 줄어도 내 집을 마련하는 동기는 낮아진다. 매입해도 신규 고가보다 중고 저가가 가시권이다. 더욱이 리폼이나 가구 등 중고 주택의 집 안을 치장하는 것이 전제된 리모델링도 트렌드다. 인구 감소로 도시 팽창적인 택지 개발을 대체할 기존 물건과 도심 중심의 재구성도 관건이다.

인구 공급과 집값 상승이 주도한 건설 중심의 전후방 연관 효과는 축소된다. '인구 증가 → 주택 공급 → 고용 유발 → 경기 자극 → 분양 수익 → 집값 상승'의 연결 고리가 펼친 토목 축제의 출발 전제가 뒤틀렸기 때문이다. 만들면 팔리던 시절의 종언인 셈이다. 실제 그간 우리나라 경제의 버팀목은 건설 투자였다. 경제 발전과 건설 경기는 밀접했다. 주택(건축)과 인프라(토목) 등은 인구 증가에 맞춰 경제 발전을 견인했다.

다만 OECD 국가를 보건대 국민소득 3만 달러 이후부터 건설 투자는 축소하는 경향이 짙어진다. 인구 감소까지 맞물려 수요 감소와 활용이 미진한 유휴 시설로 전락한다. GDP 비중도 1990년대 20%에서 2020년대 11%대까지 떨어졌다. 수명 주기상 쇠퇴기라는 얘기다. 일본만 봐도 생산연령인구의 하락 시점(1995년)과 건설 투자의 피크 타임(1992년)은 얼추 겹친다. 즉 건설 수요의 현행 유지는 어렵다는 얘기다. 교체 수요와 정부 투자 말고는 신규 공급의 하향 안정은 대세다. 인구가 증가할 때는 경기 부양책으로 썼다지만 지금은 그마저 기대하기 어렵다. 청년 공급은 없고 고령화의 그림자만 자욱하다.

집값 향방의 결정적인 변수 가운데 유력한 것은 교통 이슈다. 교통은 인구와 밀접하다. 교통은 직주(職住)의 연결 체계를 뜻한다. 즉 교통 수준은 경제 성장뿐 아니라 생활 품질을 가르는 절대 변수다. 인구 증가에 맞춰 근교형 신도시를 형성하는 방식의 외곽 확장적인 도시

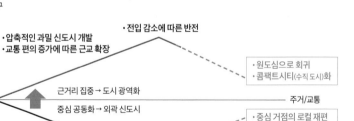

인구 변화와 도농 공간별 배치 전략 시나리오

인구

도시

로컬

• 압축적인 과밀 신도시 개발
• 교통 편의 증가에 따른 근교 확장

• 전입 감소에 따른 반전

근거리 집중 → 도시 광역화
중심 공동화 → 외곽 신도시

• 지속된 전출에 따른 자연 감소

• 원도심으로 회귀
• 콤팩트시티(수직 도시)화

주거/교통

• 중심 거점의 로컬 재편
• 대중교통망에 행정 투입

• 인구 절벽(지역 소멸)
• 외곽에 사는 주민 증발

개발을 완성하는 마침표가 교통이었다.

반대로 인구 감소는 교통 공급을 위험에 빠트린다. 통근과 환승이 가능한 인기 노선은 몰라도 서울의 1,000만 인구가 깨지면서 잠재 고객의 규모 반전은 본격화됐다. 생활 인구가 버팀목이나 정주 인구만큼 탄탄할 수는 없다.

결국에 수익 감소에 따른 교통 품질은 악화할 수밖에 없다. 재택 근무의 확대 경험도 고려 사항이다. '교외 자택 ↔ 도심 직장'의 이동이 전제된 고효율의 대량 운송은 유지되기 어렵다. 교통 업계의 구조 조정을 뜻한다.

교외 확장형의 도시 비대화가 지속되지 않으면 교통을 재편하는 일은 불가피하다. 신도시의 고령화와 노후화도 교통 변수와 맞물린다. 정주 기능이 부족한 신도시일수록 교통 불편은 가시화될 전망이다. 인구 변화와 생활 수요를 떠받치는 교통 기반에 주목해야 하는 이유다.

MZ 세대에 달린 집값의 미래

인구가 감소하면서 비롯된 시장 변화의 힌트는 앞서 부딪혀본 선행 경험에서 확인할 수 있다. 인구 감소에 따른 대학 불황은 일찌감치 경고됐다. 돌발 변수가 아닌 위험 상수였음에도 불구하고 무시한 대가는 엄중했고 암울한 결과를 낳았다.

　20여 년 전 출생 인구가 50만 명대를 하향 돌파했지만, 입학 정원이 더 많으니 수급 붕괴는 당연했다. 부처와 대학의 낮은 위기감은 지방대학의 잔인한 벚꽃 엔딩으로 비화됐다.

　청년 인구의 출생 감소와 우수 인재의 외부 유출이 맞물린 지방대학의 일상적인 정원 미달은 지역을 기반으로 한 상권의 붕괴뿐 아니라 순환 경제의 뿌리 자체를 뒤흔든다. 우수 인재를 찾아 지역 기업마저 수도권을 향할 정도다. 수도권 최상위 대학과 어깨를 나란히 하던 내로라하던 거점국립대학조차 정원 미달일 만큼 인구가 감소하면서 비롯된 대학 위기는 심각하고 뼈아프다. 청년 감소의 후폭풍을 체감하는 반면교사로 제격이다.

　이처럼 인구 충격은 더디지만 매섭다. 대학 붕괴는 앞으로 펼쳐질 숱한 상황 변화의 전초전에 불과하다. 누구나 나이를 먹듯 인구 변화가 추동한 가령(加齡)별 생애 주기의 수급 변화는 정해진 미래와 같다. 미세 이탈은 있어도 대부분 표준 편차 안이라 드라마틱한 반전은 없다. 줄어든 인구의 후폭풍은 향후 들불처럼 번질 전망이다. 악재라면 지방대학이 먼저 매를 맞았을 뿐 그 이상도 이하도 아니다. 누구든 위기 앞에 자유롭지 않다는 의미다.

　이대로면 뒷북치기의 미달 사태처럼 집값 향방에도 결정타를 안길 수밖에 없다. 결과적으로는 호재보다 악재가 많다. 다수의 청년 그룹에게 내 집 마련은 부모 지원과 천운 낙점이 아닌 한 불가능에 가깝다. 끝물일지 추세일지 뜨거운 감자지만, 대부분 MZ 세대에게는 해당하기 어렵다. 무리한 희망이 유혹하지만, 냉정한 현실이 더 가깝다.

그렇다면 줄어든 후속 세대가 내 집 이슈에 직면할 20~30년 후는 어떨까. 수급 논리만으로는 상황이 개선되는 데 무게 중심이 쏠린다. 초저출생이 강력한 증거다. 전대미문의 출산율 1명 이하만 벌써 6년째다. 2018년 0.98명 이후 2023년 0.65명(4분기)까지 떨어졌다. 2018년부터 5년간 매년 평균 0.04명씩 줄었는데, 이 추세대로 향후 지속된다면 20년이 못 돼 우리나라의 출산율은 0(제로)으로 수렴한다. 출생 제로가 머지않았다는 의미다.

이때 수요 폭감은 가격 폭락을 뜻한다. 토지 신화, 벼락 거지 운운의 방어 기제가 가수요를 유발해도 계속되기는 어렵다. 즉 내 집을 마련하는 일은 수월해진다. 살 만한 집이냐가 관건이나 역시 수요 감소를 이길 수는 없다. 와중에 구매력은 저성장으로 약화될 것이 확실시되므로 제아무리 집값이 싸져도 얇은 지갑은 매수를 약화한다. 지금이 가처분 소득의 정점이라는 주장까지 설득력 있다. 지금까지와는 전혀 다른 매도 우위의 거래 풍경이 펼쳐질 수 있다는 얘기다.

물론 더 오를 수도 있다. 최소한 차별화는 대세다. 평균치가 싸도 우량재는 별개 이슈인 까닭이다. 인구와 욕구가 집중된 공간은 가치를 반영한 가격이 실현될 수밖에 없다. 단, 그들만의 리그일 뿐 바통터치를 해줘야 할 후속 인구의 의지와는 무관하다. 현재 청년이 늘어갈 때도 내 집 선호가 유효할지는 아무도 모른다. 가족 해체, 평생 싱글의 트렌드가 중소형 주택의 선호로 연결돼도 지금처럼 전체적인 내집 열망에 닿을지는 모를 일이다.

무엇보다 줄어든 청년의 달라진 생각이 관건이다. 미래보다 현실을 우선하고, 소유보다 사용을 중시하는 경향은 확대될 수밖에 없다. 불안 장세가 장기 방향을 잡을 날도 머지않았다. 당분간은 누구든 속 편하지 않은 장세지만, 계속되기는 어렵다.

그럴수록 믿음이 개입된 자기만의 확정 편향에 빠져서는 안 된다. 이때 방향을 잡아주는 것이 인구 통계의 파워다. 적어도 인구 통계만큼 가치 중립적이고 미래 연결적인 것은 없다.

인구는 사회를 비추는 거울이다. 또 인구 변화는 앞서거니 뒤서거니 사회 변화를 알려주는 바로미터다. 인구 변화가 빚어낸 대학 붕괴의 곡소리를 무시해서는 곤란하다. 먼저 닥친 남의 불행을 관조하기보다 본인에게 치환해 교훈을 찾는 것이 좋다.

정밀하고 치밀한 인구 분석과 통계 해석을 통해 생존 활로를 갖춰 두는 것은 필수 영역에 가깝다. 다행히 인구 통계는 널려 있다. 꾸준한 관심과 약간의 노력이면 얻을 수 있다. 변화를 놓치면 생존은 없다. 그리고 인구 통계는 그 변화를 꽤 잘 알려주는 공개된 비밀과 같다.

멈춰버린 신도시와
원도심의 수직 도시

인구 급변에 따른 풍경 변화는 상식 파괴를 전제로 한다. 예측 범위를 뛰어넘는 충격적인 장면이 많아서 적잖이 놀랍고 낯설다. 현재 추세면 20년 후 출산율은 없고(제로 수렴), 가계도는 끊어지며, 결혼과 분가는 사라지고 만다. 넉넉히 1세대(±30년) 후면 지금과는 완벽히 달라진 생활 풍경과 행동 준칙에 맞춰 살아갈 수밖에 없다.

지금 잣대로 앞날을 바라본들 이해는커녕 관찰조차 불편해질 장면이 많다. 필요한 것은 혁신적인 상상력과 파괴적인 창의력이다. 상식을 거부하는 틀을 깨는 발상의 대폭 전환만이 미래 적응을 위한 추천 전략 가운데 하나다. 모든 것을 의심하고 많은 것을 경계할수록 좋다.

이쯤에서 도발적인 질문이 어울린다. 과연 30년 후에도 우리는 여전히 아파트에 살까. '집 = 아파트'라는 등식은 어느새 확고한 고정 관넘이 됐다. 물론 아파트 말고도 단독 주택처럼 집은 많다. 다만 평균적이고 상징성 있는 리딩 공간은 확고부동하게도 아파트다. 서울만 해도 1975년 단독 주택이 83%로 표준이었지만 2020년 59%의 아파트에 자리를 물려줬다. 신도시라는 이름이 붙은 경기권은 아파트가 압도적(71%)이다. 그래서 영화나 드라마에서는 복고 환원이 아닌 한 집은 아파트로 귀결된다. 아파트 제국주의의 결과다.

어쨌든 이렇게 안착한 상식이 30년 후에도 유효할지 고민은 색다른 접근이나 필요한 의문이다. 불과 1~2세대 만에 아파트가 주거 양태의 표준 모델이 됐다는 것은 역설적이게 '30년 후의 아파트'에 강한 문제 제기에 닿는다. 인구가 집중되고, 공간은 부족하고, 압축적으로 개발하고, 집합적으로 거주하는 거주 공간인 아파트의 유효 기간과 기대 효과가 계속될 리 없어서다. 결국에 미래 주택은 새로운 주거 스타일로 대체될 운명과 같다. '수평 저층 단독 주택 → 수직 고층 집합 주택'을 이을 새로운 대안 모델이다.

도시 문제를 해결할 아파트 1층의 기적

아파트의 공간 구성은 달라질 것이다. 인구 감소에 맞고 시대 변화에 맞춘 아파트의 재구성은 고객 욕구와 맞닿는다. 신규로 공급하는 아파트의 공간 배치만 봐도 나날이 진화하고 있다. 판박이처럼 똑같던

옛날 아파트를 떠올리면 곤란하다. 평면도와 배치도는 차별화를 반복한다. 이대로면 아파트 1층 공간의 혁신적인 실험도 안착할 것이다. 저출생과 고령화의 인구 문제를 풀 최적 공간으로 아파트 1층이 조명받고 있어서다. 저출생과 고령화는 양육과 간병 이슈로 정리할 수 있다.

개인과 가족에 전가하거나 영세한 저품질과 값비싼 시장화로만 접근하니 불편과 불안, 불만이 가중된다. 이동을 전제로 한 외부 공간에 양육과 간병을 위탁하는 것이 보통인데, 문제는 가성비와 만족도가 낮다는 점이다. 좋은 곳은 비쌀뿐더러 대기가 많고, 수순도 복잡하다. 수요가 있음에도 공급되지 않는 자본주의의 딜레마가 복지 영역에서는 자주 발생한다.

와중에 어디든 있지만, 누구도 관심을 두지 않는 공간도 많다. 하물며 선호하는 입지인데 공급 원가조차 싼 알짜 공간마저 적잖다. 시장화의 거래 조건에 맞춰 등판하기에는 비교 열위지만, 꽤 우량한 입지 파워와 잠재 가치 등의 DNA를 갖춘 경우다.

아파트 1층이 대표적이다. 인구 문제와 복지 갈등을 해소해줄 공간활용의 숨통을 열어주는 몇 안 되는 유력 대안 가운데 하나로 부각하고 있다. 자녀 양육과 부모 간병의 수요와 공급을 생활 단위인 아파트 1층에서 해결하는 차원이다. 이를테면 간병 이슈라면 식사든 교류든 운동이든 아파트 1층을 유효하게 쓰면 저비용, 고효율의 생활 기반형 욕구 수요를 해결할 수 있다. 전통 사회에서 마을 전체가 양육과 간병을 품었듯 아파트 1층을 활용하자는 차원이다.

물론 사적 영역이라서 제한적이다. 최소한 신축은 1층을 공공 공간으로 배치하는 것부터 시작하면 좋다. 구축도 소유권의 공공 전환으로 욕구를 해결할 것이라 기대한다. 어려운 사회 문제의 해결을 위한 시도라면 정부와 기업, 주민 등 다중 이해자 간에 조정하고 협력을 강화해야 한다. 자원을 결합하고 민관이 협치하는 복지 혁신도 가능하다.

실제 아파트 1층처럼 잠재 자원이면서 유휴 자원은 많다. 부처 규제가 총망라된 건물 옥상도 비슷하다. 문제 해결을 위한 혁신 공간으로 제격이지만 활용은커녕 방치하는 것이 가장 속 편할 정도다. 증가와 공급에 맞선 경직적인 규제는 불필요하다. 보물을 혁신으로 꿰는 상상력이 관건이다.

압권은 달라진 공간 활용을 주도할 코페르니쿠스적인 발상 전환에 있다. 과도할 것까지는 없겠지만 풍부하고 색다른 상상력은 인구 절벽, 도농 격차, 공간 갈등에 대한 해결 힌트를 제공할 유력한 착화제다. 미래 도시를 다룬 공상과학 영화처럼 가공의 상상력이 왕왕 눈앞의 실사판으로 구체화하는 사례는 많다. 어쩌면 현실에서 뜀뛰기를 한 분절적인 상상력이 아닌 연결된 자연스러운 아이디어로 봐도 좋다.

이를테면 인구 증가와 도시 집중을 흡수한 압축적이고 고밀형인 신도시의 미래는 어떻게 될까. 인구 전환 속 공간이 확장되고 교통이 팽창한 신도시는 존재 이유가 옅어진다.

대신 방치된 원도심으로의 회귀 행렬 속에 직주락(職住樂, 일과 거주와 놀이)을 동시에 해결하고자 하는 도보 반경의 콤팩트시티가 바통을 이어받을 공산이 크다. 저출생과 고령화의 불일치를 해소하고 외곽 거주에 따른 시간과 비용 절감은 물론 가성비도 좋은 수직 도시화가 그렇다.

이로써 선순환과 생존력에 유리한 일극집중(一極集中, 정치·경제·문화 등 여러 기능이 중심지 한곳에만 모이는 일)을 통한 행복 집적의 새로운 주거 모델도 제안할 수 있다. 직주 분리에서 집중 배치로 사람이 모이고 다양한 욕구가 풀리는 경우다. 초고층 마천루를 허용하되 늘어난 용적률만큼 공공 기여를 유도하거나 용적률에서 제외되는 지하 공간을 적극적으로 개발하는 것도 포함한다. 층수나 고도에 대한 일률적인 규제를 시대 변화에 맞춰 가치 창출의 수단으로 쓰자는 얘기다.

도시보다 앞서 인구 전환에 진입한 축소 공간인 농산어촌은 이미 도심 회귀형 생활 집적에 적극적이다. KTX 등 광역 교통이 도심 공동화는 물론 원도심과 신도시 간 자원 격차를 심화시키는 부작용을 낳은 결과다. 아직은 외곽에 거주하는 교통 약자를 위해 행정과 예산을 투입해 공공 교통과 비용 지원이라는 배려 정책(무료 버스, 100원 택시 등)이 중심이지만 일단락되면 원도심으로의 귀환을 유도하는 지역 공간을 재구성하는 데 나설 수밖에 없다. 고령 인구가 자연 사망한 이후 한계 지역의 주민등록 인구 거주는 존재하기 어려워서다.

도쿄가 채택한 공공·상업·생활의 수직 도시

지금껏 도시는 커졌다. '농산어촌 → 도시 권역'으로 인구가 집중하는 탓이다. 교육과 취업 수요부터 기업·금융·행정은 물론 직간접 생활 기반까지 독과점한다. '인구 증가 → 공간 부족 → 교외 개발 → 교통 확충 → 도심 확대' 구조로 자원 집적을 완성한다.

자원이 집중하고 인구가 감소하고 있는 서울특별시 사례가 예외일 뿐 교외 확장형 도시 개발은 세계 표준에 가깝다. 단, 시대 변화는 새로운 기준점을 요구한다. '확장 신도시 → 압축 원도심'으로의 개발을 전환하는 것이 그렇다.

도시 성장의 고정 관념을 대체할 새로운 기준점의 질서를 구축해야 한다. 즉 인구 감소를 전제로 한 도시 구조로 새판을 짜는 것이 좋다. '가족 구성 → 단신 세대'의 기준 변화는 다소 논쟁적이지만 '다극 분산 → 일극집중'을 뜻한다.

교외 신도시가 먹혔던 확장 사회에서 중심 시가지를 재편한 압축이 필요에 닿는다. 미래형 도시 공간의 재론 방향은 콤팩트시티로 요약할 수 있다.

이는 총인구 감소 1호(2016년)로 인구 변화의 최전방에 선 일본 사회가 알려준 소중한 미래 힌트다. 2호(2020년)인 우리나라로서는 챙겨 봄 직한 포인트다. 도쿄는 새롭고 달라진 패러다임으로 원도심의 고밀도 압축 개발을 제안한다. 저성장, 인구병, 재정난이라는 복합 불황이 시작되며 저밀도, 교외화의 공간 경영에 지속 불가능성이라는 화두가 던져진 결과다.

2000년대부터 본격화됐는데, 최근 완성작을 속속 선뵌다. 원도심의 권리 관계와 규제 장벽 등으로 공사 기간이 길어진 결과다. 기능 집적의 수직 도시답게 도쿄 풍광을 완벽히 바꾸며 랜드마크에 가세했다. 화제 사례는 2023년 도쿄 미드타운 야에스다. 도쿄역 인근의 초고층 빌딩 거리를 지상 45층 규모로 재구성했다.

도심 빌딩의 고정 관념을 거부한 이 빌딩은 상업 시설부터 초등학교, 버스터미널, 관공서는 물론 호텔까지 들어섰다. 다양한 용도를 실현하고 복합 공간으로 건물 자체의 수직 도시화를 지향한다.

낙후된 도시 공간을 재구성하는 민관 협치적 아이디어가 지하도로, 저층은 공공을 위한 공간, 고층은 상업적인 공간이라는 새로운 포트폴리오를 완성한 것이다. 일본 정부도 인구 감소형 도시 공간의 운영 전략 가운데 하나로 인정한다. 즉 원도심의 콤팩트화는 대세다. 야에스빌딩을 필두로 한 원도심 수직 도시화는 콤팩트시티의 2.0버전으로 손색이 없다.

그렇다면 우리나라에 도입하는 것은 어떨까? 진영 논리를 빼더라도 원도심을 타깃으로 한 콤팩트시티는 수도 서울뿐 아니라 중추 도시와 중핵 도시는 물론 농산어촌까지 벤치마킹을 위한 우선순위에 올린 새로운 공간 전략이라 할 만하다. 인구 감소와 자원 분산을 필두로 중심 기능을 잃은 원도심이 지나치게 줄어들고 쇠퇴했으므로 공통 이슈인 까닭이다.

발 빠른 성장만큼 급속한 조락도 맞다. 인구 규모와 성장 여력을 볼 때 서울은 절정 단계를 지난 듯하다. 몸집을 키우던 청년 시절에서 늙음에 직면한 성숙 시점에 다가섰다. 쇠퇴 범위와 시간이 얼마나 걸릴지가 관건일 따름이다.

인구가 감소하는 과정에서 생존 원가가 비싸진 서울이 비교 우위가 축적된 경기권에 맞서기는 쉽지 않다. 이때 콤팩트시티를 설명력과 정합성을 내세워 제안할 수 있다. 도시 공간을 재구성해 쇠퇴를 늦추고 활력을 찾자는 개발 전략이다. 신도시가 확대하면서 중심 시가지가 쇠퇴하자 등장한 일종의 입지 적정화 아이디어다.

이 밖에도 낙후 도심에는 빠지지 않는 개발 모델로 언급된다. 갈등을 증폭하고 비용을 유발하는 면에서 볼 때 지속 가능한 생활 공간으로서의 장애를 제거하고 해법을 모색하는 차원이다. 인구 감소기에 해당하는 도시 공간을 재편하기 위한 대안인 셈이다. 주류는 민간 방식의 재건축과 재개발이다.

도시 재생의 반면교사를 겪은 서울도 고밀도 압축 개발로 돌아선 분위기다. 물론 중앙 정부로서는 콤팩트시티가 신도시의 교통 혼잡과 과잉 개발, 직주 이탈의 부작용보다 해결 순위가 낮아 당장 힘을 받기는 어렵다. 그럼에도 신도시의 개발 한계와 구도심의 활로 유지를 풀 묘책일 수 있어 관심을 모은다.

콤팩트화로 인구 감소, 도시 쇠퇴, 빈집 증가, 비용 압박 등을 해결할 수 있다. 영국 밀레니엄 빌리지, 프랑스 리브 고슈, 스페인 바르셀로나, 미국 포틀랜드, 일본 롯폰기 힐스 등 성공 모델도 기운을 실어준다.

대중교통 이용을 확대하고 도시 외곽의 개발을 억제하며, 복합 기능을 집중적으로 활용하고 지속 가능한 도시를 조성하는 것 등을 보건대 경제적 효율성과 환경적 안정성까지 도모된다. 기성 도시의 재생 차원을 넘어 지속 가능한 설계 개념으로까지 확대되는 것이다.

서울은 왜 콤팩트시티에 주목할까?

콤팩트시티는 서울의 미래와 닿는다. 도시 공간의 이중 구조가 절정에 달해서다. 한때 정치권에서 '15분의 마을'로 운을 띄웠지만, 추구 가치는 이념 대결을 뛰어넘는 상위 개념이다. 도시 성장이 일단락한 후 '도심 → 교외'로의 무게 이동이 주민 유출, 상권 하락, 세수 감소 등 사회 문제로 비화돼서다. 교외도 차량 수요, 도로 정비, 녹지 개발의 한계에 부딪힌다. 하나같이 직주 이탈과 비용을 유발하는 등 생활 품질의 악화를 뜻한다.

저탄소 사회와도 부딪힌다. 활로 모색의 출발지인 쇠퇴한 공간 원도심을 재구성해 콤팩트시티로 구체화할 수 있다. '인구 감소 → 소비 축소 → 사업 축소 → 경기 불황'의 악순환과 '인구 감소 → 재정 부족 → 기반 악화 → 활력 감소'의 딜레마를 해소할 수 있다. 부(負)의 사슬을 끊어낼 살기 좋은 도시를 위한 실험 후보라는 얘기다. 권역별 인구 감소(도심, 중산간)와 인구 증가(교외, 신도시)의 부작용과 엇박자도 균형을 이룰 수 있다. 축소되는 도심과 교외의 불편을 해소하면 중장기적인 생태·협력적 순환 구축도 기대할 수 있다.

콤팩트시티는 단순한 개발 모델이 아니다. 순환 경제와 생활 품질의 취지를 볼 때 인구·고용·산업·거주·교통 등 광범위한 정책 세트와 동반된다. 도심 침체와 교외 확장의 불균형에서 비롯된 성장의 한계를 압축·고밀도의 집약 공간이 풀어낸다면 지속 가능성의 담보는 당연지사다. 물론 진리는 아니다.

성공 사례가 많지만, 실패 경험은 더 많다. 일본의 지방 도시 아오모리가 그렇다. 2001년 시민 편의와 재정 효율을 내세워 핵심인 아오모리역 앞에 주거와 상업 기능을 밀집시킨 복합빌딩 아우가시티가 그렇다. 훗날 외부 평가팀이 봤더니 상업화는 실현되지 않았고 채산성도 없었다. 체질화된 만성 적자로 유지하기 힘든 상태에 빠졌다.

민간이 이탈한 유휴 공간은 공공 시설을 대체 입주하는 것으로 벌충했지만, 콤팩트시티를 내세운 시장은 낙선했다. 과도한 행정 주도의 밀어붙이기가 만든 수요 무시형 재정 일변도의 한계였다. 사가시와 아키타시도 비현실적인 사업 계획과 채산성 미흡으로 실패했다.

성공 조건은 한둘이 아니다. 우선 협치 모델을 들 수 있다. 도심 역세권을 압축 도시로 배치해 교통 편의와 보행 친화를 추구한다는 점에서 콤팩트시티는 교통 중심에서 출발한다.

행정 주도성이 강조될 수밖에 없지만, 과도하면 곤란하다. 정책의 연속성과 효과성은 있으나 행정 중심은 최소화가 맞다. 민간 자율을 훼손하고 행정 의존을 심화시킬 수 있어서다. 민간 영리형 경영 감각이 내재된 관민 협력의 거버넌스가 대안이다. 광범위한 지역 주체의 협력과 조율은 필수다. 판은 관이 깔아줘도 생활 주체는 시민과 민간일 수밖에 없다.

소프트웨어도 절실하다. 공간만 재구성한다고 압축 도시는 아니다. 커뮤니티형 활기를 회복하는 것이 중요하다. 생활과 재미를 보장할 수 있는 소프트웨어가 커지도록 참여와 역할을 확대하는 것이 좋다.

콤팩트시티의 9가지 원칙		
구분	원칙	내용
공간 형태	① 높은 거주, 취업 등의 밀도	· 인구와 주택 밀도가 높다. · 고밀도에 따른 환경 문제 해결과 환경 품질 향상을 위한 도시 디자인의 역할이 중요하다.
	② 복합적 토지 이용 생활권	· 일정 생활권에서 복합적 토지와 건물을 이용한다. · 주택과 취업 등 단일 기능 고밀도가 콤팩트는 아니다. · 일정 범위에 해당하는 다양한 방식의 복합이 필요하다.
	③ 자동차만 의존하지 않는 교통	· 자동차 교통에 대한 의존도가 낮다. · 생활권, 도시 중심부를 걸어서 자유롭게 드나들 수 있다. · 공공 교통에 대한 편리성이 높다. · 필요한 장소나 서비스에 쉽게 도달할 수 있다.
공간 특성	④ 다양한 거주자와 공간	· 연령, 성별, 가족 형태, 취업 등 거주자와 생활 방식, 건물·공간·주택 다양성이 공존한다. · 가족 형태가 변해도 거주를 지속할 수 있다. · 지역 안정성이 확보되어 있다
	⑤ 독자적인 지역 공간	· 역사와 문화 등 차별 자원을 계승하고 있다. · 차별화된 독특한 분위기를 보유하고 있다. · 역사적 장소, 건물, 문화 등 개발과 장소성에 대한 감각이 중요하다.
	⑥ 명확한 경계	· 지형·녹지·하천 등 자연 조건과 도로·철도의 인프라를 구분한다. 즉 물리적 경계가 명확하다. · 전원과 녹지로 확산되는 애매한 시가지 확대를 경계한다.
기능	⑦ 사회적 공평	· 연령, 소득, 성별, 계층, 인종, 자동차 이용, 신체 기능 등 공평한 생활 조건을 확보한다. · 자유로운 이동을 하는 데 필요한 서비스와 공평한 생활을 위한 조건을 확보한다.
	⑧ 일상생활의 자족성	· 도보와 자동차로 이동 가능한 범위에 일상생활에 필요한 기능을 배치한다. · 지역의 자족성과 함께 광역 서비스를 위한 교통수단에 대한 정비가 필요하다.
	⑨ 지역 운영의 자율성	· 시민과 주민 간의 교류가 활발한 커뮤니티를 조성한다. · 지역 상황과 미래 등 방침을 결정하고 운영하는데 자주적 참여가 가능하다. · 외부 연대도 필요하다.

자료 : 카이도 키요노부(海道淸信), 《콤팩트시티(コンパクトシティ : 持続可能な社会の都市像を求めて)》, 학예출판사, 2001

또 소프트웨어는 지역 자원을 발굴하고 적용하는 것이 바람직하다. 지역의 매력을 압축 공간에 집결시켜 상호 교류를 확대하는 식이다.

인프라와 하드웨어에서 비롯된 압축적인 재편에 휘둘려 사업 호흡이 짧아져도 문제다. 다중 이해관계자의 장기적 참여와 화합이 중요하다. 결국에 콤팩트시티는 향후 자주 거론될 수밖에 없는 핫 이슈다. 도시 개발과 주거 재편은 인구 감소에 맞춰 기본값을 바꿔야 할 상징적인 우선 사업인 까닭이다.

세대부조의 붕괴를
예고하다

물구나무는 넘어진다. 아래는 가볍고 위가 무겁다면 버텨낼 재간은 없다. 그래서 분수도 진분수가 안정적이고 마음 편하다. 인구도 그렇다. 성별과 연령별 인구 구성을 그래픽화한 인구 피라미드는 삼각형일 때 사회 유지를 위한 지속 가능성이 보장된다. 고도성장을 이끌어온 요컨대, 인구보너스의 힘이다.

아쉽게도 더는 아니다. 피라미드처럼 밑이 탄탄한 삼각형은 애당초 끝났다. 아직은 거대한 중년 인구가 유·노년을 떠받치는 정사각뿔(방추형)이지만, 곧 역삼각형의 진분수로 뒤집힐 것이 확실시된다. 한세대 후까지 미룰 여유조차 없는 신속한 급변세다. 실제 감사원의 인구 정책 감사 결과(2021년) 수정된 예측에서는 2047년이면 역삼각형이완벽히 뚜렷해진다. 0.7명마저 위협하는 충격적이고도 반복적인 저출생을 보건대 물구나무의 하중 부담은 사회 붕괴를 뜻한다.

사회 구조는 바통을 주고받는 이어달리기처럼 유지되고 완성된다. 선발 선수와 후속 주자의 바통 교환은 생로병사에 따른 연령대별 불확실성을 비용(적자)과 편익(흑자)으로 분해해 최적 효용이 배분되도록 설계한다. 돈 버는 엄마와 아빠가 자녀와 부모를 책임지는 가족 체계를 떠올리면 쉽다. 그들의 부모도 이렇게 중년 자녀를 키웠기 때문이며, 자녀도 훗날 은퇴한 노년 부모를 부양할 것이기 때문이다.

이를 사회화하면 일하는 현역 인구(분모)가 취약한 고령과 유년 인구(분자)를 떠받치는 구조다. 분모가 많고 분자가 적으면 진분수의 피라미드를 뜻한다. 생산가능인구의 탄탄한 유지 공급을 국력의 기본 토대로 보는 이유다. 반대로 저출생은 위기 신호다. 초고령화까지 반영하면 부양 부담의 무게와 범위가 가속화돼서다. 사회 근간이 뿌리째 흔들린다는 뜻이다. 당장 세대부조의 직접적인 붕괴 신호는 복지 훼손에서 비롯된다. 5대 사회보험 모두 보험료는 줄고 급부비는 늘어나서다. 내는 것은 적고, 받는 것이 늘어나면 유지하기 힘든 것은 당연지사다. 당면한 삶을 뒤흔들 인구 변화의 심각한 후폭풍이다.

저출생이 본격적으로 위협하는 것은

아직은 그나마 좀 낫다. 확연히 약화하고 있지만, 밑이 탄탄한 진분수가 계속되고 있기 때문이다. 물론 시간은 없다. 인구 감소가 흩뿌린 지뢰밭의 초입 단계일 뿐이다. 걸어갈수록 발밑 공포는 폭발 충격으로 치환될 운명이다. 탈출구는 하나뿐이다. 사회보험의 비용은 높이고 수혜는 줄이는 방법이다. '저부담, 고수급 → 고부담, 저수급'으로의 구조 개혁 말고 묘책은 없다. 소득 정체의 저성장임을 감안하면 비용 증가는 가처분 소득의 감소를 뜻한다.

사회화된 복지 비용의 유지를 위한 증세 개혁도 본격화된다. 소득세(직접)뿐 아니라 소비세(간접)까지 총체적인 증세 트렌드는 불가피하다. 즉 세대부조를 떠받칠 후속 세대의 절대 숫자가 확연히 줄어드는데 기존 체계로는 버텨낼 재간이 없다. 386세대로 불리던 1960년대생

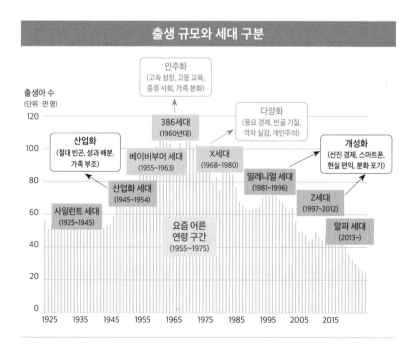

출생 규모와 세대 구분

출생아 수
(단위 : 만 명)

민주화
(고속 성장, 고등 교육, 중류 사회, 가족 분화)

다양화
(풍요 경제, 반골 기질, 격차 실감, 개인주의)

386세대
(1960년대)

산업화
(절대 빈곤, 성과 배분, 가족 부조)

베이비부머 세대
(1955~1963)

X세대
(1968~1980)

개성화
(선진 경제, 스마트폰, 현실 편익, 분화 포기)

밀레니얼 세대
(1981~1996)

산업화 세대
(1945~1954)

Z세대
(1997~2012)

사일런트 세대
(1925~1945)

요즘 어른
연령 구간
(1955~1975)

알파 세대
(2013~)

이 은퇴하면 가장 최근 태어난 세대인 알파 세대와 MZ세대를 합쳐도 이들을 부양하기 어려운 양적 격차가 벌어진다. 1955~1975년에 걸친 1,700만 요즘 어른은 사회와 세대 간 공고했던 부조 시스템의 전면적인 붕괴 위험에 직면할 최초 세대로 이해할 수 있다.

상황이 이렇다 보니 각자도생이 지배 질서로 거론될 수밖에 없다. 내 집 마련을 위한 부동산이야 두말하면 잔소리이고, 한때 유행처럼 번진 주식과 코인 등 위험 자산을 선호하는 현상이 대표적인 자활적 활로 모색의 결과다. 위험 자산은 전 국민의 투자 자산으로 승격되며 많은 관심을 받았다. 물론 여러모로 봐서 위험 자산의 환경, 논리적 유효, 정합성은 공감할 수밖에 없다.

최대 동력은 저성장과 인구병에서 비롯됐다. 고성장이 종료하면서 격하게 조정된 인구 변화가 위험 자산을 선호하는 근거다. 저성장은 저금리를 뜻함과 동시에 자산 증식을 위협하는 요소다. 은행에 맡겨 본들 인플레이션조차 따라잡기 힘들다. 그렇다면 플러스알파를 위한 도전은 자연스럽다. 이때 저축보다 투자가 우선된다. 경쟁력도 좋다. 묵직한 부동산보다 가볍고 손쉽다.

인구병도 거든다. 가속화된 인구 감소는 성장 동력을 퇴색시킨다. 먹고살기 힘들어진 MZ세대가 결혼과 출산 카드를 버린 이유다. 그만큼 그들의 생존 환경은 각박해졌다. 이때 위험 자산 가운데 진입 허들이 낮은 주식 투자는 그나마의 활로일 수밖에 없다. 취업도 힘들고, 창업도 어려워져 한 방을 노린 코인에 손대는 이치와 같다.

고령 인구도 주식 투자를 확대할 개연성이 크다. 수명 연장과 불확실성을 견뎌낼 대안 투자로 받아들여서다. 즉 전원 참여형 주식 투자는 저성장과 인구병을 이겨낼 각자도생적 호구지책에 가깝다. 물론 모두가 웃을 수는 없다. 위험 자산에 한 투자 행위이므로 아마추어의 승률은 낮다. 그럼에도 대세는 확정적이다.

팍팍해진 근로 소득과 쪼그라들 연금 소득만으로는 턱없이 부족하다. 남은 것은 자산 소득뿐이다. 주식이 위험할지언정 삶보다 위험하지는 않다는 평가까지 있다. 투자 대상은 늘어나고, 거래 방식은 쉬워지면서 저축에서 투자로의 참가를 독려할 전망이다.

믿을 것은 각자도생

시대는 변했고, 환경은 급변했다. 달라진 현실은 기존 이론의 설명력과 부딪히기 시작했다. 엇박자 속에 폐기 대상으로 전락한 이론은 증가세다. 경제학의 출발 지점과 분석 대상인 인구 비중(양적)이 변했고, 추구 욕구(질적)가 달라진 결과다. 위의 가설도 마찬가지다. 설정된 표준 편차에서 이탈한 새로운 행보로 인해 기존 가설을 재검토해야 하는데 이르렀다. '고령 인구 ≠ 안전 자산'이라는 새로운 실험 확대가 이를 뒷받침한다. '고령 인구 = 위험 자산'이라는 새로운 등식이다.

연령대별 주식 투자를 보면 생애 주기 가설은 무너진다. 어떤 통계를 봐도 3040세대는 확연히 감소세인 반면 6070세대는 뚜렷히 증가세다. 고령 인구의 부동산 매입도 늘어난다. 고연령대의 부채 비율만큼 위험을 수용하는 고령 인구가 증가한다는 얘기다. 우리나라만의 현상은 아니다. 현금과 예금, 보험 등 안전 자산에 대한 선호가 높기로 유명한 일본도 겪은 일이다. 정부가 주도해 '저축에서 투자로'의 패러다임을 전환하는 캠페인을 펼쳤을 정도다.

현실이 바뀌면 이론은 달라진다. '노년 = 저축'과 '청년 = 주식'의 어울림은 파기 대상이다. 저성장에서 비롯된 저금리의 개막은 벤치마크(시중 금리)의 하향 고착 속에 위험 자산과 안전 자산의 개념에 관한 수정을 요구한다. 원금 보장만으로 안전 자산일 수도 없다. 시장 참여자는 선택 기로에 섰다. 호구지책은 '불리기'와 '줄이기'뿐이다.

연령별로는 불리는 노년과 현역, 줄이는 청년으로 정리할 수 있다. 전자는 근로 소득, 연금 소득, 자산 소득은 물론 겸업용 부캐를 키워 내 사업 소득과 기타 소득까지 확보하려고 매진한다. 후자는 종잣돈과 노하우마저 부족하자 효율적인 줄이기 차원에서 미래 소비를 없애고자 가족을 결성하고 자녀를 출산하는 것을 포기한다. 먹여 살릴 가족 수요만큼 부담스러운 것도 없어서다.

물론 불리기와 줄이기는 공통분모다. 연령 차이는 있지만, 시대 돌파를 위한 자산 투자는 공통 미션에 가깝다. 주식의 경우 투자 취지를 투영하면 늙을수록 경험을, 젊을수록 시간을 산다는 점에서 합도 맞다. 불확실성을 이겨낼 특장점을 두루 갖춘 것이 주식 투자인 까닭이다. 결국에 주식은 선택적 투자 대상에서 보편적 투자 기회로 승격(?)된다. 정부와 업계의 주도로 '저축에서 투자로'의 인식 전환까지 이뤄지면 힘은 더 강력해진다.

인구 변화로 비롯된 저성장과 저금리는 시작됐다. 성급할 이유가 없듯 기회는 늘 있다. 성공 관건은 상식을 고수하는 데 있다. 시대 변화와 경제 상황을 읽는 것이 먼저다. 인구 변화가 빨랐던 선행 사례도 이를 강조한다. 비즈니스 모델별 차별 장세가 그렇다. 고성장이 일단락된 후 주식 몸값은 분리된다. 다 뛰던 시절은 지나가고, 되는 것만 차별화돼 올라간다. 투자 차익은 기업 성장과 직결된다. 내재 가치적 펀더멘털이 시대 변화와 맞을 때 주가는 뛴다.

현명한 주식 투자자라면 인구 구조에서 비롯되는 시대 변화의 새로운 풍경과 이를 주도할 혁신 종목에 관심을 두는 것이 좋다. 실제로도 그렇다. 적잖은 대장주는 부침을 반복하며 생로병사로 귀결된다. 예전에는 잘나갔어도 트렌드를 읽지 못해 전락한 경우도 많다.

반대로 승승장구하는 상승주는 시대 변화에 올라타고 리딩한다. '인구 → 고객 → 욕구 → 사업'의 연쇄 변화를 기업 가치에 최적화해 반영한다. 결국에 이기는 주식은 인구 변화를 포함한 시대 분석에 능한 경우에 한정된다.

인구 변화를 이겨낼 주식과 연금 찾기

불확실성을 커버할 유력 자산은 연금 상품이다. 영리한 시장은 저출생과 고령화의 불확실성을 상품 구조로 반영한 혁신 자산을 경쟁적으로 출시한다. 그동안의 금융 상품이 누리던 설명력과 존재감이 갈수록 훼손되기 때문이다. 인구 변화에 따른 고객 그룹의 금융 경험, 축적 자산, 목표 수익, 부가 욕구 등이 바뀔 수밖에 없어서다.

기존에 공들이던 유망 고객의 잠재력은 줄어들고 새로운 유력 소비자가 출현하는 것에 대한 기대도 충분하다. 금융 성향은 확연히 달라진다. 고령 인구의 안전 자산에 대한 선호 현상은 장수 사회에서 희박해진다. 노후 생활의 불확실성이 위험 자산을 적극적으로 운용하고 시대 수익을 추가로 확보하는 것에 직결될 정도다. 생애 소득 가설이 붕괴할 조짐이다. 반면 후속 세대의 금융 장벽은 소득 한계와 경험 부재 등으로 점차 높아진다.

고객 변화는 수요 변화를 뜻한다. 금융회사로서는 수요 변화에 부응하는 신상품 제안이 필수다. 그간의 보수적이고 안정적인 사업 진행은 어렵다. 은행은 예대(대출 이자 - 예금 이자) 마진만으로 생존이 힘들다. 수요 변화를 반영한 새로운 상품을 제안하는 일이 시급하다. 포인트는 장수 금융이다. 장수 이슈에 천착할 수밖에 없는 고령 사회의 본격적인 개막과 맞물린다.

실제 금융 기관의 노후 자금을 보장해주는 상품은 갈수록 고도화된다. 저금리라서 예금과 적금만으로 노후를 충당하는 것은 불가능해서다. 일반적으로 예금 금리가 0.001%인 일본에서 안전 자산이면서 플러스알파까지 가능한 상품은 없다. 그러니 장수 불안은 더 높아진다. 불리지도 못하는데 더 길게 살려면 틈새가 절실해질 수밖에 없다.

대표적인 장수 금융 상품 사례는 톤틴 연금이다. 연금과 복권의 특징을 두루 섞은 것으로 17세기 이탈리아의 로렌조 데 톤티(Lorenzo de Tonti)가 고안해낸 아이디어를 차용한 상품이다. 일종의 연금 보험인데 가입자의 사망 시점에 따라 '모 아니면 도'식의 구조를 띤다. 장수할수록 더 받지만, 연금을 수급하기 전에 사망하면 원금조차 건지지 못하는 시스템이다.

　원래의 톤틴 연금은 계약한 수급 연령 전에 사망하면 한 푼도 받을 수 없다. 10명이 100만 엔씩 갹출한 후 5명이 생존하면 200만 엔씩 분배한다. 이것은 금리를 고려하지 않은 단순 계산이다. 사망한 5명은 받지 못한다.

　장수 금융은 2017년부터 일본에서 본격적인 주목과 함께 세를 확장하고 있다. 톤틴 연금을 비롯한 유사 상품은 봇물 터지듯 출시됐다. 톤틴 상품은 미국 등 서구에서는 꽤 보편적이다. 2000년대부터 베이비부머 세대의 장수 위험에 대비하는 차원에서 폭넓게 채택하고 있다.

　우리나라로 환원하면 TDF(Target Date Fund)가 시대 변화를 반영한 대표 상품이라고 할 수 있다. 생애 주기에 맞춰 특정 일시를 매칭해 자동으로 자산을 배분해주는 펀드다. 생로병사의 시간 경과에 맞춰 편입 자산의 위험과 수익을 구조화해 주기적으로 재설정해준다. 기본적으로는 생애 주기 가설을 따른다.

　은퇴가 긴 청년 고객은 위험 자산의 편입 비중이 높은 반면 고령 고객은 채권과 배당주 등 비교적 안전 자산의 비율을 높여 원하는 시

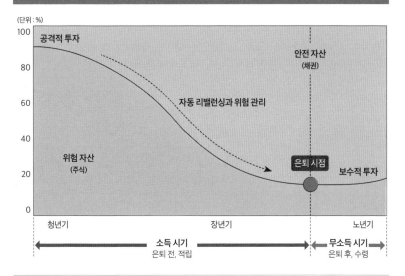

은퇴 시점에 맞춘 위험 자산 비중 조절(TDF 상품 구조)

(단위 : %)

- 공격적 투자
- 안전 자산 (채권)
- 자동 리밸런싱과 위험 관리
- 위험 자산 (주식)
- 은퇴 시점
- 보수적 투자

청년기 / 장년기 / 노년기

소득 시기
은퇴 전, 적립

무소득 시기
은퇴 후, 수령

자료 : 펀드슈퍼마켓

대 수익을 맞춰준다. 최근에는 TIF(Target Income Fund)도 가세했는데, 은퇴 이후의 자산 인출에 최적화한 펀드 상품이다. 안정적인 현금 흐름을 위해 '소득 자산'에 분산 투자를 한 후 매년 일정한 수익을 돌려준다.

이 밖에도 시대 변화에 맞는 신상품은 확대되고 강화될 수밖에 없다. 욕구 변화에 맞는 혁신 상품일 때 달라진 자산 시장의 주도권을 쥘 수 있기 때문이다.

2부

축소 시장의 진짜 고객들

1장

1970년대생이 온다

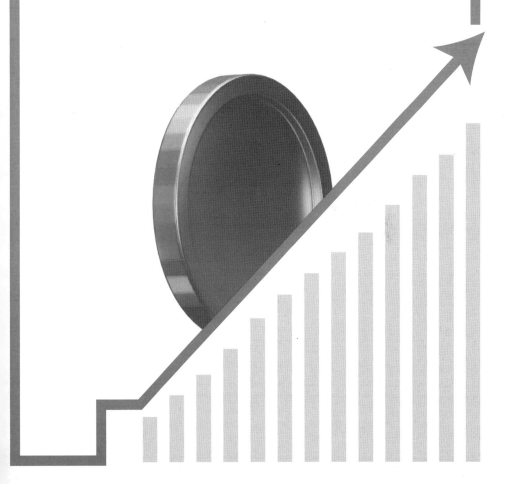

달라진 '요즘 어른'이
사는 법

인구를 알아야 미래가 보인다. 인구 변화는 전략 수정을 유도하고 강제한다. 변화 수준이 급격할수록 수정 범위도 전례 없이 확대되고 심화될 수밖에 없다. 예고된 축소 시장에서 성장하려면 위기를 돌파하는 데 활용할 확실한 도약 무기를 전제해야 한다.

그림직한 또는 그저 그런 감각과 가설로는 부족하다. 확실한 통계와 뚜렷한 논리를 전제한 대폭적인 발상 전환과 혁신적인 실험 없이는 인구 변화의 파고를 넘어설 수 없다. 최소 투입, 최대 성과의 집적 욕망을 내재화한 민간 기업이 인구 변화와 구조를 전환하는 데 부적공들이는 이유다. 시대 분석과 미래 준비를 위한 강력 도구인 인구 변화에 관한 상시 분석이 없이 생존할 수 없다는 본능적인 촉이 발휘된 결과다.

기업 경영의 신질서로 급부상한 ESG(Environment, Social, Governance)처럼 어차피 받을 것이라면 뒤늦게 좇기보다 선수를 치는 것이 낫다는 판단에서다. 내로라하는 플레이어일수록 인구 변화를 주도할 상시 대응은 자연스럽다.

다만 인구 변화를 둘러싼 총평은 부정적이고 비관적이다. 그럴 수밖에 없는 것이 더 빨리 더 크게 더 많이의 인플레이션형 확장 경제에 브레이크를 걸고 뒷덜미를 잡는 악재와 위기 변수로 해석되기 때문이다. 전체 국부나 개인 월급 모두 '인구 감소 → 편익 축소'로 닿는다는 것이 일반론이다.

거기다가 자연 증감(출생과 사망)에 사회 이동(전출과 전입)까지 반영한 실체적인 인구 변화는 추계보다 더 급격하고 위험하다. 확인된 현실과 가려진 통계를 제대로 반영해 추계하면 우리나라의 인구 변화는 공포를 넘어 충격에 가깝다. 따라서 손 놓고 있을 수 없을뿐더러 상황을 타개할 방책을 연기하고 포기하는 것은 더더욱 어불성설이다.

왜 1,700만 요즘 어른인가

물론 어둡게만 볼 필요는 없다. 태반이 절망 속 위기일지언정 감춰진 기회를 찾는 것이 바람직하다. 생존을 확보하고 성장을 도모해낼 신질서의 기획과 실행이 중요하다. 미래 인구의 양적이고 질적 변화를 활용해 점프하는 선제적이고 미세적인 전략을 수립하는 것이 좋다.

'인구 역풍 → 혁신 순풍'의 최우선 선발 주체와 활용 대상은 1,700만 광의의 베이비부머 집단이다. 편의상 '요즘 어른'으로 불리는 달라진 중장년을 뜻한다. 1~2차 베이비부머 세대와 중간에 낀 연령까지 20년에 걸친 거대 그룹을 칭한다.

요즘 어른은 연도별 출생아 수로 보면 우리나라의 인구 집단 가운데 솟아 나온 절정을 포함한 전후방 연령대를 아우른다. 기계적으로 계산해도 연간 ±85만 인구를 20년간 공급한 엄청난 집단 덩치를 자랑한다. 2022년 출생자가 25만 명도 안 되니 그들의 양적 파워는 비교 대상조차 마뜩잖다.

'인구 = 고객 = 시장'이면 요즘 어른은 숨겨진 보물이다. 고리타분한 연령 편견에 사로잡혀 중장년의 달라진 구매 파워에 소홀하면 곤란하다. 요즘 어른은 빈곤과 고립, 질병 앞에 늙음을 받아들일 수밖에 없는 기존 집단과 구분된다. 전쟁과 불황을 경험하며 밤낮없이 일한 덕에 국가 발전과 일가 분화에 성공한 1945년 이전 출생의, 이른바 사일런트 세대(1925~1945년)와는 확실히 다르다.

여기에 더해 산업화 세대(1945~1954년)와도 코호트(동일 출생, 동일 사건에 대한 경험을 공유한 인구 집단)가 나뉘는 후배 그룹이라 기존의 고정 관념과 부딪힌다는 점에서 '요즘'이라는 수식어를 동원해야 한다. 전통 순응, 가족 희생, 역할 구분이 확실한 예전 어른과 뚜렷하게 달라진 최초 세대가 광의의 요즘 어른부터 하나둘 목격되는 까닭이다.

요즘 어른은 한 세대에 준하는 20년의 인구 집단이라서 정밀한 분해가 필요하지만 분명한 것은 기성 관점에서 낯설고 독특한 중장년의 본격적인 출현이 갈수록 늘어나는 분위기다. 즉 '먹고사는 것'에서 벗어나 '잘사는 것'을 고민하는 부모, 자녀 세대보다 부유할 최초 세대의 등장이다. 동시에 부모 봉양과 자녀 양육에 본인 노후까지 곳간 바닥을 걱정하며 신경 쓰는 최후 세대에 가깝다. 가장 많이 벌되 가장 많이 쓰는 요즘 어른의 확대야말로 수축 사회를 떠받칠 강력한 신호일 수 있다.

실제 요즘 어른은 거대한 숫자에 가치관은 다양한 데다 오래 살고 보유한 돈도 많다. 청년 그룹인 MZ세대와 달리 조용하되 강력해진 중년 욕구형의 소비 환경은 무르익었다.

미묘한 풍경 변화는 시작되고 있다. 요즘 어른(1955~1975년 = 50~70세, 2024년)까지 포괄한 중년 30년(40~69세)을 둘러싼 본격화된 시장 조성을 확인할 수 있다. 즉 전통적인 가족을 부양해야 하는 소비 관행을 벗어나 스스로 잘살고자 적극적인 본인 취향의 실현 구매를 목격할 수 있다.

조로 사회의 희생양이자 낀 세대의 상징인 X세대도 요즘 어른의 유력 주자로 깊숙이 합류했다. 놀랄 만큼 이질적이고 느닷없는 유행을 이끌며 얄궂고 되바라진(?) 이미지를 선도한 주역이 중년이 된 셈이다. 나이만 먹었을 뿐 MZ세대 못지않은 새로운 별종 중년화가 대량 등장한 것이다. 선배 세대처럼 뒷방 퇴물이라는 투명 인간은 철저히 부정하며 자기다움과 자아실현을 소비한다.

요즘 어른은 50대 중반 진입을 끝냈고 곧 환갑 이전을 장악할

1970년대생을 만나 비로소 완성된다. 수축 시장을 떠받칠 강력한 인구 집단의 기지개는 지금부터가 관람 포인트다.

50대 점령을 끝낼 1970년대생

요즘 어른이 품은 '달라진 늙음'은 수축 사회가 공략하는 지점 가운데 하나다. 저출생에서 고령화로 무게 중심이 옮겨갈 때 기대할 수 있는 유력 호재가 새로운 능력과 의지, 기반을 갖춘 생산 소비 주체의 거대 등장인 까닭에서다.

'달라진 늙음'이라는 표현처럼 탈(脫)늙음과 향(向)젊음의 공존 욕구가 있는 현역 지향적 중고령 인구를 의미한다. 분해하면 '고령화 + 단신화 + 무직화'의 전통적인 연령 이미지와 달리 과거보다 월등히 개선된 '경제력 + 신체력 + 시간력'의 새로운 인구 집단을 뜻한다.

벌써 눈치 빠른 기업과 시장은 개념을 정리하는 데 돌입했다. 요즘 어른을 필두로 뉴 실버 세대, 오팔 세대, 신어른 시장, 액티브 시니어 등 새로운 구분 정의를 계속해 제안하고 있다. 달라진 늙음을 둘러싼 기대감과 잠재력이 상당해서다. 축소 사회의 감축 압력을 극복해낼 매력적인 새로운 고객 집단일 수 있다는 공감 덕이다.

요즘 어른은 4가지 측면에서 기존 어른과 구분 지을 수 있다. 아직은 요즘 어른과 기존 어른을 구분하는 지점이 정확하지 않지만,

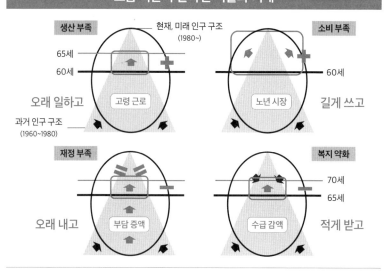

1970년대생으로 압축되는 새로운 중년 그룹의 노년 진입은 본격적인 '달라진 늙음'을 증명하는 유력한 계기로 손꼽힌다.

우선 고령 근로의 제도와 생활화에 따라 인구 감소가 유발한 생산 부족을 메우는 강력한 후보다. 최소한 '60세 → 65세'로의 연금 수급과 맞춰진 고령 근로가 대세다. 당연히 청년 부족이 낳을 소비 감소도 벌충해준다. 오래 일하니 길게 쓸 여력과 의지를 완비한 것이다.

같은 맥락에서 근로 활동이 길어지면 부담 증액에 따른 재정 부족분을 보충해준다. 반대로 오래 내면 적게 받는 기대 효과도 있다. 더 길게는 '65세 → 70세'로 노년 기준이 높아질 수밖에 없다는 점에서 재정 부족과 복지 약화 모두를 건강하게 지지하는 새로운 노년 등장을 뜻하기도 한다.

요즘 어른의 선두주자는 중년 돌입과 고령 임박의 공통 지점에 위치한 1970년대생 X세대로 요약할 수 있다. 2024년 기준 44~54세다. 1960년대생 후반부도 아우르나 주력은 ±50세로 수렴하는 10년 구간이다. 아직 선배 세대의 기성 질서를 수용해 지배하는 55세부터의 1960년대생에 밀리지만 586세대도 늙어가며 1970년대생에 주력 지위를 물려줄 수밖에 없다. 즉 본격화될 X세대의 새로운 소비력은 1970년대생의 달라진 어른상과 중복되며 시너지를 발휘할 전망이다.

초고령화의 입구를 열어젖힐 거대 인구의 구매 파워는 미래 시장이 공략할 대상이다. 기술 개발로 평균 수명까지 더 연장되면 알짜 고객의 입지는 강화된다. 신중년 30년 영역(40~69세)의 전반부에 위치하며 궁극적으로는 달라진 노년 질서를 기획하고 실현할 인구 집단이다. 실제 40~69세 인구는 1990년 24.1%에서 2035년이면 43.8%로 확대된다. 급감 청년(10~39세)의 '73.0% → 35.4%'와 대조적이다. 벌써 중위 연령만 44세(2022년)인 요즘 어른 사회답다.

2

돈 쓸 준비가 된
1970년대생

고속 성장의 과실은 사회 전체에 배분된다. 몫이 달라 분배 갈등은 생길지언정 전후 비교로는 적게나마 우상향(↗)의 성과를 축적하는 것이 가능하다. 성장 과실로 인한 곳간 축적은 비교로부터 비롯되는 상대 박탈은 있어도 평균적인 절대 박탈은 없다. 한국형 장기 성장이 보통 가구의 생활 수준을 향상시키며 중류 의식의 확대로 연결된 배경이다.

평균만 좇아도 GDP의 증감 규모에 비례하는 과거 대비 소득 증대는 당연했다. 즉 표준 모델이던 외벌이형 4인 가족은 평균 경로만 살아도 무난한 인생살이가 보장됐다. 최소한 지금처럼 격차가 심화하는 가운데 하향 평준화는 피해갔다. 두 자릿수 금리 덕택에 예금 이자만으로 자산을 축적할 수도 있었다. 인구 증가와 경제 성장이 불 지핀 확장 신화가 완성한 선행 모델이다.

더는 아니다. 놔둬도 불어나던 증식 시대는 끝났다. '인플레이션 → 디플레이션'의 장기적이고 구조적인 환경 변화는 다가올 숙명이다. 잠깐의 인플레이션 압박 변수가 나와도 길게는 성장 유인이 줄어들면 수축 사회가 불가피하다. 기업도 변곡점을 품을 전략을 반드시 수정해야 한다. 만들면 팔리던 호시절은 전설로 기록될 따름이다.

만들어도 덜 팔리며 매출, 고용, 투자의 축소 경영에 내몰릴 전망이다. 케인스주의처럼 경기 안정과 완전 고용을 위한 정부의 시장 개입이 예상되지만, 재정 압박과 고용 한계에 관한 정부의 실패도 우려된다. 가계와 기업의 시대 변화에 맞는 변신과 적응만큼 효율적이지 않다는 얘기다. 즉 축소 시장의 충격을 방어하고 기회 창출을 위한 전략을 수정하는 일은 당연하고 바람직한 접근이다.

이 모든 굴절 현상의 공통분모는 인구 변화로 압축된다. 늘어나기만 하던 생산과 소비 주체, 든든하기만 하던 복지와 재정 구조를 인구 변화가 단번에 뒤흔든 까닭이다. 조금씩 조금씩 상황을 돌파하기 위한 냉엄한 진검 승부가 펼쳐질 찰나다.

증빙 집단인 X세대를 재조명하자

인구 감소와 축소 시장은 회피하기 어려운 시대 변화다. 한 세대 이상의 장기간에 걸쳐 언제 어디서든 확인할 수 있으며 누구에게든 영향을 미치는 강력한 메가 트렌드다.

문제는 대응 전략은커녕 상황 인지조차 마뜩잖게 차일피일 방치하고 외면하는 경제 주체가 적잖다는 점이다. 문제 해결을 위한 전권을 의탁 받았음에도 불구하고 도덕적 해이, 사리사욕, 권력 파티 속에 해야 할 일을 하지 않는 정치와 정책 부분의 역할 부재와 기능 부전이 대표적이다.

무대응과 무전략일 때 미칠 후폭풍의 파장과 진동은 단순 충격을 넘어 미래의 운명을 엇가른다. 결국은 인구 악재를 지금처럼 속수무책인 채로 내버려 둘 수는 없는 노릇이다. 알려진 위험과 예고된 악재는 상황을 역전하기 위한 투입 재료이듯 다가올 축소 시장을 딛고 설 생존 전략과 성장 궤도를 수립할 때다.

인구 감소가 훌륭한 기회임을 증명하고 대응할 필요가 있다. 가족을 꾸리고 행복을 꿈꾸며, 또 기업을 만들고 시장을 이끄는 자의 되돌릴 수 없는 입구이자 더 나은 삶에 닿는 출구인 까닭에서다.

그렇다면 인구 변화의 구조 분해와 의미 분석부터 시작하는 것이 좋다. 인구 변화의 원인과 본질(과거)부터 속도, 범위(현재)는 물론 영향과 전망(미래)까지 총체적이고 정밀하게 내용에 대한 이해가 선행되어야 한다. 그 속에서 뚜렷하고 확실한 기회 힌트를 찾을 수 있기 때문이다.

인구 감소에 비유하면 총론 감소 속 증가 각론을 찾자는 얘기다. 총량이 줄어도 특정 구간과 상대 비중이 늘어나는 영역이 있으면 기회를 활용할 수 있는 훌륭한 공략 지점이 될 수 있어서다. 연령과 성별 구성으로 나눠 전후방 인구, 집단 규모, 비중 변화를 한눈에 보여주는 인구 피라미드가 등장한 배경이다.

허리 집단인 경제활동인구가 위아래의 피부양 인구(고령과 미성년자)를 먹여 살리는 세대부조의 함의와 효과도 뚜렷해진다. 사적 보험의 상호부조를 공적 영역의 세대부조로 확대하며 왜 약자를 부조하기 위한 강자 갹출이 공동체에 유리한지 잘 설명해서다.

1970년대생은 그 분해와 해석 단계에서 추출된 소중한 힌트 결과다. 인구 피라미드는 1970년대생이 위기에 맞설 대항 집단이자 기회에 오를 선발 투수임을 강조한다. 인구 감소가 기회라면 그 증빙 집단과 설명 그룹은 1970년대생이라는 얘기다. 벌써 은퇴하고 퇴직한 1차 베이비부머 세대와 달리 경제활동인구이자 생산가능인구로 포진하며 우리 경제의 허리이자 사회를 유지하는 어깨임을 증명해준다.

더욱이 노동과 자본 축적이라는 익숙한 선순환을 통한 요소 투입형 부가 가치로 덩치 파워를 유지할 최후 세대로 떠오른다. 무엇보다 떠오르는 강력한 소비 집단으로 제격이다. 축소 시장의 최대 집단인 1970년대생답게 향후의 소비력은 X세대의 시장 등판에 달렸다. 즉 '인구 감소 = 사업 기회'는 1970년대생을 재조명하는 데서 확인할 수 있다.

왜 1970년대생일까. 뒤쪽에 물러선 듯 보이나 그렇지 않을뿐더러 약간의 자극과 소구만으로 감춰진 시장 파워를 발휘할 무궁무진한 잠재력을 지닌 까닭이다. 숫자는 1960년대생보다 약간 밀리지만 내실은 이를 벌충하고도 남을 만큼 탄탄하다. 1인 기준의 단위당 구매력이 월등해 매력적이라는 얘기다. 이는 1970년대생의 인구 통계와 추가 해석에서 확인할 수 있다.

1970년대생은 2023년 기준 얼추 ±900만 명대로 수렴한다. 연간 90만 정도의 출생 집단이니 그 자체로 파워풀한 고객 규모다. 25만 명도 안 되는 2022년과 비교 자체가 되지 않는다. 물론 1960년대생은 더 많다. ±1,032만 명대로 베이비부머 세대의 중추 집단이다. 최소 연 100만 출생답게 1,700만 광의의 베이비부머 세대와 겹친다. 우리 사회의 교육·고용·주거·조세·복지 등 주요 체계를 그들의 생애 경험에 맞춰 쥐락펴락한 변인 집단과 같다.

지는 1960년대생과 뜨는 1970년대생

특이한 것은 시대 변화에 따른 중핵 세력의 자리바꿈이다. 비유컨대 1960년대생이 저무는 달이면 1970년대생은 떠오르는 해에 가깝다. 제아무리 덩치가 커도 파워가 적으면 더군다나 왕년에 정점을 찍고 내림세라면 몸값 하락은 자연스럽다. 실제 1960년대생은 2024년 현재 55~64세에 포진하고 있다. 초고령화를 보건대 수명 연장과 노후 불안을 위해서도 현역 활동은 당연하고 바람직한 연령대다. 다만 현실은 녹록지 않다.

1960년대생 가운데 탄탄한 직장에 계속 다니는 현역 인구는 생각보다 드물다. 즉 현실 정년은 ±50대까지 낮아진다. 규정상 환갑을 맞이해 정년퇴직할지언정 채우기는 힘들다. 실제로도 그렇다.

오래 다닌 회사에서 그만두는 현실 정년은 2023년 기준 49.4세다. 남자의 현실 정년은 더 낮아지는 추세다. 즉 2011년은 55세에서 2023년은 51.1세로 낮아졌다. 건강 악화와 가족 돌봄 등 사적 이유보다 사업 부진, 조업 중단, 권고사직, 정리해고 등 경영 악화가 많다. 정년 은퇴는 존재하지만 실현하기 힘든 키워드인 셈이다.

이제 1960년대생은 화려한 전성기를 되돌아보며 정리하는 하산론의 주인공이 됐다. 여전히 정치와 경제 부분의 리더십을 움켜쥔 경우가 많지만, 비중과 역할은 내리막길일 수밖에 없다.

하물며 평범한 586세대는 일찌감치 절정에서 멀어졌다. 1960년대생의 막내조차 5년 후면 환갑에 진입한다. 고성장의 후반전에서 시장을 지배하던 연령대별 유일무이한 1,000만 소비 집단의 명성과 영향이 축소된다는 의미다.

은퇴는 시작됐으며 시간은 결국 현역에서 퇴장하면 뒷방 신세로 밀어붙일 태세다. 민주화라는 시대 화두 속에 고속 성장, 고등 교육, 중류 사회, 가족 분화라는 환경적인 변화를 품었던 586세대의 퇴장을 뜻한다. 1차 베이비부머 세대의 산업화와 X세대의 다양화를 연결해줬던 1960년대생의 인생 하산이다.

수많은 친구와 동료를 응원하고 지지하며 힘들어도 상쾌하게 등산했던 고통과 묘미를 두루 경험한 중년 집단의 대량 하산은 우리 사

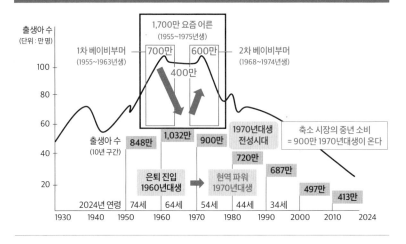

연도별 출생아 수와 베이비부머 집단의 규모 비교

출생아 수
(단위 : 만 명)

1,700만 요즘 어른
(1955~1975년생)

1차 베이비부머
(1955~1963년생)

700만   600만

2차 베이비부머
(1968~1974년생)

400만

출생아 수
(10년 구간)   848만   1,032만   900만

1970년대생
전성시대

축소 시장의 중년 소비
= 900만 1970년대생이 온다

720만   687만

은퇴 진입
1960년대생   →   현역 파워
1970년대생

497만   413만

2024년 연령   74세   64세   54세   44세   34세

1930   1940   1950   1960   1970   1980   1990   2000   2010   2024

회의 축소 지향적인 변화가 본격화됐다는 신호일 수밖에 없다.

이를 벌충하고 대신해줄 새롭고 강력한 경제 주체이자 소비 주역
이 1970년대생이다. '은퇴 진입 1960년대생 → 현역 파워 1970년대생'
의 바통 터치와 같다. 결국에 1970년대생으로의 강력하고 추세적인
무게 중심의 전환은 예고됐다. 10년 구간별 인구 집단 가운데 최대 그
룹인 1,032만 1960년대생은 아직 건재하나 갈수록 약화하고 열화될
수밖에 없다.

반대로 1970년대생의 화려해질 봄날은 곧 기지개를 켤 운명이다.
산업화를 성공시킨 1차 베이비부머 세대에 묻히고 민주화를 안착시킨
586세대에 가려져 시대 의제의 유력 주체로 기록되지는 못했지만, 달
라진 1970년대생의 전성시대는 지금부터가 시작이다. 초고령화의 구
조 개혁과 맞물려 우리 사회를 짊어질 거대하고 강력한 추동 엔진으

로 데뷔하는 까닭이다.

즉 중년 특유의 고정 관념 대신 새롭게 달라진 존재와 역할로 재구성될 것이다. 요컨대 중년이 된 X세대의 심상찮은 변화 풍경은 악재 천지의 인구 변화 속에서 그나마 호재 지점으로 유력하다.

그뿐만 아니다. 1970년대생의 본격적인 부각은 포괄적이고 확장적인 의미가 있다. 축소 사회를 떠받쳐줄 강력한 활동 주체의 등장과 함께 청춘 동력에 의존하던 세대 역할의 조정을 뜻한다. 성장 엔진으로 규정된 젊음이 어림과 늙음의 취약 계층을 지원하던 세대부조형 사회 구조가 인구 변화와 시대 요구에 맞춰 새롭게 재편될 수 있어서다. 이를테면 곧 가시화될 정년 은퇴 없는 평생 현역은 중년 인구의 역할 조정과 노년 그룹의 대응 변화를 촉발한다.

그렇다면 우리 사회를 지배하고 세대부조를 완성하던 현역 인구(15~64세)의 생산 가능과 경제 활동도 재검토가 불가피하다. 이들 구조와 대폭적인 개혁 과제의 방아쇠를 1970년대생의 존재 이유와 관심이 부각된 면에서 발견할 수 있다. 축소 사회의 위기를 지속 성장의 기회로 승화시킬 힌트가 1970년대생에 있다는 얘기다.

그들이 축적한 장점은 경쟁력으로, 뼈아픈 약점은 역발상으로 활용하면 1970년대생만큼 소중하고 파워풀한 인구 그룹도 없다. 특히 세대 구분은 세분화할수록 긍정적이다. 큰 퍼즐을 완성할 파편은 다양하고 촘촘할수록 완성도가 높아서다. 즉 1970년대생도 더 분해해 보면 타깃 정보가 뚜렷해진다.

5년간의 연령 구분이 그렇다. 칼로 쪼개듯 엄밀한 횡단 구분은 아

구분	2022년 5월				2023년 5월					
	계	구성비	남자	여자	계	구성비	남자	구성비	여자	구성비
전체	5,212	100.0	2,389	2,822	5,184	100.0	2,435	100.0	2,749	100.0
30세 미만	370	7.1	20	349	348	6.7	29	1.2	319	11.6
30~39세	479	9.2	216	263	500	9.7	229	9.4	272	9.9
40~49세	1,060	20.3	531	530	1,017	19.6	525	21.6	492	17.9
50~59세	2,603	49.9	1,218	1,384	2,587	49.9	1,230	50.5	1,356	49.3
60~64세	701	13.4	405	296	732	14.1	423	17.4	309	11.2
평균 이직 연령	49.3세		51.2세	47.6세	49.4세		51.1세		47.8세	

최장 직장에서의 현실 정년 연령 추이

자료 : 통계청, 〈고령층 부가조사 결과〉, 2023

니지만, 최소 단위의 인구 집단으로 5년간의 유사 인식과 동질 경험은 꽤 유의미하다.

5년이면 1970~1974년생(50~54세)이 단연 1970년대생의 돋보이는 중핵 집단이다. 1970년대생을 전반(1970~1974년)과 후반(1975~1979년)으로 쪼개면 각각 487만 명, 411만 명으로 격차가 커진다. 한 해 평균 100만 명에 달하는 거대 공급이 이뤄졌다는 얘기다. 연간 30만 명 이하의 최근 5년(2018~2022년, 141만 명)과 비교하면 3~4배 차이가 있다. 현재 50대 초반 1970년대생이 얼마나 많은지 확연히 실감할 수 있는 부분이다.

개중 절대다수는 수명 연장으로 지금부터 따져도 최소 30년 넘게 생존하니 존재감과 영향력은 크고 길게 이어질 수밖에 없다. 자산과 소득마저 전체 연령보다 월등해 구매력을 떠받친다.

3

1970년대생의
남다른 인생 경험과 돈벌이

세대 구분에 정답은 없다. 편의상 나눠도 엄밀한 경계는 굉장히 어렵다. 1960년대생과 1970년대생도 마찬가지다. 20년 구간의 처음과 끝은 세대 차이가 확실하지만, 한가운데의 몇 년은 동일 집단에 가깝다. 따라서 앞뒤 그룹과 구분하고, 또 될 수 있는 대표성을 지녔다고 보이는 상징적이고 작위적인 구분 짓기가 맞다. 즉 마케터의 장난 혹은 일반화의 오류라는 지적에서 완전히 자유롭지는 않다.

그럼에도 특정 경험을 공유한 인구 그룹을 찾는 것은 상대를 이해하고 욕구를 규정하는 데 도움이 된다. 굳이 엄격한 잣대까지 댈 필요는 없다. 명확하지 않다고 유효하지 않은 것은 아니기 때문이다. 구분해야 할 세대 규모가 인구 변화로 바뀌면 그만큼 치밀하고 한발 앞선 접근 전략이 좋다. 인구가 줄어드는 대형 위기라도 절대 숫자 혹은 상대 비중이 늘어나는 특이 지점이 존재하는 까닭이다.

게다가 세대 구분은 양적 변화와 함께 질적 변모도 동반한다. 단순한 규모 변화보다 더 챙김 직한 결정타는 달라진 세대 경험이다. 경험된 질서이자 전승된 본능인 줄 알았던 결혼과 출산의 가족 분화형 DNA를 거부하고 파기한 새로운 세대마저 흔해졌다. 강요된 이상 가족과 표준 가정에 순응하던 조용한 청년상에 맞서 의심과 저항에 나선 최초 세대는 1970년대생부터다.

특히 결혼과 출산의 당사자인 20대에 진입한 후부터 1970년대생은 빈번하고 강력하게 X세대의 반골 기질을 완성했다. 그래서 1970년대생의 완전 분해는 큰 폭으로 달라진 세대 구분과 시대 이해를 위한 전제 조건과 같다. 더욱이 나이를 먹은 1970년대생은 벌써 중년 그룹에 진입했다. 저항 청년의 중년 진입은 전통 중년의 고정 관념으로 이해는커녕 공감조차 못 한다. 세대 연구를 재구성하고 의미를 부여하는 일이 필요하다는 얘기다.

왜 1970년대생인가

1970년대생은 여러 의미에서 주목받는다. 같은 세대가 있을지 모르겠지만 유독 1970년대생은 살아온 경로만큼 살아갈 궤도가 독특하고 색다르다. 1960년대생은 물론 1980년대생과도 비교되고 구분된다.

우리나라의 세대 구분 가운데 스마트폰을 신체 일부로 체화시킨 포노 사피엔스인 MZ세대에 뒤지지 않는 정의 수정과 인식 전환의 물꼬를 열어젖힌 X세대답다.

또 기성세대처럼 틀에 박힌 어둡고 답답한 중·노년기를 보내지 않을 최초의 신인류로 기록될 전망이다. 기성세대와 다르고 고정 관념에 맞서는 X세대다운 신중년의 출현을 뜻한다.

이대로면 혁명적인 세대교체와 문화 문명의 대전환을 주도할 주인공일 확률이 높다. 그만큼 1970년대생의 규모 변화, 사고 기준, 지향 지점을 읽는 선제 조치는 앞날의 중대한 판단 기준이 된다. 남달랐던 청년의 농익은 중년은 결국 달라진 노년을 뜻하기 때문이다.

1970년대생은 숫자가 상당하다. 1,000만 1960년대생보다는 살짝 적지만, 900만 거대 인구로 무장했다. 1,700만 요즘 어른의 무게 중심이 1차 베이비부머에서 2차 베이비부머로 급속히 전환된다고 볼 때 후자의 선두주자인 1970년대생의 입김과 영향력은 거세질 수밖에 없다.

시장에서는 벌써 중년화된 1970년대생의 구매력을 관찰하고 소구할 정도다. 다가올 축소 시장의 효자 고객으로 규정하며 전통적으로 중시한 생산 능력뿐 아니라 디플레이션을 이겨낼 대체적이고 보완적인 강력한 소비 파워로 인식하고 있다. 실제 1970년대생은 2024년 현재 44~54세 연령 구간에 진입하며 우리 사회의 어깨이자 가정 경제의 허리를 담당하는 핵심 인구다. 2023년 기준, 한국인을 줄 세웠을 때 한가운데인 중위 연령 46세를 포함한다.

더욱이 1970년대생은 본인 소비로 돌아선 달라진 중년 인구다. 호구지책의 부양 주체로 가족 지출을 우선하며 희생적인 중년 면모였던 이미지를 버리고 스스로를 위한 본인 소비를 가시권에 둔 최초 세대다. '본인 노후 vs. 자녀 교육'이 경합할 때 최소한 고민하기 시작하며 선배 세대의 무조건적인 자녀 중심성에 물음표를 던진다.

부모 봉양도 비슷한데, 적어도 본인 상황을 우선으로 고려하며 결정한다. 즉 부모 봉양과 자녀 양육의 천륜적 부여 역할을 의심하며 전환한 최초 세대로 본인 중심적인 중년화를 뜻한다.

반대로 자녀와 친구처럼 소통하는 최초의 부모 세대로도 이해할 수 있다. 자율성과 감수성을 토대로 기성세대가 구축한 양적 성공 일변도의 인생 모델을 강요하지 않아서다. 실제 완벽히 본인다움에 체화된 자녀 세대와의 소통과 만남이 어색하거나 힘들지 않은 중년 부모가 적잖다. 이들은 꼰대라 불리지만 꼰대일 수 없고 꼰대이고 싶지 않은 인식과 처세를 내세워 자녀 세대를 공감하고 위로한다. 1970년대생도 젊었을 한때는 말 안 듣고 골치 아픈 '요즘 것들'이었다.

고학력과 본인 소비, 정년 연장을 맞는 1970년대생

1970년대생은 부모 세대인 44~54세 때와 확연히 다르다. 시차를 두고 같은 시기를 살아왔던 1960년대생 선배 세대와도 사뭇 구분된다. 실질 은퇴에 진입한 1960년대생에 비해 아직은 전성기에 속해 시간과 여유가 많다는 점도 차별 지점이다. 고학력이 많다. 30%대에 머물며 횡보하던 1960년대생의 대학 진학률을 따돌리며 우상향(↗)한다. 1990년(33.2%)보다 10년 새 2배나 급등한 66.6%(1999년)까지 올랐다. 특히 1990년대는 남녀 차별 억제와 폐지로 여성의 대학 진학과 사회 활동도 개선됐다. X세대부터 여성 파워가 본격적으로 부각하는 것이 증빙되기 시작했다.

고성장기에 유소년기를 보낸 기억으로 소비욕과 구매력도 남달랐다. 10대였던 1980년대 3저 호황과 아파트 가격 폭등이 부모 세대의 소득과 자산을 축적하는 데 기여했는데, 그 과실을 고스란히 받으며 자본주의의 본맛을 확인했다. 세계화까지 맞물리며 물질적 소비와 문화적 취향이 본격적으로 외연을 확장하는 데 돌입한 것이다. 반면 30세를 앞두고 외환 위기를 겪으며 고성장의 자동 항법 시스템이 멈춰설 수 있다는 뼈아픈 경험도 했다. 결국에 1970년대생은 닫히는 고성장과 열리는 저성장을 한 손씩 잡고 버티며 2000년대를 맞았다.

1970년대생의 30대는 새로운 제도 변화와 다양한 인생 경험이 맞물린 변혁기였다. 고성장을 멈춰 세운 외환 위기로부터의 시대 전환이다. 국가적인 위기 이후의 사회 데뷔는 늘 그렇듯 축소 위기와 폐업 위험을 동반할 수밖에 없다. 정년 보장은 사라졌고 기업 복지는 옅어졌으며, 각자도생의 생존 전략과 디플레이션형 방어 기제가 등장했다.

그나마 1960년대생은 취업을 한 이후 구조 조정이지만, 1970년대생은 처음부터 무한 경쟁과 열등 취업에 노출됐다. 상처를 입은 채 사회에 데뷔했고, 첫 직장이 비정규직이면 평생의 낙인 효과로 고생했다. 지금도 첫 단추의 잘못된 경로로 인해 이중 시장의 하단에서 하류 인생을 겪는 1970년대생이 적잖다.

1970년대생이 중년에 등장한 이후 평생 비혼이 증가한 것도 같은 이유다. 비정규직으로 사회에 진입하면 평생을 힘들게 살며 가족 분화는커녕 본인 생활조차 버거워하는 형태다.

그럼에도 불안한 미래 생활과 길어진 평균 수명은 이들을 비켜서지 않는다. 사회 전체로는 저출생과 고령화의 심화로 굳건했던 세대부조형의 협업 체계가 약화하고 붕괴했음을 뜻한다. 1970년대생은 그 공포와 충격을 온몸으로 받으며 제도 개혁의 당사자이자 이해 조정의 대상자로 존재한다.

오래 일할 수밖에 없는 시대 화두를 반영한 정년 연장은 1970년대생부터 적용될 확률이 높다. 주 5일 근무제를 처음으로 경험한 것도 1970년대생의 30대였는데, 정년 연장의 60대를 최초로 적용받는 것도 환갑맞이 X세대의 숙명에 가깝다.

그렇다고 1960년대생처럼 회사에 완벽하게 충성하는 것은 거부한다. 사축(회사 + 가축)으로 불리는 회사 인간은 1960년대생으로 끝이다. 물론 샌드위치처럼 낀 세대임을 부인하기는 어렵다. 아날로그와 디지털을 모두 다 잘 알지만 586세대의 독점에 시달리고 MZ세대의 추월에 괴롭다. 실질적인 권한은 넘겨받지 못하고 막중한 실무만 떠안은 불안과 불만이 소외감과 박탈감에 닿는다. 비유컨대 군대 문화와 커피 한 잔을 잘 알지만 못 시키는 1970년대생이라는 얘기다.

1970년대생이 축소 시장의 진짜 고객인 이유

'자산, 소득, 부채, 노후 준비'라는 부제처럼 우리나라 가계의 총체적인 경제 수준을 파악하는 가계금융복지조사를 보면, 축소 사회인 우리나라 시장이 왜 1970년대생을 주목해야 하는지 확실한 수치를 추론할 수 있다. 조사 원년인 2012년과 2022년을 비교하면 1970년대생의 화려한 등판은 경제 파워로 증빙된다. 급속히 완화되고 붕괴되고는 있지만, 우리나라의 생애 소득은 업력이 쌓일수록 증가하는 생활급을 채택한다.

나이를 차별하지 않고 실적에 차등을 두는 서구형 연봉급과 달리 종신 고용을 전제로 연공 서열에 맞춰 근로 소득이 늘어나는 구조다. 그래서 은퇴 직전까지 연봉 곡선은 우상향을 찍게 마련이라서 4050세대의 기대 연봉이 생애 정점에 닿는다. 단, 환급 정년에도 불구하고 실효 적용이 ±50세라 근로 소득은 40대 중반부터 50대 초반까지를 최다 구간에 둘 확률이 높다. ±50세가 근로 소득의 정점 영역이라는 의미다. 즉 2024년 기준 1970년대생이 정확히 44~54세에 포진한다. 왜 1970년대생인가를 이해하는 유력한 열쇠다.

무한 경쟁과 경영 핍박의 심화로 정년 제도가 유명무실해진다는 점도 1970년대생이 상대적으로 부각되는 배경 가운데 하나다. 50대부터 옷 벗을 준비가 일반적이라서 정년 보장이 엄격했던 과거보다 실질적인 퇴장은 빨라졌다. 전문성과 숙련도를 갖춘 블루칼라는 낫겠지만, 화이트칼라가 받는 은퇴 압력은 꽤 부담스럽다.

이를 감안해 연령대별 자산과 소득을 분해해보면 1970년대생이 자산을 축적하는 최후 단계를 완성한다. 자산은 50대(6억 4,236만 원)가 40대(5억 9,241만 원)보다 많지만, 헐어 쓰는 60대(5억 4,372만 원)를 감안하면 50대 중반 이후 자산 축소가 시작되기 때문이다. 40대는 30대(4억 1,246만 원)를 토대로 반복적인 자산 축적을 대폭적으로 확장하는 데 성공하지만 50대는 실질적인 은퇴가 본격화되면서 되레 갉아먹기 시작한다는 얘기다.

더욱이 2012년과 비교하면 40대는 10년간 자산을 122%(2억 6,613만 원 → 5억 9,241만 원) 늘렸는데, 50대는 113%(3억 4,090만 원 → 6억 4,236만 원)에 그쳐 자산 축적에 관한 미묘한 근력 감소도 목격된다.

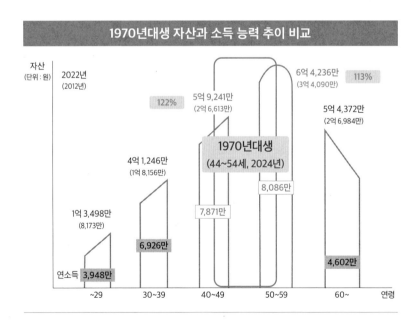

44~54세의 1970년대생은 40대의 본격적인 증액과 50대의 축적 후퇴의 10년을 관통하며 궁극적인 소비 파워를 실현할 금전 능력을 두루 갖췄다는 의미다.

자산과 함께 연소득을 봐도 1970년대생은 축소 시장의 유력한 보루일 수밖에 없다. 40대(7,871만 원)와 50대(8,086만 원) 평균을 올려준 중핵 세력이 44~54세인 까닭이다. 4050세대의 연소득 가운데 상당액이 1970년대생 몫이라는 얘기다. 4050세대는 아직 따라오기 힘든 30대(6,926만 원)와 확실히 꺾여버린 60대 이상(4,602만 원)과는 뚜렷하게 나뉘는 탄탄한 소득 정점을 향해서다. 1970년대생이 가처분 소득에 연결될 연소득마저 최고 구간을 장악한 셈이다.

개중에는 평생 비혼자도 적잖다. X세대답게 전통 가족에 맞선 나홀로의 삶을 택한 별종 청년이 현재 비혼 중년으로 ±50세가 됐다. 비정규직으로 보유 자산과 유동 소득이 적어도 가족 소비가 없으니 본인을 위한 편익과 자산 축적이 증대할 수밖에 없다. '(생애) 소득 = (본인) 소비 + (자산) 저축'이면 쓰고 남는 돈은 모두 쌓일 수밖에 없다.

가족 소비로 핍박 경영에 익숙한 중년 가구의 적자 고민이 평생 비혼에게는 적용되지 않는다. 4인 가족 패러다임을 최초로 의심하고 거부한 X세대로부터 시작된 가족 붕괴가 시간이 흘러 싱글 중년의 통장 잔고를 높여준 셈이다. 생산 주체(부모)와 소비 주체(자녀)의 엇박자가 제거돼 '본인 소득 = 본인 소비'를 완성한 비혼 싱글 X세대의 경험 경로는 가족을 결성한 동년배에게도 연쇄적이고 파급적인 영향을 미친다. 탈가족, 향개인을 위한 자산 축적과 소비 경향의 확대가 그렇다.

1970년대생의
잘 벌고 잘 쓰는 법

인구 변화의 쓰나미가 매섭다. 야금야금 0.65명(2023년 4분기 잠정치)까지 내리꽂힌 출산율은 인구 공급이 급감해 일으킬 파장이 본격화될 20~30년 후를 염려한 지속이 불가능한 위험 경고로 해석할 수 있다. 정작 나라 밖의 우리나라 걱정은 위험 수위도 넘겼다.

실제로도 인구 변화의 위험 국가로 우리나라를 지목한 피터 자이한(Peter Zeihan)은 책《붕괴하는 세계와 인구학》(2023)에서 "이만저만한 정도가 아닐 정도로 폭삭 무너진다"며 "예측이 필요 없는 기초적인 산수"라고 일갈했다. 더불어 전쟁보다, 질병보다, 기근보다 나라를 붕괴시키는 궁극적인 파괴자인 데다 쉽게 적응할 수 있는 성질도 아니라니 속수무책이라는 의미다.

인구 변화를 볼 때 인류 최초의 확정적인 디스토피아의 운명이다.

발전 모델이 엉망진창인데 인구 문제까지 겹치며 인류의 다음 장은 훨씬 더 혹독해진다. 그만큼 상식 파괴적인 전방위적이고도 근원적인 축의 대전환을 기대하는 눈치다.

변화는 자연스럽다. 불편하고 불안하다고 거부하고 저항할 이유는 없다. 변화가 위기보다 기회로 활용되도록 전환하고 수정하는 것이 맞다. 인구 변화가 인류 위기로 찾아올지언정 지속 가능의 혁신 기회로 삼는다면 반갑고 소중한 추동 재료다.

예전에는 통했으나 더는 먹히지 않는 고정 관념과 과거의 제도를 시대 변화에 맞도록 대폭 바꿔줌으로써 재구성된 기본값이 반영된 신질서를 만드는 것이 먼저다. 위기가 기회인 이유와 사례를 적극적으로 발굴해 추진 엔진으로 삼자는 얘기다.

이때 1970년대생의 존재 이유가 부각된다. 인구 감소의 후폭풍을 지속 성장의 발화제로 뒤집을 강력한 집단 파워가 돋보여서다. 달려오는 1970년대생을 묵직한 짐에서 강력한 힘으로 업그레이드할 때 인구 공포는 성장 담보로 재검토할 수 있다. 1970년대생의 활력과 활약을 위한 신개념의 보편화와 뉴노멀의 제도화가 시급한 이유다.

요즘 어른의 주력 집단인 1970년대생

1970년대생은 남다른 인생 경로를 살아왔다. 동시에 넉넉한 곳간 경영에 성공한 중년 세대로 평가받는다. 과거와 다른 경험 축적과 인식 변화만 봐도 기업과 시장은 기존 방식으로 접근하거나 대접해서는 곤란하다. 하물며 1960년대와 1980년대의 앞뒤 세대와 구분되는 소득과 자산 기반의 경제력은 매력적인 잠재 고객의 핵심 조건을 완비했음을 뜻한다.

물론 586세대의 1960년대생이 아직은 절대 규모, 질서 장악, 금전 능력 등에서 1970년대생을 압도하지만, 이는 현재 이슈일 뿐 갈수록 1970년대생에 바통 터치를 할 수밖에 없다.

따라서 1970년대생은 이대로면 1,700만 요즘 어른의 중추 집단이면서 축소 시장의 핵심 파워로 부각할 전망이다. 1960년대생의 막내조차 5년 후면 환갑이자 정년에 닿기 때문이다. 반면 2024년 기준 1970년대생 막내(44세)는 이제 막 중년에 진입해 환갑 이후 노년까지는 꽤 여유롭다.

결국에 기업과 시장의 안테나는 '1970년대생의 잘 벌고 잘 쓰는 법'에 집중될 수밖에 없다. 1970년대생을 통해 생존과 성장을 위한 현재 진단과 미래 기획을 도모해야 한다. 그만큼 소중하고 달라진 결정적인 인구 집단이다. 1970년대생은 당장은 인구 급변의 충격 완화와 함께 생존을 도모하기 위한 실험 세대(?)로는 제격이지만 길게는 본격적인 개막이 예고된 초고령화의 압력 파고를 넘어설 요즘 어른의 주력 집단으로 유력하다.

1970년대생을 어떻게 생산과 소비의 달라진 패러다임에 녹여낼지가 선진국이 주목하는 지속 가능한 신자본주의를 완성할 단추로 해석된다. 시장을 주도하고 수요를 발굴하는 발 빠른 선도 기업일수록 1970년대생의 환경과 속내, 생산과 소비, 현실과 미래, 욕구와 실현, 인식과 지향 등에 대한 정밀하고 선제적인 조사와 분석에 열심인 배경이다. 상설 조직까지 두면서 1970년대생으로 정리되는 달라진 중년 인구의 구매력을 극대화할 새로운 비즈니스 모델에 전력을 기울이는 분위기다.

1970년대생의 몸값을 높일 제도 변화도 본격적인 논의에 접어들었다. 지금 이대로는 문제 해결은커녕 갈등 심화만 불러오는 기존 질서를 재편할 때 그 제도 실험을 1970년대생부터 적용할 수 있어서다. 역시 생경한 변화지만 달라진 기회로 삼자는 취지다.

1970년대생부터 적용될 개혁 과제는 크게 5가지로 나눌 수 있다. 하나같이 기존 경로를 벗어난 새로운 돈줄 이동이자 기회 재편을 뜻한다. 동시에 피로와 저항을 동반하므로 반복해서 미뤄뒀지만 더는 방치하기 힘든 해결해야 할 의제라는 점도 고무적이다. 제도적인 변화 없이는 지속 가능은 불가능해서다.

물꼬와 탄력만 받는다면 한국형 역동성을 볼 때 5대 개혁 과제의 일괄적인 타결도 기대할 수 있다. 5대 개혁 과제는 (1) 세대부조의 질서 붕괴, (2) 정년 연장의 본격적인 확대, (3) 신성장의 복지 산업, (4) 세대 바통의 자산 이전, (5) 명분과 실리 로컬리즘이다. 시간 낭비의 정당성이 없다는 점에서 1970년대생부터 본격적인 영향과 적용이 불가피할 전망이다.

1970년대생이 5대 개혁 과제를 만나면 인구 위기는 성장 기회로 승격된다. 즉 5대 제도 변화를 토대로 1970년대생의 잘 벌고 잘 쓰는 법은 재편 속에서 강화될 전망이다.

5대 개혁 과제를 1970년대생에 적용하면

맨 먼저 우리 사회를 유지하고 성장시켜온 세대부조의 질서 붕괴다. 인구 공급이 전제된 '현역 인구 → 고령 인구'의 재정 지원형 부조 체제는 설명력을 다했다. '인구 공급 → 노동 투입 → 소득 증가 → 세금 납부 → 재정 축적 → 복지 지출'의 세대부조가 초저출생으로 멈춰선 탓이다. 전통과 유교 기반의 가족 복지도 저성장과 핵가족화로 약화하며 봉양과 양육의 교환 구조를 훼손한다.

1970년대생은 세대부조의 살벌한 붕괴 현장에서 한정적인 자원을 '자녀 양육 vs. 부모 봉양 vs. 본인 노후'에 배분할 포트폴리오의 재구성을 요구당한 최초 세대다. 이들 트릴레마를 해소하는 전략과 1970년대생의 구매력은 직결될 수밖에 없다. 그만큼 세대부조형의 질서 붕괴가 불러온 파장은 엄중하다.

다만 기회도 많다. 경직적인 세대부조의 한계는 곧 새로운 기회 창출을 뜻한다. 가족 분화가 없던 전통 모델에서 개인 불행은 대부분 가족 절망으로 도미노처럼 넘어가는데, 이 부분이 방어되고 약화된다. 1970년대생처럼 부모와 자녀의 중간에 낀 중년의 호흡 공간이 넓어진

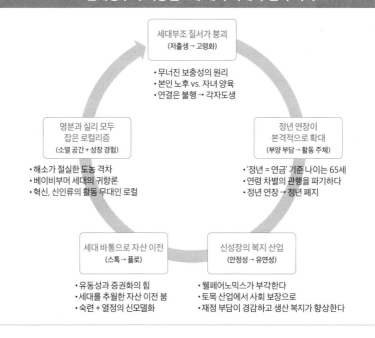

1970년대생부터 적용될 5대 개혁 과제와 변화 기회

세대부조 질서가 붕괴
(저출생 → 고령화)

• 무너진 보충성의 원리
• 본인 노후 vs. 자녀 양육
• 연결은 불행 → 각자도생

정년 연장이
본격적으로 확대
(부양 부담 → 활동 주체)

• '정년 = 연금' 기준 나이는 65세
• 연령 차별의 관행을 파기하다
• 정년 연장 → 정년 폐지

명분과 실리 모두
잡은 로컬리즘
(소멸 공간 + 성장 경험)

• 해소가 절실한 도농 격차
• 베이비부머 세대의 귀향론
• 혁신, 신인류의 활동 무대인 로컬

신성장의 복지 산업
(안정성 → 유연성)

• 웰페어노믹스가 부각한다
• 토목 산업에서 사회 보장으로
• 재정 부담이 경감하고 생산 복지가 향상한다

세대 바통으로 자산 이전
(스톡 → 플로)

• 유동성과 증권화의 힘
• 세대를 추월한 자산 이전 붐
• 숙련 + 열정의 신모델화

다는 의미다. 깨진 독에 물 붓듯 일방적이고 소모적인 희생 지출을 합리화할 수 있어서다.

말 많고 탈 많은 정년 연장은 1970년대생부터 적용하는 것이 확실시된다. 노동이 부족하고 부양이 증가하는 탓에 현역 중심으로 먹여 살리던 매칭 구조가 붕괴된 세대부조의 구조적인 한계를 극복하려면 국민연금처럼 '저부담, 고급여 → 고부담, 저급여'의 세대 간 역할 조정보다 더 지배적이고 결정적인 것이 근본적인 개념 조작이다.

60세 정년을 65세로 높이는 것이 대표적이다. 이미 국민연금을 수급하는 연령은 단계적인 조정을 통해 65세로 재편했는데 현실 정년이

60세라면 5년의 소득 단절이 안겨줄 충격과 공포는 실존적이고 확장적이다. 따라서 '정년 적용 = 연금 수급'을 일치시켜 노후 생활을 유지할 수 있는 제도 변화는 불가피하다.

고용 경합을 내세운 청년 반발과 임금에 대한 부담이 거세진 기업의 반대가 있지만, 흐름은 정년 연장이다. 최대한 생산가능인구로 살아간다면 소비 일변도의 노후 불안을 감쇄할 수 있을뿐더러 고립과 질병 등 사회 비용도 낮춰 줄일 수 있다.

길게는 정년 제도가 연령 차별이라는 점에서 정년 폐지도 정해진 수순이다. '복지 = 일자리'라는 점에서 부양 부담을 활동 주체로 유지하는 전략은 회피하기 힘든 시대적 흐름이다. 결국에 본격적으로 정년 연장을 확대하는 것은 1970년대생의 전략 수정과 직결될, 그럼에도 임박한 체감 변화 가운데 하나다.

신성장을 열어젖힐 유력한 후보인 복지 산업도 그 성장 실험과 확대에 관한 힌트를 1970년대생에게서 찾는 모습이다. 원래 '복지 + 산업'이라는 연결은 위험하고 민감한 이슈다. 복지를 돈벌이로 본다는 사고 체계 때문이다.

워낙 복잡다난한 논쟁거리라서 찬반 양론도 뜨겁지만 중요한 것은 현실과 흐름에서 찾을 수 있다. 이미 복지 산업화를 곳곳에서 확인할 수 있어서다. 당장 유럽조차 일찌감치 시작된 저출생과 고령화의 인구 변화 속에서 재정 안정과 성장 확보를 내세워 수요가 급증한 복지를 민간화하고 시장화하기 시작했다.

요컨대 '웰페어노믹스(Welfare + Economics)'의 실험이다. 소비적 복지를 보완하고 대체할 생산적 복지로 전환하는 차원이다. 복지의 안정성과 시장의 유연성을 합해 다양화하고 세분화한 새로운 사업 동력으로 활용한다는 노림수다. 총인구 감소 1호국인 일본도 GDP에서 차지하는 최대 항목 비율이 토목 산업에서 사회 보장으로 넘어가는 추세다.

구매력이 낮은 복지 수요자의 경우 시장화된 복지 산업에서 제외될 우려가 있지만, 이 부분이야말로 재정을 투입하고, 사회 안전망으로 떠받치는 것이 정부 역할이다. 이때 1970년대생은 복지 산업화의 초기 공급과 이후 소비를 책임질 강력한 잠재 집단이다.

정년 연장의 시작은 1970년대생부터

부자 부모와 빈곤 자녀의 인생 공식은 고성장기를 움직인 강력한 작동 기제였다. 인플레이션에 힘입어 부모 모델만 좇아도 매년 소득과 자산이 늘 뿐 아니라 손쉬운(?) 계층 이동으로 부모를 초월하는 자녀가 출현했다. 결국에 부모보다 잘사는 자녀가 일반적이었다.

이제 더는 아니다. MZ세대가 부모보다 가난한 최초 세대라는 폄하처럼 저성장기는 누가 먼저 사회에 데뷔하고 자산 축적을 시작했느냐에 따라 승부가 갈린다. 뒤처질수록 불리해진다.

반대로 부모 세대는 노력해도 추월하기 힘들어진 빈곤 자녀를 위한 특단책을 내놓는다. 부모 자산의 자녀 이전, 즉 사적 이전을 통한 불로소득으로 감축 사회를 버텨낼 부모 지원을 갈음하는 식이다. 최근 고령 인구의 부동산에 대한 매입 열기는 자녀를 위한 부모 찬스의 전형이다.

자녀 지원이 아닌 한 고령 사회의 자산 활용은 극도로 축소될 수밖에 없다. 일본 정부가 장기 불황 때 제로 금리까지 유동성을 공급했지만, 함정에 빠져 환류되지 않았다는 경험은 의미하는 바가 적잖다. 돈을 풀어도 돌지 않으면 경기 회복은 힘들다.

따라서 노년 자산의 유동화와 증권화는 선진국의 공통적인 고민이다. '스톡 → 플로'로 쟁여둔 돈이 윤활유처럼 흐르도록 관련 정책을 쏟아낸다. 상속과 증여의 수준 조정을 통해 흐름이 원활하도록 개선하기 위함이다.

1970년대생은 부모 자산의 승계 수혜뿐 아니라 본인 재산의 자녀 이전을 위한 신제도를 적용받을 확률이 높다. 새로운 수요는 결국 달라진 욕구로 체화되며 시장을 조성하는 에너지로 작용하는 법이다.

로컬리즘은 최근 인구 해법으로 설득력을 얻고 있는 논제다. 굳건한 고학력과 대기업 모델에 따라 지역 출신의 청년 인구가 도시 권역에 집중되며 출산율을 떨어뜨린다고 봐서다. '저밀도, 고출생의 농산어촌 → 고밀도, 저출생의 수도 서울'로의 사회 이동(전출입)이 평균치를 갉아먹어 0.72명이라는 전대미문의 출산율을 낳았기 때문이다.

그렇다면 해법을 찾을 때다. 즉각적이고 실효적인 데다 명분과 실리를 두루 갖춘 고가성비의 선택 전략이 로컬리즘이다. 제조, 수출, 대기업의 개발도상국형 발전 모델이 멈춰 섰다면 대체하고 보완할 실험으로 서비스, 내수, 강소기업의 선진국형 지속 모델을 고민할 때인 까닭이다. 이때 1970년대생은 로컬리즘의 실행 주체로 부각된다. 이미 은퇴 진입을 완료한 1차 베이비부머 세대만 해도 귀향과 귀촌으로 과소 지역의 부흥 주체가 될 수 있다고 평가받는 중이다.

하물며 1970년대생은 1960년대생보다 조건과 인식, 의향이 더 좋을 수 있다. 초년 시절의 X세대답게 다양한 인생 가치에 긍정적인 데다 자산을 축적하고 숙련된 경험이 쌓여서 박탈감과 소외감 속에 절멸만 기다리는 농산어촌에 훌륭한 투입 또는 촉진 주체가 될 수 있다.

특히 소멸 지역의 무궁무진한 기회는 1970년대생을 만나 화려한 복원을 완성할 전망이다. 소싯적 외환 위기를 겪으며 선진국 진입 성과라는 임팩트를 창출한 주인공다운 능력과 자질 덕분이다. 로컬리즘의 실험과 확대가 성공하면 작게는 1970년대생의 유유자적하는 노후를, 길게는 지속 성장의 우리나라를 검증해줄 훌륭한 시나리오다.

5

1970년대생의 취향 욕구와
비즈니스 모델

1970년대생은 신중년의 상징 그룹이다. 덩치는 1960년대생보다 좀 적지만, 갈수록 생산 현장과 소비 환경을 압도하고 지배하는 강력한 파워 집단으로 우뚝 설 전망이다. 요컨대 돈도 많고 힘도 센, 우리 사회 최후의 거대 덩치이자 최초의 변환 소비를 주도할 신흥 주체다. 또 시대 변화에 맞는 신질서형의 제도 수정조차 온몸으로 부딪히며 생존 전략에 녹여낼 새로운 활동 세력이다.

여러모로 보건대 1970년대생으로 쓰고 달라진 신중년으로 읽는 이들 거대 그룹의 역할과 영향은 축소 사회를 구해주고 보듬어줄 알짜 존재다. 1970년대생을 통해 기회를 찾는 준비와 대응이 시급하다. 이들로부터 시작한 인구 변화의 양적·질적인 구조 전환을 비즈니스 모델을 재편하는 기회로 삼는 현명함이 절실하다.

1970년대생의 달라진 욕구와 취향은 새로운 소비와 지출로 연결된다. 새로운 소비가 새로운 시장을 낳는 연쇄 구조를 강화한다. 벌써 1970년대생을 필두로 한 중년 타깃의 드라마와 마케팅은 흘러넘친다. 시니어 마켓의 달라진 접근 루트로 '고령 전용 → 평생 현역'의 관점 전환(Senior Shift)도 권유하는데, 그 연결 지점에 1970년대생이 존재하고 있다.

늙음 진입보다 젊음 지속이라는 소구 전략은 1970년대생처럼 임박한 당사자성의 인구 집단에서 확인되고 검증되는 까닭이다. 이른바 다운에이징 마케팅이다.

중년 욕구를 편안히 공급하는 어른 채널의 충성 소비도 적잖다. 다만 아직은 실험 시장답게 신중하고 조심스럽다. 부정적이고 비관적인 시선도 적잖다. 복잡미묘한 심리 속에 달라진 경제력과 소비력보다는 인생을 짓누르는 상실감이 많기 때문이다.

1970년대생이 주도할 관점 전환

그래서 청년 시장이나 노년 시장은 있어도 1970년대생처럼 중년은 없다는 고정 관념이 여전히 강력하게 통용된다. 봉양과 양육으로 벌되 안 쓰고 못 쓰는 중년 한계만 부각된다. 당연히 시대가 달라졌듯 더는 먹히지 않는다. 1,700만 요즘 어른 가운데 현역 활동을 전담하는 중핵 집단답게 축적 자산은 물론 근로 소득도 최정점을 찍는다. 가족 구성과 인생 지향 등도 남다른 중년 X세대의 감춰진 블루오션도 하나 둘 부각된다. 그만큼 중년화의 발굴과 사업은 불황 위기를 돌파하는 지점 가운데 하나다.

고용과 내수를 확대하는 디딤돌로도 제격이다. 멀리는 고령 소비와 시장 조성까지 기대돼 파워풀한 잠재력이 있다. 현재 중년이 곧 미래 노년이라는 점에서 1970년대생의 패턴 장악은 고령화의 바로미터다. 1970년대생은 더는 소수의 변방 고객이 아닌 탈(脫)가족, 향(向)본인을 위한 강력한 신생 타깃이다. 달라진 구매력과 가치관에 맞춘 눈높이형 소구 전략이 먹혀들면 소비 현장에 불러낼 수 있다. 2025년 남녀 각각 21%, 12%까지 늘어날 생애 미혼도 한 축이다. ±50세의 싱글 인구는 달라진 중년화의 착화 지점이다.

1970년대생은 우리나라만의 부각 집단이 아니다. 감축 성장과 성숙 사회가 우리나라보다 빨랐던 해외 시장도 중년화에 집중하고 있다. 청년 고객만큼 중년 욕구를 분석한다. 1970년대생처럼 세대 연구를 한층 세분화해 연령별, 소득별, 취향별 달라진 중년 소비를 트렌드로 도출한다. 연구기관부터 광고회사와 마케팅회사는 물론 일반 기업까지 중년 생활을 분해한다. 중년 니즈의 맞춤식 상품과 서비스일 때 전후의 노년, 청년 트렌드까지 선점할 수 있으리라 기대된다.

시장분석기관인 일본의 하쿠호도는 '새로운 어른 세대'라는 타이틀로 중년화를 비즈니스의 미래 힌트로 본다. 4060세대가 성인 시장 (20대 ↑)의 80%를 장악한다는 결론이다.

1970년대생이 44~54세에 위치한다는 것은 4060세대로 봐도 한가운데다. 핵심 고객과 중추 고객의 조건을 완성한 것이다. 특히 1970년대생은 1960년대생 끝자락의 변형된 소비 행태를 보면서 동시에 MZ세대의 새로운 소비 트렌드까지 인지하며 세대 간 분절되고 결절된 방식보다 전후 세대의 교집합을 추출한다. 그만큼 젊음과 늙음을 공유한 1970년대생의 대량 등장은 의미심장하다. 이들의 차별 소비가 완성되려면 적극적인 가치를 부여하고 유도하는 장치가 필수다. 늙음과 젊음만 보기보다 '회색'에 주목하는 취지다.

1970년대생의 본격적인 출현에 맞춰 소비 채널과 판매 채널도 변화 속에서 다양화를 모색하고 있다. 모바일과 인터넷이 확대 보급되면서 중년화와 만나 채널 변화의 정점을 찍었다. 고령 인구의 친(親)모바일, 인터넷만 봐도 중년 시절에 사용한 경험 덕분이다. 실제 1,700만 요즘 어른은 대면 소비와 접촉 소비만 해왔던 기존 노년과 확연히 구분된다.

그렇다고 MZ세대처럼 비대면을 일방적으로 선호하는 것은 아니다. 샌드위치 비유처럼 1970년대생은 선호 가치나 채널 환경을 양방향으로 두루 활용하는 경향이 있다. 직접적인 경험과 체험 등 대면 서비스를 보완할 것을 권유한다. 각별한 고객답게 특별한 욕구에 맞춰진 특화 무기를 장착하는 식이다.

어떤 통계를 봐도 4060세대 30년이 절대적인 소비 비중을 차지할 것이라는 데 이견은 없다. 요즘 어른을 완성해낼 1970년대생의 달라진 중년화는 유력한 메가 트렌드일 수밖에 없다.

1970년대생의 3대 미들 엣지

중년 소비에 관한 선행 실험은 일본 시장이 활발하다. 반드시 일치하지는 않지만 배울 것은 배우는 것이 좋다는 취지에서 분석해볼 필요가 있다. '아라포(Around 40)'라는 신조어로 고정 관념을 깬 중년 소비를 발굴한 선례도 있다. 막강한 경제력으로 선호하는 재화에 거액을 쓰는 신중년 소비의 리딩 그룹에 주목한 것이다. 원래 마흔 안팎(35~44세)의 골드미스를 칭했지만, 남녀를 불문하고 파워풀한 중년화의 소비 실현으로 확장됐다. 독신 중년과 함께 기혼 중년의 달라진 소비 행태도 아우른다.

우리나라로 치면 44~54세의 1970년대생과 비슷한 접근법이다. 복합 불황, 가족 포기, 양육 환경 등 유사한 상황 배경 속에서 10년 정도의 한일 간 현상 발생의 격차를 볼 때 1970년대생을 분석한 취지와 일맥상통한다. 지금은 나이를 먹어 ±50세인 우리나라의 1970년대생과 비슷한 연령까지 확장한다. 우리나라가 일본보다 저출생과 고령화가 훨씬 빠르다는 점을 보면 일본의 연장 조치와 우리나라의 조기 실현이 ±50에서 만난다.

물론 처음부터 '중년화 = 트렌드'로 보지는 않았다. 중년을 둘러싼 시장과 마케팅의 관심은 제한적인 일부 소비에 머물렀다. 수업료를 톡톡히 치른 실버 시장처럼 덩치만 확대하는 것으로 뛰어들기에는 반면교사가 컸다. 미래가 불안하고 자산이 부족한 노년 수요를 가로막은 경험이었다.

중년화는 다르다. 중년화의 소비 엔진인 강해진 구매력과 활발한 마인드가 노년과 차별된다. 덕분에 기업은 어른 시장을 쪼개 수면 아래 감춰졌던 중년이라는 화두를 유력한 공략 대상으로 흡수한다. 실제 일상적인 소매부터 온라인까지 매출을 끌어 올리는 주역은 중년 인구로 전환된다. 편의점도 언택트도 50대가 20대의 매출 비중을 추월할 정도다. 당연히 입고 전략과 판매 전략은 수정해야 한다.

등장 모델도 중년으로 채워진다. 식품, 생활용품, 자동차 등 업종을 불문하고 중년화에 대한 라인 업이 인기다. 골목 상권조차 중년을 모객하는 데 적극적이다. 안경은 학생 위주의 근시 대응에서 노안 대비로 수정했고, 자동차도 남성 청년에서 여성 중년으로 바꿨다. 스포츠클럽도 이용자 수는 청년에서 중년으로 역전되었다.

노청 사이의 고민이 깊지만, 대세 변화는 시작됐다. 잠재 숫자, 가치 변화, 소득 수준을 볼 때 흔들리는 표준 소비보다 떠오르는 요즘 어른이 승부처로 떠오른 셈이다. 그렇다면 다가올 늙음까지 지배할 트렌드 세터로 제격이다.

일본 사례이지만 우리나라의 1970년대생에게도 적용할 수 있는 특징적인 중년 소비는 '미들 엣지'로 요약할 수 있다. 중년(Middle)의 욕구 지점(Edge)에 주목하라는 뜻이다. 중년화의 3대 소비 패턴을 특화 지점인 미들 엣지로 정리할 수 있기 때문이다. 일본에서 분석한 결과이므로 우리나라에 대입하기에는 적확하지 않지만, 닮은꼴이 많다는 점에서 주목해봄 직하다. (1) 추억 소환, (2) 자아 부활, (3) 희망 실현이 중년 지갑이 열리는 키워드다.

추억 소환은 시간 해방적 소비 행태다. 청년 시절 함께 숨 쉰 유명 스타의 소환이나 제한적으로 즐겼던 취미 활동의 본격적인 리메이크 소비가 그렇다. 장난감과 피규어 등 유년기에 강한 인상을 줬던 유희 대상의 복각판도 포함된다. 세대 특유의 체험적 기호성이 중년 이후에 재부각되며 미뤘던 소비를 완성한다. 노스탤지어의 복기 조류다.

양육을 종료해 시간 구속에서 벗어난 ±50대부터는 추억 소비를 넘어 자아실현에 관심이 꽂힌다. 사회에 휘둘리며 가족을 떠받친 인생을 되돌아보며 본인다움에 접근하는 수요(자기 부활)와 치열한 경로에서 이탈해 꿈꿨으나 못 이룬 미래(희망 실현)를 재구성하는 차원이다. 이를테면 못 샀던 고급차를 사고 악기 연주와 해외여행에 거액을 쏟는다. 금전, 시간, 체력을 완비한 중년화의 창출 시장이다. 일본에서는 중년 성지를 비롯한 성공 사례가 많다. 대놓고 '40대부터'를 강조하는 상품과 브랜드는 물론 미들을 특화형의 차별 키워드로 활용한다.

인구 통계는 '청년 → 중년'의 시점 변화를 요구한다. 최소한 MZ세대만큼 1970년대생의 달라진 마인드와 트렌드로 관점을 전환해야 한다. 기운은 갈수록 심화된다. 1970년대생은 가족 경제를 떠받치던 부양 주체에서 자기다움을 실현하는 소비 주체로 급변하고 있다. 빈곤, 고립, 질병 앞에 늙어버린 기존의 고령 집단과는 다르다. 거대한 숫자에 가치관은 다양한데, 특히 오래 살고 보유한 돈도 적잖다. '인구 = 고객 = 시장'은 변함없다. 그렇다면 1970년대생의 중년화야말로 수축 사회가 열어준 소중한 힌트일 수밖에 없다.

2장

돈 되는 축소 시장의 집토끼

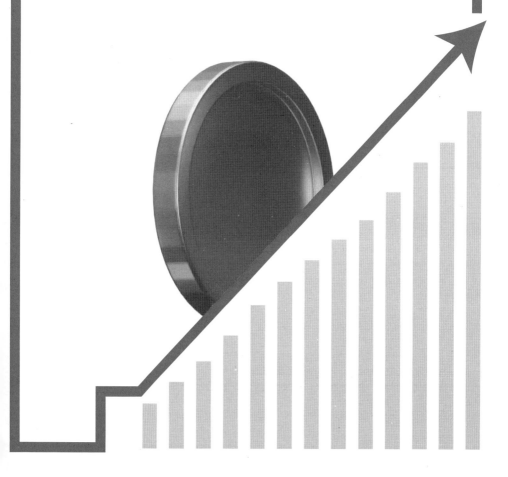

고객 감소가 불러올
신질서를 장악하라

앞으로 사람이 더 늘어날 리는 없을 듯하다. 적어도 우리나라는 그렇다. 인구 감소를 벗어날 방책이 없다는 뜻이다. 확정적이다. 설혹 공급 비율(출산율)은 반등해도 그나마 반짝 이슈일 전망이다. 절대 숫자(출생아)가 증가하리라는 것은 희망 사항에 가깝다.

2024년 기준 벌써 3년째 확정적인 총인구 감소다. 일본 이후 2번째 총량 감소에 해당한다. 그럼에도 상황이 반전되기를 기대한다면 난처하고 안타깝다. 즉 인구 감소는 우리 사회의 기본 전제다. 변수가 아닌 상수로 상향 조정이 됐다.

따라서 미래 계획을 수립할 때면 으레 전제되고 반영됐던 인구 증가론은 수정할 대상이다. 기업도 인구(고객과 수요)가 늘어날 것을 당연시하고 세워왔던 청사진을 물러야 할 판이다. 입버릇처럼 내뱉던 고객 확보가 더는 힘들어진 까닭이다. 심히 곤란해진 상황이 아닐 수 없다. 이렇듯 축소 시장은 생활 현장에 다가왔다. 천문학적인 예산을 투입해도 더 심각해진 인구 감소를 보건대 앞으로가 더 염려스럽다.

숫자 정보보다 무섭고 생생한 것은 느껴지는 피부 체감이다. 통계 변화는 본인에게 닥친 후에야 확실히 읽히는 법이다. 관심이 적다면 피부에 닿을 때까지 시차가 생긴다. 그래서 심각한 불황 통계가 보도 돼도 즉각적인 영향을 받지 않는다면 무덤덤하게 넘긴다. 되레 빨간 립스틱과 매운맛의 음식 메뉴가 늘어난 것으로 미뤄 짐작해보면 불황을 절감하는 경우가 많다. 스파이 업계가 휴민트(Humint, 사람 정보)와 입소문을 중시하는 배경이다.

하물며 우리나라의 인구 변화는 상황과 수준도 일찌감치 많은 이의 통증치를 넘겨버렸다. 의도적으로 무시하고 외면하지 않는 한 느끼지 않을 수 없는 변화 파장이 생활 곳곳에 포진하고 있다. 2023년 4분기 기준 0.65명의 출산율이 뜻하는 의미는 몰라도 생활에서 체감할 수 있는 폐교나 폐업, 불황과 해고는 인구 변화의 후속 여파를 느끼는 중대한 생활 지표로 손색없다.

줄어들고 달라진 미래의 고객 MZ세대

인구 구조의 녹록지 않은 변화 상황은 이를 촉발한 최우선 당사자인 후속 세대의 달라진 생각과 행동만 봐도 충분히 감지할 수 있다. 줄어든 데다 다채로워진 MZ세대의 양적이고 질적인 내용 변화는 출산율과 출생아 수 등 통계 숫자뿐 아니라 선호 욕구와 소비 지향 등 달라진 체감 지표로도 확인할 수 있다.

미래 세대답게 생산과 소비 등 예비적 활동 주체이자 잠재적 수급 토대라는 점에서 이들의 의식 진화나 행위 변용은 상황을 대응하기 위한 중대한 힌트로 작용한다.

그도 그럴 것이 실제 청년 세대의 속내와 의향은 완벽히 달라졌고, 완전히 낯설어졌다. 기성세대의 청년에 대한 이해는 난제에 가깝다. 지레짐작의 사투리를 넘어 언어와 문법이 다른 외국어로 대화하는 것처럼 겉돌고 어렵다. 그래서 유력한 미래 고객이지만 모셔올 유혹 장치가 마뜩잖다. 기존 인식과 과거 질서로 신규 고객의 생각과 패턴에 투영하니 맞을 리 없는 식이다.

한마디로 '인구 감소 → 고객 감소'다. 인구 감소야 벌써 시작됐으니 고객 감소는 변수가 아닌 상수에 가깝다. 상황 판단을 위해 고려하면 좋은 것이 아닌, 반영하지 않을 수 없는 중차대한 설명력, 통제력의 필수 항목이라는 의미다. 무엇보다 경제 활동의 핵심적인 현역 인구이자 장기적인 활동 주체인 청년 세대의 추세 감소는 확정된 미래다.

정책 효과에 힘입어 상황이 개선될지언정 과거처럼 대량 출생에 따른 거대한 공급은 불가능에 가깝다. 먹고사니즘을 개선해도 인식 전환과 가치 변화가 맞물린 일종의 문화 트렌드로서 출산 포기는 개선하기 힘들다.

특히 여성의 고학력화로 상황에 대한 판단력이 좋아진 데다 비용 대비 편익의 어떤 함수를 넣어도 '출산 vs. 커리어'의 가성비는 불변할 확률이 높아서다. '결혼은 한 사람이 독박 쓰는 조별 과제'라는 웃픈 평가가 계속되는 한 출산 회복은 기대하기 어렵다.

실제 인구 변화가 빚어낼 고객 감소는 확정됐다. 시장과 기업의 존재 이유인 고객의 감소는 결코 인구 감소로부터 자유롭지 않다. 총량이 줄어드는데 부분이 늘어날 수는 없는 노릇이다. 연령과 성별 인구 규모를 한눈에 보여주는 인구 피라미드(중윗값)를 장기로 늘려보면 인구 구조의 변화 수준을 깔끔하게 확인할 수 있다.

강력한 생산 주체이자 주력의 소비 집단인 생산가능인구(15~64세)의 연도별 비중 변화를 보자. 이들은 결국 '현역 인구 = 소비 주력'을 완성하므로 숫자와 비중의 장기 변화와 추세 트렌드는 주된 관심 대상일 수밖에 없다. 특히 미래 추계의 면밀한 선제 검토는 상황에 대응하기 위한 돌파 힌트로도 손색이 없다.

1960년대는 전형적인 삼각형 피라미드다. 어릴수록 숫자가 많아 젊고 탄탄한 인구 구조를 자랑한다. 성장 초기로 구매력이 문제일 뿐 거대 인구의 생애 주기에 맞춰 경제 패턴과 산업 구조가 확장되고 세분화됐다. 만들면 팔리는 시대였다.

그런데 1990년부터는 고성장이 종료되고 가치관의 변화로 인구 공급이 정체되기 시작한다. 중년 이하의 일관된 인구 규모를 토대로 생산과 소비 양측의 현역 능력이 강화되는 시기다. 여유롭고 풍요로운 성장 과실을 누린 X세대 1970년대생이 20대로 진입하며 현역 강화를

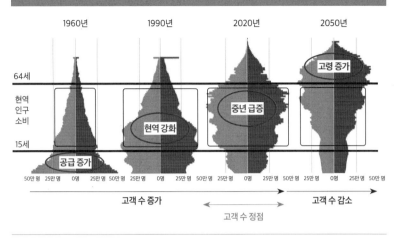

인구 피라미드로 본 고객 감소 장기 추세

1960년 1990년 2020년 2050년

64세

현역
인구
소비

15세

고령 증가

중년 급증

현역 강화

공급 증가

50만 명 25만 명 0명 25만 명 50만 명 25만 명 0명 25만 명 50만 명 25만 명 0명 25만 명 50만 명 25만 명 0명 25만 명 50만 명

고객 수 증가   고객 수 감소

고객 수 정점

자료 : 통계지리정보서비스(중윗값)

떠받친다. 표준 가족의 가족 소비가 안착된 가운데 자녀 욕구가 반영
된 청년 재화가 시장 확대를 이끌며 중년을 향해 진군한다.

±2020년대는 잠재적인 고객 규모가 절정을 찍는 시점이다.
15~64세의 전체 구간에서 비교적 일관된 최대 규모의 인구 집단을 보
유했다. 저출생으로 15세 이하만 축소됐을 뿐 다른 연령대는 뚜렷한
증가세를 나타낸다. 2021년 총인구가 정점을 찍고 1,700만 요즘 어른
이 중년화로 진입한 결과다.

문제는 이후부터다. ±2050년대는 저출생과 고령화의 종말을 보여
주듯 현역 인구의 급감과 고령 집단의 급증을 보여준다. 생산과 소비
의 허리 계층은 저연령일수록 줄어들며 축소 경제의 불황 사태를 예
고한다. 늘어난 고령 인구의 재구성과 재검토를 통한 활로를 모색하지

않는 한 무너질 수밖에 없는 물구나무와 같다. 또 물구나무는 넘어질 수밖에 없다.

인구 변화로 드러난 신질서의 윤곽

그나마 시장은 정부보다 민첩하되 유연하다. 엇박자 정책이 예산 낭비와 실효 부족의 딜레마에 사로잡힐 때 기업은 조용하고 날렵하게 인구 변화를 상수로 흡수한다.

아직은 일부 사례지만 달라진 새로운 세상을 위한 잰걸음은 한창이다. 통계 변화의 심각성이 더해질수록 확실히 대응 수준은 다양화되고 고도화된다. 메가 트렌드답게 인구 변화로 시작될 뉴노멀의 게임 규칙을 제안하고 지배하려는 차원이다. 인구 변화의 속도와 범위를 볼 때 동시다발적인 생존과 성장의 한판 승패가 곧 시작될 수밖에 없다는 위기감이 한몫했다.

일반 상식과 고정 관념은 설 땅이 없다. '위기 vs. 기회'를 전제로 뛰어나도 변화에 둔감하면 위기요 부족해도 시대에 올라타면 기회로 본다. 인구 변화가 농축시킨 신질서는 물밑에서 활발히 윤곽을 잡는 데 돌입했다. 발 빠른 선도 세력은 달라진 생산과 소비 전선을 장악하고자 개편하는 작업에 착수했다. 충격을 혁신으로 뒤집는 본능적 얼리어답터의 역할이자 책무인 까닭이다.

인구 충격은 인구 혁신으로 대응하는 것이 옳다. '위기 → 기회'로 삼을 전환 힌트는 있다. 늘 그렇듯 구조 개혁은 시간 싸움이다. 종합하면 우리나라는 마지막 타이밍에 접어들었다. 인구 혁신을 위한 대전환의 골든 타임이다. 설명력을 잃어버린 과거 체제는 흘려보내고 건강한 지속 가능성을 향한 선순환적 대전환을 해야 한다.

자원을 배분하는 이해 조정 과정에서 불편과 불안, 불만이 많겠지만 희망과 미래보다 우선될 수는 없다. 한국적 역동성을 발휘한 코페르니쿠스적인 전환만이 살길이다. 닫힌 성장판과 깊어진 인구병이 향하는 곳은 난관 극복을 위한 구조 개혁뿐이다.

혁신 개혁의 범위와 방향, 내용은 모두 인구 변화에서 출발한다. 개인과 기업과 정부 모두 잘 살아내려면 인구 변화에서 비롯된 미래 대응은 필수불가결한 과제다.

그렇다면 어떤 대응 전략이 유효할까? 기업은 충분히 힘들고 어렵다. 한 치 앞이 가려진 불확실성의 시대답게 장기 생존을 위한 묘수를 발굴하는 데 사활을 걸지만, 상황은 쉽지 않다. 부지불식간 고객은 달라졌고, 시장은 변했다. 가성비로 정리되는 패러다임은 설 땅을 잃었다. 만들어도 팔리지 않고, 꾀어도 찾아오지 않는다.

원인은 많아도 원점은 하나다. 하나같이 인구 변화의 영향과 파장 탓이다. 인구 변화에 따라 양적으로 변하고, 질적으로 바뀌니 고객과 시장은 당연히 달라진다. 적어진 숫자인데 인식마저 제각각이라 한층 어렵고 힘들다.

그럼에도 인구의 영향력과 잠재력, 설명력은 부인하기 어렵다. 인구가 전부인 까닭이다. 인구 없는 예측이 무의미하듯 고객 없는 시장은 불필요하다. 시장은 인구와 직결될 수밖에 없다. 인구 변화는 가랑비에 옷 젖듯 당장은 몰라도 나중에는 기업 성패를 가른다. 그만큼 기업에서 시작한 인구 대응은 절체절명의 과제다. 어렵고 힘들며 예측조차 빗나가도 인구 변화로 인한 고객 분석과 대응 모색을 피하고 미뤄서는 곤란한 이유다.

급속한 인구 변화는 달라진 고객 출현을 뜻한다. 움직이는 고객을 팔짱 끼고 응대할 수는 없다. 뒤따라도 늦다. 한발 빨리 달려가 길목을 기다릴 때 승기는 잡힌다. 저성장 속 돌파구가 절실할수록 상식적인 공감 이슈다. 요컨대 '인구 변화 → 소비 변화 → 시장 변화 → 사업 변화'로의 환승 숙제다. 이는 닥쳐올 미래 시장을 읽어낼 핵심 고리다. 누구나 알고 싶지만 아무나 알기 힘들다. 전대미문의 인류사 최일선에 선 우리 사회로서는 더 그렇다.

그래도 넘어야 할 산이다. 업종과 사업을 불문하고 예외는 없다. 제조, 유통, 서비스, 금융 모두 인구 변화의 고빗사위에 놓였다. 역풍조차 순풍으로 뒤바꿀 관심과 노력이 절실하다. 시장 재편의 먹구름과 회오리는 예보됐고 남은 것은 이제 대응뿐이다.

인구 정복을 위한 편하고 손쉬운 방법은 없다. 다만 몇몇 조언은 가능하다. 검증된 접근 방식을 얼추 확인한 덕이다. 인구 변화로 새롭게 정의하고 발굴한 새로운 고객과 새로운 시장을 성공적으로 공략한 사례들이 알려주는 공통분모다. 기업과 시장이 준비하고 경험한 혁신 실험은 머지않아 맛있는 비즈니스 모델로 연결될 것이다.

'본업 경쟁력 + 외부 서비스'를 연계하자

선행 사례에서 교훈부터 추출해야 한다. 선행 사례의 경험 연구는 후속 주자에게 필수다. 저비용과 저위험은 물론 고정보와 고달성도 꾀할 수 있다. 위험한 실험보다 안전한 훈수가 낫다. 선행 사례만 알아도 상당량의 자원을 낭비하는 것을 방어할 수 있다. 정확히 읽어내고 분해하는 노력과 능력을 필요로 한다.

어렵지는 않은 것이 수많은 선행 샘플은 대개 한 방향을 가리킨다. 이때 우리나라보다 먼저 인구 변화에 직면한 일본 사례는 제격이다. 벤치마킹과 반면교사로 좋다. 특히 인구 변화가 낳은 새로운 고객과 새로운 시장에 대한 기업의 대응은 뜻하는 바가 적잖다.

그럼에도 우리나라와 일본은 다르다. 그래서 대응 결과보다는 실행 과정의 힌트에 주목하는 것이 바람직하다. 그만큼 한국적 인구 변화는 일본보다 훨씬 차별적이고 격동적이고 충격적이기 때문이다. 즉 선행 사례를 읽되 무게 중심은 우리나라 상황에 맞는 정밀한 분석에 실린다. 인구를 정복하기 위한 정밀도를 높이려면 한국적 특수 지점과 특화 지점에 관한 이해가 필요하다. 무턱대고 해외 사례를 추종하는 것은 신중한 편이 좋다.

그러려면 상시적인 전담 마크가 좋다. 인구 대응은 반짝 이슈가 아니다. 시급한 대응 체제가 절실한 현재 진행형의 메가 변수다. 미진하게 대응한 정책이 순식간에 엄청난 충격 지표로 연결됐음을 잊어서는 곤란하다. 가능하면 집중과 전담이 가능한 상시 조직으로 새로운 고객과 새로운 시장의 변화 양상과 추동 원리까지 파악하는 것이 바람직하다.

마지막은 협업 파워의 실현이다. 미래 고객은 과거와 결별한 새로운 욕구를 분출하고 가치 지향을 품는다. 만들면 팔리던 매스 고객은 거부한다. 획일적이고 균일적이고 보편적인 상품과 서비스도 무시한다. 새로운 고객은 제조 메이커에 맞춤 서비스를 요구하고, 물건보다 경험을 중시하며, 소유보다 사용을 선호한다. 과거에 없던 욕구다. 더 까다롭고 다양해진 소비 경향은 불가피하다.

인구 변화는 많은 것을 바꾸고 또 바뀔 수밖에 없다. 인구 변화야말로 사회 제도부터 개별 욕구까지 근본적인 재검토와 재수정을 요구한다. 사람이 변했는데 생활이 바뀌지 않을 수 없듯 자연스러운 시대 흐름이다. 맞서면 득 될 것은 없다. 파도에 올라타듯 변화를 정확히 이해하고 준비해야 하는 이유다.

생존과 성장 무대에서의 무한 경쟁이 불가피한 시장과 기업은 더욱 인구 변화를 완전하게 정복하는 것이 필수다. 완만함이 전제된 '변화'라는 말조차 어울리지 않는 충격적인 우리나라 상황임을 잊어서는 안 된다. 기업과 시장은 특히 위험해진다. 사회와 정부는 그나마 시간이 있다. 줄어들어도 사람은 태어나고 세금은 거둬진다. 지속 가능성은 시차를 두고 악화할 것이다.

다만 기업과 시장에는 적용되지 않는다. 밀어줄 뒷배도 의지할 언덕도 없다. 줄어든 고객이 떠나면 시장은 폐쇄되고 기업은 퇴출될 수밖에 없다. 정부처럼 미루거나 피할 수 없다. 그렇다면 인구 대응은 반드시 해결해야 할 과제다. 미래 먹거리를 위한 전략을 수립하는데 밑바닥에 깔아야 할 것이 인구 변화다.

달콤한 과거의 경험은 잊는 것이 좋다. 인구 변화는 모든 것이 달라지고 바뀐다는 신호다. '인구 변화 → 고객 변화 → 시장 변화 → 사업 변화'에 대한 대응 전략을 마련할 때다.

2

모객 전략을
수정하라

인구 증가는 신기루다. 비현실적인 정책 목표로 희망 고문과 같다. 지향일지언정 실현은 기대하기 어렵다. 그럼에도 일각에서는 인구 증가의 반전 목표를 여전히 기획한다. 곤란한 일이다. 차라리 줄어드는 속도와 범위를 늦추고 줄이는 감소 저지가 옳다. 선진국에서 얻을 수 있는 공통 교훈이다.

총인구가 줄어든 일본도 1억 인구를 유지하는 것이 정책 목표다. 2023년 현재 1억 2,300만 명의 추세 하락을 받아들이되 최대한의 감소 억지로 1억 명은 지키자는 취지다. 추세에 맞선들 고비용, 저성과의 보여주기식 전시 행정만 초래했다는 뼈아픈 경험이 한몫했다. 2008년 1억 2,800만 명이라는 인구 정점을 기록한 후 어떤 노력도 먹혀들지 않았다. 그래서 가용 자원을 총동원해 1억 명 데드 라인을 지키는 감소 저지로 방향을 틀었다.

인구 증가라는 과욕 목표를 고수할 필요는 없다. 목표를 수정하기 위한 시선을 전환하는 일이 시급하다. 인구 증가가 만들어낸 빗나간 신호와 잘못된 결과는 충분히 많다. 더 뺏는 쟁탈전 속의 출혈적인 출생 정책이 그렇다. 인구 하한을 지키고자 선거 시즌이면 얼굴을 붉히는 주소 이전을 적극적으로 유치하는 경쟁 등 불필요한 소모전도 마찬가지다.

앞으로는 달라진다. 중앙 정부는 감소 저지의 실효적 인구 목표에 다가선 지역을 결국 우선할 수밖에 없다. 쏟아붓는 것이 능사는 아닌 탓이다. 이로써 공은 지역 단위로 넘어온다. 일본의 유바리시와 교토시처럼 재정 낭비형 출혈 경쟁을 낳은 인구 증가의 자충수를 목표에서 버리는 것이 중요하다.

인구 쟁탈은 제로섬이다. 지역 희비가 있을 뿐 사회 전체로는 원가 장사다. 덜 줄어드는 감소 저지로 목표를 전환하는 것이 현실적이고 설득력 있다. 인구 목표의 전환 여부에 맞춰 지역 승패는 엇갈릴 전망이다.

현실과 타협한 모객이 주는 교훈

'인구 감소 = 고객 감소'에 이견은 없다. 그렇다면 반복적이고 확장적인 고객 확보를 전제로 한 익숙했던 과거의 비즈니스 모델과 성장 전략을 유지할 수 없음을 뜻한다. 즉 사람도 수요도 매출도 계속해 늘기만 하던 인플레이션 시대의 모객 증가와 시장 확대 패러다임은 설 땅이 없다는 얘기다. 심각하고 위협적인 시대 변화가 시작된다는 의미다. '인구 → 고객 → 욕구 → 수요 → 매출'의 증가형 순환 호황은 종지부를 찍는다. 만들면 팔리고, 편하고 쉬웠던 과거 모델은 기억 속에 묻힐 운명이다.

그나마 아직은 좀 낫다. 2021년 총인구가 감소세로 전환하면서 축소 사회가 시작됐지만, 인구 변화의 지체 효과를 볼 때 피부로 체감하기까지는 시간이 걸려서다. 그럼에도 정도 차이일 뿐 조만간 총량 감소가 미칠 부분 감소의 충격 여파는 본격화될 수밖에 없다. 얼마 남지 않은 시간을 활용해 고객 감소에 대한 대응과 극복을 위한 해법을 모색하는 데 나설 때다.

안타깝게도 곧 현실화될 인구와 고객 감소의 대형 파고를 넘어설 기업과 시장의 돌파 전략은 꽤 제한적이고 축소된다. 인구가 감소하는데도 불구하고 모객 증가를 위한 시나리오는 4가지 정도로 추출할 수 있다.

익숙한 선행 경험은 해외 진출이다. 우리나라는 줄어도 해외는 늘어날 수 있어서다. 실제 선진국조차 자연 감소에도 불구하고 총인구가 늘면서 수요 총량은 증가세다. 개발도상국은 더 그렇다.

문제는 해외 진출을 통한 고객을 확대하는 일이 만만찮다는 점이다. 해외 이슈라 통제하기 힘든 외생 변수와 돌발 변수가 끼어들 불확실성이 전제되는 데다 진출 가능한 산업과 기업이 제한적인 것도 한계다. 또 해외 시장조차 인구 감소의 장기적인 영향에서 벗어나지 못한다는 점도 고민스럽다.

5대륙 가운데 인구 유지선(출산율 2.1명)을 웃도는 곳은 아프리카(4.1명, 2021년)뿐이다. 해외 시장이라는 안정 기반도 유효 기간이 붙은 일시적 장점이라는 얘기다.

확실하고 속 편한 것은 그나마 통제 영역에 속하는 국내 시장에서의 모객 증가다. 신규 고객을 확대하려면 엄청난 경쟁 격화 속에서 승기를 확보하는 동시에 뼈를 깎는 혁신 수혜를 제공하는 것은 필수다. 말만큼 쉽지 않다는 뜻이다.

전략은 신규 사업에 진출하는 것이 유력하다. 다각적 선택과 집중적 투자이든 범위와 규모의 경제 실현이든 새로운 출사표야말로 새로운 고객 확보로 직결될 것이다.

단, 영역 확대는 거래 비용을 낳는 법이다. 신규 사업일지언정 인구 감소의 거대한 흐름에서 비켜설 수 없다는 점도 아픈 지점이다. 아니면 대응 방안이라고 할 것도 없지만 자연스러운 퇴출 전략도 거론할 수 있다.

저출생에 따른 저연령 산업이 고객이 감소하면서 사양화의 길로 접어드는 현실론을 의미한다. 상황을 관망하되 고객이 감소하면서 욕구 변심은 가성비로 맞서기 힘들어서다. 내놓을수록 적자라면 현명한 출구 전략도 좋다.

4대 모객 감소 시나리오와 급부상하는 집토끼론

그렇다면 인구 감소가 불 지핀 모객 위협을 벗어날 고객을 확대하는 시나리오는 현실성이 낮다. 해외 시장이든 신규 사업이든 익숙한 과거 경험 탓에 거론하고 채택할 확률은 높지만, 신중하고 현명한 접근법이 필요하기 때문이다.

고객 감소를 흡수한 사양 몰락의 길도 손쉽고 편하지만, 추가적인 노력을 들인 후에 진행해도 늦지 않다. 결국에 인구 감소라는 먹구름에서 벗어날 수 없음을 인정하고 그 속에서 즉각적이고 실리적인 극복 방안을 찾는 것이 바람직하다.

이때 고정 관념의 탈피와 인식을 전환하려는 용기가 필요하다. 줄어도 괜찮은 모델이 있을 수도 있다는 상상처럼 총량 감소 속 욕구 증가라는 새로운 해법을 고민할 수도 있다. 양적 고객의 포기를 벌충하고 대체해줄 질적 수요의 증액을 노림수로 새판을 짜자는 얘기다.

이미 확보한 기존 고객의 욕구 전체를 비즈니스 모델에 흡수하고 편입해 연속적인 추가 소비를 발굴하는 식이다. 1명에게 1개만 팔았으므로 다른 고객이 필요했던 기존 방식 대신 확보한 1명의 여러 수요를 연결해 팔자는 뜻이다. 연령 횡단적인 단품 판매에서 생애 전체적인 연속 소비를 발굴하고 제안하는 아이디어다.

결국에 기업의 존재 이유는 매출이 늘어나는 것이고, 시장을 조성하는 목적은 비중을 확대하기 위함이다. 둘의 공통 조건과 기본 전제

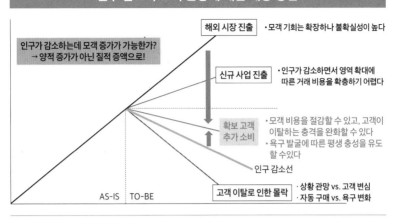

인구 감소와 모객 난항에 대한 대응 방안

인구가 감소하는데 모객 증가가 가능한가?
→ 양적 증가가 아닌 질적 증액으로!

해외 시장 진출 · 모객 기회는 확장하나 불확실성이 높다

신규 사업 진출 · 인구가 감소하면서 영역 확대에 따른 거래 비용을 확충하기 어렵다

확보 고객 추가 소비 · 모객 비용을 절감할 수 있고, 고객이 이탈하는 충격을 완화할 수 있다
· 욕구 발굴에 따른 평생 충성을 유도할 수있다

인구 감소선

AS-IS TO-BE

고객 이탈로 인한 몰락 · 상황 관망 vs. 고객 변심
· 자동 구매 vs. 욕구 변화

는 '고객을 확대'하는 것이다. 프레더릭 란체스터(Frederick Lanchester) 의 제1법칙이 '무기의 성능 × 동원 병력'으로 정리되는 이유다. 즉 무기의 성능이 똑같다면 머리 숫자가 전쟁의 승리를 이끄는 관건이라는 얘기다.

고품질, 저가격의 재화 성능을 높이는 것만큼 결정적인 것이 다량 소비를 해줄 모객 증진이다. '기업 매출, 시장 비중 = 재화 품질 × 확보 고객'이라는 등식과 같다. 박리다매도 마찬가지다. 싸게 팔아도 돈을 버는 것은 판매 빈도를 높여줄 고객 증가를 전제로 하기 때문이다. 인구 증가에서 출발한 고객 확보와 수요 확장이 일반적이고 상식적이던 시절에 숱한 승자 기업을 배출할 수 있었던 배경이다.

이제는 끝났다. 갈수록 인구 감소의 체감 충격이 거세지는 가운데 모객을 확보할 수 있는 한계 지점이 늘어날 수밖에 없다. 고객을 찾아 광야를 떠돌던 영업맨의 일상 스토리는 신화로 기록되고, 사라진 고

객의 줄어든 지갑이 매출 하락의 현실로 부각된다. 상대적으로 과거 시장은 간단하고 손쉬웠다.

인구가 증가하면서 잠재 고객이 늘면 평균만 해도 생존 수준을 확보할 수 있었다. 허들이 낮을수록 경쟁은 심해지고, 고객이 많을수록 매출은 늘어난다. 상대적인 박탈은 있어도 시장 파이의 크기가 확대되면서 안겨준 수혜다. 지금은 다르다. 인구 감소로 양적 고객이 동반 감소하는 것이 뚜렷해졌다. 똑같이 내놓아도 덜 팔리는 시대다. 절대수요가 줄어든 탓이다. 확실한 우월 지점과 특화 매력이 없다면 매출 증가는 기대하기 어렵다.

경쟁적 산토끼론 → 연결적 집토끼론

결국에 인구가 감소하면서 비롯된 모객 위기는 시장과 기업의 뼈아픈 충격 변수이자 전략을 수정해야 하는 중대한 고민 지점이다. 역사상 단 한 번도 경험하지 못한 고객 감소의 추세 압박을 이겨낼 매출 증진을 위한 묘책을 수립하는 난제를 부여받은 셈이다. 전폭적이고 광범위한 상황 변화만큼 전면적이고 구조적인 접근 전략이 필요한 배경이다.

고객을 확보하고 매출을 증진하기 위한 새로운 개념 정립뿐 아니라 둘의 연결 고리를 극대화할 달라진 논리를 개발하는 것이 필수다.

이를 수요 확보로 통일하고 정리하면 마케팅의 전략 변화로 해석해 설명할 수 있다.

요컨대 '산토끼론 → 집토끼론'의 부각이다. 과거 인구 확장기의 고객 확보는 일종의 산토끼론으로 정리할 수 있다. 뒷산에 뛰어노는 수많은 산토끼를 어떻게 공략할지가 마케팅의 성격을 규정했다. 품질, 가격, 광고 등 무수한 설득 도구를 통해 산토끼를 유혹해 우리에 가두는 경쟁에 집중했다.

반면 지금은 인구가 감소하면서 산토끼가 줄어들고 사라졌다. 아무리 유혹하고 설득해도 눈에 띄지 않는다. 심히 고민되고 안타까운 일이다. 그렇다면 떠오르는 대안은 '집토끼론'이다. 이미 토끼 집에 들어온 기존 고객이 떠나지 않고 더 구매하도록 기업의 대응 방식을 재구성하는 것이다.

산토끼론이 먹히던 시절과 집토끼론이 떠오를 미래를 인구 피라미드와 고객 확보를 위한 전략 전술로 비교해보자. 각각 2014년과 2034년으로 피라미드의 기본 통계는 신뢰도가 높은 저윗값으로 봤다. 2024년 기준 ±10년이면 고객 확보를 위한 전략적인 변화가 뚜렷해질 수 있어서다. 왜 산토끼에서 집토끼로 시선과 전략을 바꿔야 할지 확인할 수 있다.

인구가 증가하는 것이 확실한 2014년은 늘 그래왔듯 뒷산의 산토끼인 외부 고객의 신규 확보를 연령 재화로 확보하는 방식에 익숙했다. 타깃 연령을 정해 다양한 마케팅으로 외부 고객을 노린 후 내부화해 모객을 확장하고, 단발 소비를 끌어내는 형태다. 재화와 서비스도

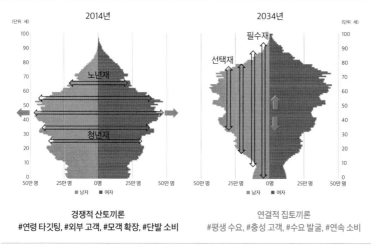

자료 : 통계지리정보서비스(저윗값)

연령 횡단적인 특화 모델로 청년재 혹은 노년재 등 단기와 단발의 특정 고객에 집중했다.

반면 고객이 감소하는 것이 본격화될 2034년은 달라질 수밖에 없다. 연령 타깃이 먹힘 직한 현역 인구의 절대 감소를 볼 때 한 고객의 평생 소비를 발굴하고 제안하는 연령 종단적인 연속 소비가 유력하다. 접수한 집토끼를 충성 고객으로 전환한 후 생애 전체의 평생 수요를 제공해 반복 소비가 이뤄지도록 접근한다. 내부화된 기존 고객의 평생 욕구를 단일 기업이 총체적으로 풀어주는 모델이다.

고객이 줄어도
더 팔면 그만

인구 감소를 반기는 쪽도 있다. 그렇지 않아도 좁디좁은 땅덩어리에 5,000만 명이 몰려 사니 차라리 줄어드는 것이 낫다는 의견이다. 빽빽한 콩나물시루보다 드넓은 목장이 공기 흐름이 좋듯 인구 감소를 과밀 집중의 반전 기회로 삼자는 논리다. 논리적이고 시의적인 문제 제기다.

경쟁이 줄수록 배분이 늘기 때문에 다툼을 전제한 상호 갈등이 감소할 수 있고 자원을 획득하는 것이 증가하는 동시에 이뤄질 수 있다. 인구 감소와 배분 증가의 동반 실현은 적정 인구론으로 정리할 수 있다. 특정 사회가 최고 최대의 생활 수준을 유지할 '수요(인구) = 공급(자원)'의 균형 지점을 뜻한다. 이론적이고 감정적으로 아름답고 바람직한 접근법이다.

다만 고려하고 반영할 변수가 많다. 당장 요소 투입형의 확장적인 자본주의에 꽤 배치되는 사고 체계다. 투입 감소와 산출 증가의 딜레마를 의미해서다.

물론 노동 감소와 순익 증가는 혁신 기술로 실현할 수 있다. 고용 없는 성장이 그렇다. 다만 노동이 감소하는 과정에서 지속적인 성장은 일부 또는 단편 사례로 국가 단위의 배분을 개선하는 것을 뜻하지는 않는다. 인구 감소와 성장 확대는 선행 샘플조차 없다. 최소한 시간이 필요한 검증 가설이라는 말이다.

더 큰 문제는 인구 감소와 욕구 증가의 불일치다. 인구가 줄어도 더 갖겠다면 갈등은 줄지 않는다. 1인당 더 많은 몫을 갖겠다면 경쟁자가 줄어도 경합 수준은 거세진다. 서울과 수도권의 인구 집중과 부동산값을 떠올리면 쉽게 이해할 수 있다. 좁은 땅이 아니라 몰려 살면 인구 감소도 덧없다. 그래서 적정 인구론은 무겁고 어려운 논제다. 총론은 맞지만, 각론은 쉽지 않다.

인구는 줄어들면 더 좋다

인구 감소는 낯선 위협이자 도전일 수밖에 없다. 사람이 적어져 좋아질 수 있지만, 수혜자와 영향권은 제한되고 통제된다. 늘어나는 것을 당연시했던 인구 공급의 감소 반전은 총량 위기와 부분 기회로 정리될 수밖에 없다. 이를 맨 앞에서 추동하는 청년 인구의 숫자 감소와 인식 전환은 인구 감소의 공포와 충격을 잘 보여준다. MZ세대는 물론 또 쪼개져 등장한 잘파(Z + alpha) 세대를 보건대 예전 방식은 반영은커녕 이해하기조차 어렵다. 완벽히 달라진 새로운 인구 집단의 공급과 출현과 같아서다.

인구 감소와 함께 등장한 작고 적은 세포와 파편이 수면 아래에 웅크려 있을 때는 그나마 낫다. 지금은 청년 흡수는 물론 중년 확대로 내달리며 스스로들 합쳐지고 단단해져 우리 사회의 제반 질서를 뒤흔드는 큰 파동으로 진화했다. 이들을 외면하고 무시해서는 곤란하다. 장기적이고 복합적인 위기 직면과 구조적이고 연결적인 기회 상실을 뜻해서다. 즉 총량이 감소하는 속에서 편익이 증가하는 적정 인구론은 설 땅이 없다.

예고된 축소 시장일수록 소중한 잠재 고객을 찾아 나서는 것은 필연적 대응 자세다. 내버려 두면 기업과 시장 입장에서 득 될 것은 거의 없다. 적정 인구의 기대 효과를 품겠다면 더더욱 고객 감소와 수익 증가라는 모순적인(?) 양립 과제를 실현하는 것이 먼저다. 줄어도 더 벌도록 묘책을 찾아 나설 때 인구 감소도 반갑고 소중한 기회로 되돌아온다. 그간 인구 감소에 눈을 닫고 있었어도 곧 고객 감소임을 느꼈다면 전방위적인 흡수와 돌파 전략은 당연지사다.

양적 확장과 성장 주도의 패러다임을 살아온 기업과 시장이면 비켜설 수 없는 시대 화두다. 예외는 없다. 전제(투입)가 변했는데 과정(사업)이 그대로면 결과(산출)는 축소될 수밖에 없다. 그나마 전제인 인구 감소도 추계 영역을 넘어선 세계 신기록이다. 그렇다면 한가한 적정 인구론보다 급한 것은 축소에 맞설 사업 조정과 혁신 대응일 따름이다.

이때 1970년대생은 훌륭한 시범 사례이자 소중한 모범 샘플이다. '감소 고객 → 증가 소비'의 새로운 패러다임을 실험하고 증빙해줄 상황 조건을 두루 갖춘 유일무이한 분석 대상에 가깝다. 인플레이션 시대의 산토끼를 대체하고 보완해줄 디플레이션 시대의 집토끼가 갖는 기대 효과를 여러모로 풀어줄 강력한 설명력과 영향력을 지녔다.

먼저 규모와 범위의 경제 실현이다. 2024년 기준 44~54세에 포진한 1970년대생은 900만 명대로 1960년대생(1,032만 명)보다는 조금 적지만, 그래도 연간 90만 거대 인구를 지닌 파워 그룹이다. 특히 X세대답게 기존 관념과 결별한 최초 집단의 명성과 기억을 유지한 채 중년 연령에 닿은 특수론까지 지녔다.

중년 특유의 축소적이고 희생적인 고정 관념을 깬 본인과 가치적인 신소비를 욕망한다는 얘기다. 더욱이 기대 여명(2022년 84세)을 보건대 지금부터도 30~40년 넘게 후반 인생이 잔존한다. 시간 효과가 축적될 반복 소비로 제격이다. 1970년대생만 잘 흡수해도 집토끼의 순환 효과는 충분히 실현할 수 있다.

1970년대생은 '인구 감소 + 수익 증가 = 기업 성장'을 풀어줄 최초의 실험 대상이다. 의도되고 계산된 것은 아니지만 사회 전환과 질서 재편이 요구되는 갈림길에서 중년 시점에 도달한 데다 거대 인구까지 보유하며 경제력과 파급력을 두루 완성했다. 즉 요소 투입 없는 지속 성장이라는 신자본주의가 우리나라에서 제안되고 실현된다면 그 밑바탕에는 1970년대생의 양적이고 질적인 인구 변화가 결정적인 역할을 할 수밖에 없다.

수축 사회와 감축 경제를 지탱해줄 집토끼를 찾는다면 우선 대상은 1970년대생으로 압축된다는 얘기다. 이들의 1인당 기대 효과야말로 설명력은 깊고 영향력은 길게 나타날 수밖에 없어서다. 인구 감소에 맞서 1인당 고객 파워로 불황 예고를 호황 점프로 눌러 앉힐 유력하고 강력한 잠재력을 지녔다. 성장을 꿈꾼다면 1970년대생에게서 달라진 전략과 새로운 미래를 열어젖히는 것이 좋다.

선발자 1970년대생의 기대 효과

더욱이 1970년대생의 존재감은 확장 지향적이다. 감소 고객을 증가 소비로 뒤바꿔줄 집토끼를 찾아낼 방법과 루트를 안내하며 지속 가능한 비즈니스를 완성해준다. 즉 1970년대생은 인구 감소와 경제 성장을 뜻하는 '쉬링코노믹스(Shrink + Economics)'의 개척자이자 가이드다. 축소 경제 와중에 지속 생존을 이끌어줄, 감춰졌지만 강력한 탈출구를 알려주는 일등 공신이다.

1970년대생의 쉬링코노믹스는 이후 세대에 전승되며 지속적인 성장 라인의 바통을 연결해줄 미래 시대의 새로운 고객 찾기를 위한 가성비(비용 대비 편익)를 개선해준다. 1970년대생부터 집토끼의 논리와 파워가 검증되고 확산되면 신자본주의의 표준 모델로도 제격이다.

산토끼의 보완 고객과 대체 고객을 원할수록 시장이 조성되고 욕구가 발현되는 지금의 1970년대생부터 분해하고 설득해야 할 이유다. 집토끼라면 1970년대생부터인 것이다. 그간 선배에게 배운 신속 추격(Fast Follower)에서 1970년대생 주연의 최초 선발(First Mover)을 주목하는 식이다.

집토끼론은 느닷없지 않다. 손쉽게 집토끼를 빌려왔지만, 인구 감소에 대항하는 보편적이고 선험적인 개념 정의에 가깝다. 총량 감소를 어떻게 버텨낼까의 이슈다.

인구 문제가 불거진 독일과 일본 사례가 그렇다. 장기 국가 전략인 독일의 인더스트리(Industry) 4.0과 일본의 소사이어티(Society) 5.0은 '인구보너스 → 인재보너스'로 전환할 것을 강조한다. 양적으로 줄었으니 질적으로 맞서보자는 논리다.

그래서 세부 전략은 하나같이 1인당 경쟁력을 강화해 고급 인재로 키워낸 후 생산성을 높이자는 쪽이다. 울타리에 있는 집토끼를 잘 키워 산토끼 없이 행복하도록 미래 전략의 기본값을 바꾼 것이다.

목표치도 '인구 증가 → 감소 저지'로 눈높이를 낮춘다. 집토끼론은 세계 각국에 퍼질 수밖에 없다. 총인구 감소국은 일본과 우리나라, 중국뿐이지만 아프리카를 빼면 4대륙 모두 인구 유지선(2.1명)이 깨졌다(2021년). 국제 유입(이민)으로 아직은 버티고 있지만, 세계 인구의 총량 감소는 가시권에 들어왔다.

인구 감소가 세계적으로 보편적인 대세로 굳어지면 보호 무역과 함께 집토끼론도 부각할 수밖에 없다. 세계 인구까지 걱정할 일은 없지만 그만큼 집토끼론의 개념과 파장이 중요하다는 의미다.

집토끼론의 기대 효과는 분명하고 간단하다. 양적 인구를 질적 인재로 치환하듯 고객 감소를 소비 증가로 전환하는 셈법이다. 이를 달라진 1970년대생부터 적용하고 확인할 수 있는 환경이 무르익은 것이다. 인구 공급이 반복됐던 예전에는 집 밖의 산토끼를 어떻게 유혹해 울타리로 몰고 오느냐, 즉 외부 고객을 모객하는 데 성공하는 것이 기업이 성장하기 위한 열쇠였다. 무한 경쟁 속에서 고객 확보가 마케팅의 전부였다.

만들면 팔리던 시절(세이의 법칙)까지는 아니지만, 워낙 잠재 고객이 많으니 뜨내기처럼 단절 소비만 축적돼도 기업은 성장했다. 밖에서 모셔올 고객을 위한 차별적인 경쟁 지점을 발굴하고 강화하는 것이 전부였다. 그래서 저가격, 고품질이야말로 가장 확실한 모객 포인트였다. 그나마 고객 입맛이 까다로워지며 진화하는 경험도 쌓였다.

처음에는 싼값을 내세웠다가 갈수록 고품질을 강조했으며, 최근에는 가성비를 넘어선 가치 소비로 옮겨오는 추세다. 하지만 더는 줄어든 외부 고객을 모셔올 비책 찾기가 힘들어졌다. 고객은 증발되고 효용은 약화되며 사양화의 압력을 버텨낼 뿐이다.

인구가 증가하던 시절에 먹혀들던 여러 명의 단절 소비는 갈수록 약화하고 있다. 여럿이라는 복수 고객의 전제 자체가 인구 감소로 붕괴됐다. 한 번 사고 끝나는 단절 소비로는 매출을 축적하는 것이 불가능해졌다.

앞으로는 달라진다. 산토끼를 넘어설 집토끼를 찾아 나설 수밖에 없다. 집토끼론은 '한 개인의 평생 소비'를 지향한다. 한 번 모셔온 고객을 잃지 않고 계속해 반복 구매를 유도할 뿐 아니라 본업 모델과 무관한 파생 욕구까지 즉각, 단일 환경에서 제공하는 형태를 꿈꾼다. 산토끼를 불러올 비용 절감과 함께 새로운 불편과 불안, 불만의 실현 욕구까지 흡수해 연결 소비를 유도하는 것이다. 최소 경쟁을 통해 고객을 확보하는 데 성공한 후 이들로부터 반복적이고 확장적인 충성 소비를 끌어내는 식이다.

집토끼로 분류된 고객을 분해해 그들을 묶어둘 충성 편익을 찾아

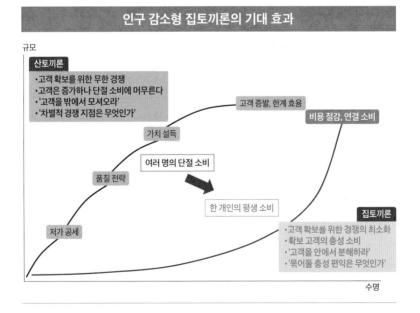

인구 감소형 집토끼론의 기대 효과

규모

산토끼론
• 고객 확보를 위한 무한 경쟁
• 고객은 증가하나 단절 소비에 머무른다
• '고객을 밖에서 모셔오라'
• '차별적 경쟁 지점은 무엇인가'

고객 증발, 한계 효용

비용 절감, 연결 소비

가치 설득

여러 명의 단절 소비

품질 전략

한 개인의 평생 소비

저가 공세

집토끼론
• 고객 확보를 위한 경쟁의 최소화
• 확보 고객의 충성 소비
• '고객을 안에서 분해하라'
• '묶어둘 충성 편익은 무엇인가'

수명

내는 것이 관건이다. 아마존, 테슬라, 쿠팡, 카카오 등 유니콘 기업이 업의 본질을 달라진 혁신 유통이 아닌 '데이터 비즈니스'로 삼는 배경이다. 천문학적인 고객 정보를 확보하고 분해하고자 초기 적자마저 예상하고 감수할 정도다.

다만 적정 수준을 확보하면 매섭게 문어발식 업태를 확장하는 데 나서는 공통점이 있다. 플랫폼 혹은 생태계를 아우르는 독과점적 비즈니스다. 확보한 고객의 생애 전체에 걸친 욕구를 실현해주는 비즈니스 모델이라는 얘기다.

돈 되는
집토끼를 잡아라

'위기 = 기회'는 진리다. 세계가 걱정하는 한국형 인구 변화는 축소 사회 속 자력갱생의 성공 모델로 남을 수 있다. 특히 선진국형 성장 도약과 지속 가능한 신자본주의를 '한국형' 수식어로 완성할지 주목되는 시점이다.

좋음 직한 벤치마킹의 선행 사례는 없다. 일반론과 특수론이 뒤섞인 인구 난제는 마땅한 이론 기반이나 추종 샘플조차 없어 스스로 극복할 수밖에 없다.

잘만 완성하면 우리나라를 뒤따를 선진국에 훈수할 수도 있다. 상황은 무르익었다. 얼마 남지 않은 기회를 충분히 활용하며 동시다발적인 구조 개혁에 나설 때다. 무엇보다 위기를 기회로 바꿀 공감과 협력이 절대적이다. 그나마 정치는 늦어도 경제는 빠른 법이다. 시장과 기업은 일찌감치 위기를 체감하고 돌파 전략을 짜는 데 나섰다. 본능적인 동물 감각이다.

결과는 무한 경쟁으로 수렴된다. 줄어들면서 달라진 고객을 모시고자 기존 사업을 확대 재편하는 것부터 외부 영역의 신규 도전까지 잇따른다. 무제한급의 생존 경쟁이다. 더 센 쪽이 다 갖는 종합판 무한 경쟁과 같다. 당장은 집토끼를 늘려놓아야 그 속에서 신흥 욕구의 자체적인 공급도 가능하기 때문이다.

역으로 덜 뺏기고 안 뺏기려는 유출 방지는 필수불가결한 생존 과제가 됐다. 한 번 뺏기면 되찾기 힘든 것이 집토끼론의 주요 특징 가운데 하나다. 뒷배가 돼주던 산업 보호나 정부 지원은 갈수록 허물어진다. 기술이든 체격이든 뚜렷한 자체 기반의 경쟁 무기 없이는 고객을 쟁탈하고 욕구를 발굴하는 것이 어렵다.

최소한 이론적으로는 산업과 업태 구분 없는 전체적인 참여를 전제로 한 완전 경쟁이 무한 반복된다. 수출 주도형 개발 모형을 보완하고 대체할 새로운 인구 구조의 달라진 성장 모델이 필요한 것이다.

축소 시장의 집토끼를 잡으려는 무한 경쟁

인구 변화는 뉴노멀을 요구한다. 잠재 고객의 숫자(양)와 인식(질)이 동시다발로 변하는데 예전처럼 대응할 수는 없다. 변하지 않는 시장은 사양화된다. 만들면 팔리는 세이(Say)의 법칙은 유물로 전락했다. 많은 것이 부족했고, 누구나 돈을 벌던 시대에 통용되던 룰이다.

지금은 달라졌다. 초저출생, 초고령화의 인구 변화가 전체 세대를 아우르며 현재와 미래의 새로운 고객을 선점하는 경쟁을 재촉한다. 양적 성장이 멈추며 시대 타협에 맞는 새로운 고객과 혁신 모객이 절실해졌다.

'제조 → 서비스'로의 중심 이동이 대세다. 고성장은 남성과 굴뚝형 부가 가치를 뜻하지만, 저성장은 여성과 서비스형 기대 효과에 닿는다. 수출 지향적인 낙수 효과로 설정된 우리나라의 산업 토대도 변용될 수밖에 없다.

선진국 가운데 드물게 수출과 제조업에 대한 의존성이 과하지만, 우리나라도 방향성과 당위성을 볼 때 서비스업이 확대하고 발전하는 것은 예고된 경로다.

실제 GDP 대비 제조업 비중은 30%에 육박하고, 수출은 90%까지 치솟는다. 반면 미국·영국·독일 등은 서비스업이 70~80%에 달한다. 제조 강국인 일본조차 70%에 육박한다. 대개 1인당 GDP 3만 달러를 돌파한 이후 '제조업 → 서비스업'으로의 비중 전환이 가속화됐다.

결국에 미래 시장은 재편될 수밖에 없다. 인구 급변은 시장 변화를 한층 앞당긴다. 산업과 기업의 대응도 멈추면 도태되지만 변하면 성장한다. 주요 흐름은 '제조 → 서비스'로의 비중 변화다. 수출 의존에서 내수 강화로의 무게 이동을 통한 혁신 성장을 전제로 한다. 저출생과 고령화를 먼저 겪으며 성장 전략을 수정한 선진국도 서비스업이

70%(부가 가치)를 웃돈다. 우리나라도 내수와 서비스 영역의 확대가 기대된다는 뜻이다.

역으로 서비스업의 취약성은 그만큼 발전 여지가 충분하다는 반증이다. 정부도 제조업보다 고용을 유발하는 효과가 2배나 큰 서비스업을 방치할 수는 없다. 2023년 1% 잠재 성장률조차 위협받는 상황에서 서비스업은 내수 산업의 주력 무대일 수밖에 없다. 대외 취약성의 근원적 해결책으로 유력하다.

인구 변화도 서비스업에는 우호적이다. 저출생과 고령화의 달라진 양적 해결 욕구는 물론 시대 타협, 인식 변화와 맞물린 질적 신규 수요도 대부분 서비스업에 특화되고 집중되는 까닭이다. 달라진 집토끼를 흡수할 토대 산업인 셈이다. 4차 산업혁명도 '제조업 → 서비스업'을 가속화한다.

4차 산업혁명의 ABC(AI, Big Data, Cloud)는 다가올 미래 소비를 특정 영역에 한정시키지 않는다. 획기적인 신기술로 전통적인 영역 구분을 파괴하는 무차별적인 무한 경쟁을 촉발한다. 즉 앞으로의 유력한 키워드는 '무한 경쟁'이다. '제조 → 서비스'로의 중심 전환과 맞물려 특정 영역의 산업 보호에서 전체 업종의 무한 경쟁으로 확대될 것이다. 엄밀하게는 유통까지 영역 다툼에 가세한다.

다각화와 문어발에 관한 부정적 편견은 집토끼의 욕구 변화를 채우지 못한다. 이들은 '물건 = 제조'와 '경험 = 서비스'를 부정한다. 손쉽고 편리하며 기분 좋게 본인 욕구만 충족시켜주면 누가 만들고 팔든 상관하지 않는다는 말이다.

보호하던 방화벽이 사라진다

지금껏 상식이던 구매 패턴은 파기했다. 특정 상품과 서비스를 특정 매장에서만 사던 시절도 지나갔다. 제조 메이커가 관련 서비스를 추가하고, 유통 점포가 직접 제조에 나서며, 서비스 업체가 관련 제품과 서비스를 만드는 시대다.

일부는 아예 전체적인 소비 과정을 일관 시스템으로 완성한다. 예전에 구분해왔던 전공정과 후공정은 무의미해졌다. 요컨대 '제조 + 유통 + 서비스'의 치열한 한판 승부만 남았다.

초고령화를 볼 때 향후 집토끼의 뜨거워질 한판 전쟁은 의료와 간병, 복지 부분에서 벌어질 수 있다. '최대 산업 = 사회 보장'이라는 평가처럼 인구 변화에서 비롯된 새로운 욕구에 대한 시장이 재편될 것이다. 개개인의 경제 능력과 신체 능력은 물론 취향과 습관, 상황에 최적화된 다양한 제품과 서비스가 아니면 소비하지 않는다. 제조든 유통이든 서비스든 가장 편리하고 만족스러운 소비 효과를 증명해줄 때 지갑을 연다.

집토끼의 정보력은 강화된다. 디지털과 모바일이 생활에 안착하면서 그들의 비교 열위를 해소해준다. 정보의 비대칭성이 공급 측의 시장 독점력을 지켜주던 시대는 끝났다. 생산 우위에서 소비 우위로 패권은 넘어갔다. 집토끼는 언제 어디서든 정보를 얻고, 원할 때 쓴다. 서로 연결돼 가성비와 가심비를 계산해주고, 원하는 것을 만들도록 경쟁시키고 굴복시킬 줄 아는 현명한 소비자다.

기업으로서는 발상 전환이 필수다. 연관 상품과 서비스는 물론 본업의 경쟁력과 외부의 전문성을 결합해 집토끼의 욕구를 매칭할 때 승기를 쥘 수 있다. 적과 동지가 따로 없는 합종연횡이 유력한 생존 카드다.

채택하는 전략은 본업 경쟁력과 외부 파트너의 시너지를 뜻하는 '제조 + 서비스'다. 아마존, 쿠팡, 카카오처럼 데이터를 확보하려는 노력(적자 감내)을 통해 축소 고객(인구 감소)의 전체 편익(평생 수요)에 주목한 접근법이 그렇다. 당장 손해를 보더라도 확장할 수 있는 기회는 많아서다.

이처럼 양적인 고객 감소의 딜레마를 질적인 수요를 발굴하는 시너지로 커버하는 혁신 전략은 불확실성 속에서 상용화에 진입했다. 필요한 것은 핵심 사업의 주변 지점이 던져준 기회를 포착하는 것이다. 인구 변화와 주력 산업의 경계 즈음은 훌륭한 보물 천지다. 보물을 찾아내 구슬로 꿰는 달라진 혁신 실험 중에 인구 위기는 매력적인 성장 기회로 진화할 수 있다.

카카오 자회사가 폭증한 이유

전체 참가를 전제한 무한 경쟁은 미래 시장을 지배할 유력한 생존 풍경이다. 축소 시장의 고객 감소가 불러온 난국을 돌파하기 위한 유력한 출구인 까닭이다. 실제 고객 감소를 완화하고 벌충하고자 집토끼의 별도 수요를 내부화하려면 사업 확장은 자연스러운 수순이다. 본업의 비즈니스가 아니니 신규 도전의 출사표를 던지거나 해당 사업의 전문 업체 또는 특화 업체와 손을 잡는 것이 좋다. 느슨한 우호 관계부터 협력과 제휴를 넘어 피를 섞는 합작과 합병까지 상황별 최적화된 협업 구도를 고려하면 된다.

관건은 넘버원과의 연결 전략이다. 자사 경쟁력을 극대화하기 위한 전제로 강력한 존재 이유를 굳건히 다진 후 본업에서 벗어난 집토끼의 다른 욕구는 외부의 강력한 전문 조직과 협력해 제공하는 것이다. 과거 재벌의 문어발식 확장 경험처럼 막강한 자본력으로 물량을 투입해 시장을 장악하는 것이 여러모로 부담스럽다는 점도 고려해야 한다. 자칫 오판일 때 충격이 크거니와 수익 창출까지 장기간 묶일 수도 있다. 반면 외부 협업은 파트너십의 정도별, 수준별로 적절한 위험 관리과 범위 확정이 가능해 탄력성과 안전망을 높여준다.

집토끼를 늘리고 눌러 앉히려는 무한 경쟁은 벌써 시작됐다. 업종과 업태 간 보호막이 약해지고 사라지며 완전 경쟁을 향한 무한 참가와 균형 달성이 강조되고 확산되고 있다.

최소한 겉보기에는 대놓고 딴지를 걸며 시장에 개입하던 정책 관행은 감소세다. 산업 간 자원 배분과 산업 활동의 수준을 적절히 조정해 국민 편익을 높이려는 이른바 산업 정책은 최소화가 대전제다.

특정 산업을 보호하고 독과점, 과당 경쟁을 막으려는 시장 개입에 맞춰 플레이어 간 지켜왔던 신사 협정도 약화된다. 인센티브와 패널티가 아니라도 본업 이외의 새로운 비즈니스를 위한 영역 확장은 참고 미뤄왔지만, 고객 감소라는 대형 악재가 적자생존 속 승자 독식의 영리 본능을 일깨운 것이다. 따라서 골목 상권 등 일부를 뺀 특정 산업의 영역 보호는 갈수록 희석될 수밖에 없다.

실제 고객 감소의 충격을 줄이고 안정적인 수익을 확보하기 위한 외부적이고 확장적인 무한 경쟁은 소리소문없이 확전 양상을 띤다. 이미 업종 간의 구분은 무의미해졌다. 제조업과 서비스업, 유통업 등 고전적인 영역 라인은 지워진 지 오래다. 대형 할인점처럼 유통이 제조(PB), 서비스(출장)를 자사의 횡적인 밸류 체인에 얹은 것이 대표 사례다.

특히 양대 산업답게 시장의 한 축씩을 담당하던 제조와 서비스의 영역 파괴는 일상적이다. 제조 메이커가 고객 서비스를 찾으며 기업 소비자 간 거래(B2C)를 실현하고, 서비스 접점에서 축적한 정보가 제조 현장의 신규 진출로 이어진다. 품에 들어온 집토끼의 외부 욕구를 내부화하려는 차원이다.

이처럼 집토끼의 수요 확장을 위한 연결적인 비즈니스는 무제한의 경쟁 구도를 뜻한다. 자동차·통신·부동산 등 대형 제조업이 호텔·스포츠·레저 등 소형 서비스업과 합종연횡하는 파격적인 혁신 제휴도 가시권에 포함된다. 기술력(제조)과 접객력(서비스)은 구분되지 않고 합쳐질 때 파워풀한 고객 만족을 뜻하기 때문이다. 즉 협업하지 못할 산업과 대상이 없다는 점에서 또 무한 경쟁에 닿는다.

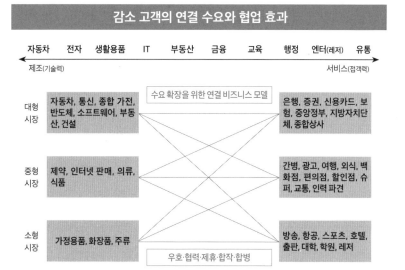

감소 고객의 연결 수요와 협업 효과

| 자동차 | 전자 | 생활용품 | IT | 부동산 | 금융 | 교육 | 행정 | 엔터(레저) | 유통 |

제조(기술력) → 서비스(접객력)

대형 시장	자동차, 통신, 종합 가전, 반도체, 소프트웨어, 부동 산, 건설	은행, 증권, 신용카드, 보 험, 중앙정부, 지방자치단 체, 종합상사
중형 시장	제약, 인터넷 판매, 의류, 식품	간병, 광고, 여행, 외식, 백 화점, 편의점, 할인점, 슈 퍼, 교통, 인력 파견
소형 시장	가정용품, 화장품, 주류	방송, 항공, 스포츠, 호텔, 출판, 대학, 학원, 레저

수요 확장을 위한 연결 비즈니스 모델

우호·협력·제휴·합작·합병

실제 집토끼의 추가 욕구를 내부에서 자체적으로 공급하고자 작게는 협업하고 크게는 인수 합병까지 나서는 경우가 급증했다. 자체 상표(PL)로 100여 개 넘는 물건을 만들어 팔고 식당까지 오픈한 아마존을 필두로 전기차의 테슬라가 술(데킬라)까지 팔 정도다. 이들을 포함한 쿠팡, 마켓컬리, 카카오 등 내로라하는 유니콘이 엄청난 초기 적자를 감수하고 사업이 안착하는 데 공을 들인 이유도 집토끼론과 직결된다. 플랫폼의 연결 가치를 축적화하고 자산화할 때까지 예고된 적자를 감내한 것은 이들 비즈니스의 본질이 유통이 아닌 데이터에 있었기 때문이다.

카카오의 메신저는 고객 정보의 데이터를 취합하고 축적하는 수단이자 사업을 확장하는 토대였다. 이 결과 카카오는 게임, 엔터테인

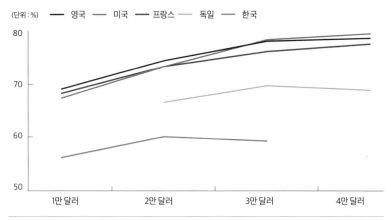

(단위 : %) — 영국 — 미국 — 프랑스 — 독일 — 한국

자료 : 기획재정부 정책조정국 서비스경제과, 〈서비스산업 혁신 전략〉, 2019

먼트, 스튜디오, 핀테크, 모빌리티, 영화사 등 본업 모델의 사업을 확장하는 것은 물론 건설, 골프, 영화, 영어, 공연장, 택배 등까지 다종다양한 영역으로 확대하는 데 매진했다. 꽃배달, 미용실, 네일숍, 주차 대행, 골프, 장난감 등 메신저와 연계만 되면 무제한의 사업 확대로 몸집을 불려갔다.

플랫폼의 지배력에 올라탄 무한 확장은 골목 상권을 침해했다는 논란에도 불을 지폈다. 이로써 카카오는 매년 20~30개씩 자회사를 늘리며 2023년 8월 현재 144개까지 늘어났다.

물론 카카오의 확장 전략은 억울한 면도 적지 않다. 단기간에 급성장한 특이한 경로로 인해 견제와 시샘이 작용한 데다 무엇보다 일상적인 접촉이 잦은 카카오택시를 둘러싼 독과점적인 이익 행보가 국민적인 저항과 반발을 불러온 탓이 크다. 대부분 기업이 사업 다각화에 나섰는데도 불구하고 유독 카카오만 집중 포화를 받은 이유다.

실제 주요 기업은 핵심적인 특정 분야를 벗어나 다양한 부분으로 비즈니스를 확장하는 것이 일반적이다. 인구 변화를 비롯한 사업 환경에 최적화하려는 진화적인 의사 결정의 결과다. 과거 재벌로 불리던 대규모 기업 집단처럼 횡적 확대를 통해 규모와 범위의 경제를 실현하기 위함이다. 옳고 그름을 떠나 고객 감소라는 확정된 악재를 돌파하려는 영역 확장은 나날이 거세질 수밖에 없다.

집토끼의
헤어질 결심?

엄빠(엄마와 아빠) 말씀이 통하지 않는 시대다. 열심히 공부한다고 그에 비례해 성공하는 시절은 지나갔다. 자고 나면 성장하는 인플레이션 시대에나 먹히는 가설이다. 양적 성장으로 절대 박탈은 방어해주던 호시절의 감각일 따름이다.

그럼에도 여전히 '공부하라' 외친다면 짐짓 신중해질 일이다. 직업 선택의 확률은 늘어날지언정 부모 세대의 청년 시절만큼 안전하고 확실한 선택지일 수는 없다.

즉 미래 편익과 현재 고통의 교환 구조가 바늘구멍처럼 좁혀졌기에 고학력과 대기업의 인생 경로는 약화된다. 동시에 성공 모델이자 표준 모델이 아니므로 본인다움을 최적화하는 현명하고 자유로운 인생 경로로 대체된다. 이로써 대학 진학률은 70%대 중반까지 떨어졌고, 고3 가운데 70%는 수능조차 보지 않는다.

청년 인구의 절대다수는 고학력과 대기업 모델을 추종하지 않는다. 갈등이 싫고 대안이 없어 공부하지만, 반대급부에 대한 신뢰는 거의 없다. 그래서 바늘구멍을 뚫었음에도 미련도 후회도 별로인 듯하다. 대기업의 신입사원 중 ±30%가 입사 3년 안에 퇴사한다니 요즘 젊은것들의 반동적인(?) 사고와 행위에 기성세대는 할 말을 잃는다.

대학교 5학년에 1~2년의 취업 준비생까지 버텼지만, 과감해진 조기 사표를 막기는 어렵다. 대개는 회사법이라 불리는 불합리한 관행과 문화가 급여 불만보다 우선시된다. 당연히 안타깝고 괴이한 결정답게 피곤 인생의 예약으로 비춰질지 모른다.

착각이자 오해다. 건강하고 활기찬 청년 잔류 없는 기성 조직은 정작 매너리즘 속에 혁신할 기회를 상실한다. 시대 변화에 순식간에 뒤처지며 새 피를 수혈하지 못한 낡고 답답하고 피곤한 비즈니스 모델로 연명할 따름이다.

사표 쓰는 내부 집토끼들

인구 감소가 불 지핀 손님 축소는 외부 고객만 한정하지 않는다. 더 중요한 집토끼는 되레 회사 내부에 있다. 내부 직원만큼 소중히 접객하고 환대해야 할 축소 시장의 진성 고객이자 영향을 발휘하는 우선 손님이 없다는 의미다. 비즈니스를 완성하는 최종 단계의 소비와 매출 측면을 강조하니 마켓 축소에 직결되는 고객 감소가 부각되지만 내부 고객의 생산성과 충성도가 만들어내는 부가 가치와 혁신 기회가 사실은 더 결정적인 법이다. 선투입이 후산출을 가름한다는 점에서 영향력과 파급력은 더 크고 넓다.

또 내부 직원은 외부 고객보다 상대적으로 익숙하고 편리한 통제권에 속해 논의하고 관리하기 손쉽다. 이들의 존재와 역할을 최적화하고 극대화하면 축소 시장의 성장 모델도 완성도가 높아진다. 특히 내부화된 직원 만족은 인구 해법과 지속 사회를 끝없이 고민하고 향상시키는 매력적인 고려 변수로 각광을 받는다.

축소 시장에의 염려는 당장 소비 감소로 확인할 수 있다. 고객 감소가 매출 하락으로 연결될 것으로 우려한다. 하지만 뜯어보면 조직 내부의 생산 공정에도 인구 감소는 영향을 미친다. 임직원의 선발, 배치, 평가 등 인적 자원 관리도 인구 감소에서 자유롭지 못해서다.

베이비부머 세대처럼 한 해 100만 명 넘게 공급되던 시절에 손쉽게 뽑던 때는 지나갔다. 지금은 4분의 1~5분의 1인 20만 명대로 줄며 본격적인 인재난이 시작됐다. 고성장기 익숙했던 충성적인 회사 인간은 사라진 지 오래다. 달라진 MZ세대는 답답한 관행과 불편한 지시에 반발하고 저항한다. 상사의 질책은 곧 부하의 사표를 뜻할 정도다.

따라서 외부 고객의 집토끼화도 중요하지만, 내부 직원의 집토끼화도 이에 못지않게 결정적인 관심 지점이다. 고무적인 것은 집토끼론으로 비유하고 설명하지 않을 뿐 관련 취지를 흡수하고 시행하는 선행 사례가 증가한다는 점이다. ESG를 강조하지 않아도 차별 금지 등을 통한 직원 만족이 경쟁력을 높인다는 다양한 직간접적인 연구와 경험에 따른 결과다. 내부 직원부터 잘 챙기자는 새로운 트렌드다.

내부화된 집토끼, 즉 직원 고객이 떠나지 않도록 일할 맛을 챙기는 것은 불확실성의 축소 시장을 버텨내고 이겨내는 강력한 토대 기반이다. 물론 만만찮은 과제다. 세계적인 경쟁 격화로 '고용 = 비용'의 신자유주의적 시선도 일반적이다.

우리나라도 성장 궤도가 약화되며 비용 절감과 구조 조정이 일상적이다. 인구 문제의 유력 해법인 일과 생활의 균형(Work Life Balance)이 제도 기준보다 실행 비중이 낮은 이유다.

더는 곤란하다. 인구 문제의 해결 주체로 기업이 등판하는 것은 불가피하다. 정부보다 강력하고 효과적인 능력과 자원도 탄탄하다. ESG가 소유 지배(Corporate Governance)를 지명하고 중시한 것은 그럼직한 논리가 있다. 기업은 사회를 위해 함께 존재하고 기능할 수밖에 없다. 주주 주권론이 불 지핀 자본 탐욕의 불상사를 피하기 위해서도 집토끼의 일할 맛을 위한 만족 향상은 필수다.

내부 고객부터 챙겨라

직원 만족(Employee Satisfaction)은 고객 만족(Customer Satisfaction)의

기초 토대다. '직원 만족 → 한계 극복 → 실적 증대'의 인식 심화다. 이를 반영하듯 직원이 고객 만족의 엔진이라는 인식은 점차 확산하는 추세다. 미국의 사우스웨스트항공은 회사 모토로 '직원제일, 고객제이'를 설정했을 정도다. 물론 고객 만족은 중요하다. 다만 이를 위해서도 직원 만족은 먼저다. ES가 되면 CS는 손쉽게 달성할 수 있다.

광의로는 직원도 고객이다. 내부 고객이라는 말이다. 외부 고객을 만족시키려면 내부 직원의 행복 증진을 우선해야 한다. 직원 만족은 검증할 수 있다. 직원 만족이 높아지면 고객 만족과 회사 매출이 비례해 증가한다는 연구 결과는 많다.

'직원-고객-이익'의 연결 구조를 분석한 《하버드 비즈니스 리뷰》(1998)에 따르면, 직원 태도가 긍정적으로 5 정도 바뀌면 고객은 1.3 정도의 만족 증가를 느끼며 이는 0.5%의 매출 신장으로 나타난다. 직원 만족이 성과 몰입을 낳는 것이다.

공동체답게 회사는 일종의 공기(公器)다. 주주, 경영진, 이사회부터 직원, 고객, 거래처, 지역 사회 등 다중 이해관계자가 떠받치고 키우는 공동 조직이다. 직원 만능까지는 몰라도 최소한 직원 만족의 경제적 합리성은 확실히 존재한다.

'경영의 신'으로 불리는 마쓰시타 고노스케의 핵심적인 경영 철학도 '직원 만족을 위한 신뢰 경영'이다. "길은 잃어도 사람은 잃지 말라"는 말처럼 돈은 벌지 못해도 직원은 최후까지 지켜냈다. "직원이 불행하면 고객 만족은 불가능하다"는 취지다.

실제 산토끼보다는 집토끼가 먼저다. 기업 매출과 직결되는 충성도와 가성비는 '직원 집토끼 → 고객 집토끼 → 외부 산토끼' 순서다. 대개 인연이 없던 산토끼를 고객화하는 데만 공을 들이지만 충성도를 완비한 조직 내부의 직원 고객을 집토끼로 삼는 접근이 더 바람직하다.

우리나라의 성장 신화는 노동 파워로 써왔다고 해도 좋다. 거대하고 똑똑하고 몸값조차 낮은 베이비부머 세대를 생산 현장에 투입한 덕분이다. 한국형 인적 자원 관리(Human Resource Management)는 끝없는 노동 공급을 전제로 완성했다. 그래서 회사가 대학 졸업 예정자를 신입으로 일괄 채용하는 것이 퍼졌고, 한 번 입사하면 CEO를 목표로 정규직의 생활형 연공 서열을 적용했다.

직무 제한 없이 회사 업무를 다 알고자 전환 배치를 하는 것이 일반적이고 회사 인간의 반대급부로 정년 보장과 기업 복지를 제공했다. 임금조차 성과 비례가 아닌 숙련도에 비례해 연공이 쌓일수록 증액되는 생활급을 유지했다.

지금에야 이해되지 않지만, 고도성장과 이익 증가가 전제되면 누구도 손해 보지 않는 마법을 구현해준 제도였다. 오래만 다니면 충분히 뽑고도 남는 교환 가치와 생애 편익이 보장됐다.

더는 아니다. 연공 서열은 장점이 아닌 차별거리로 전락했다. 대전제였던 인플레이션이 끝났고, 노동 공급이 줄었으며, 무엇보다 청년의 저항이 거세졌다. 사연(社緣)을 챙기던 기업도 고용을 비용으로 전환하며 구조 조정의 유연화로 최소 이익을 담보하는 체계를 흡수했다. 이로써 연공 서열과 종신 고용의 노동 관행은 급격히 희석됐다. 인구 감소기에 부적합한 모델로 철밥통의 일부 업종과 조직을 빼면 먹혀들기 어렵다. 정년퇴직과 신입 직원의 세대 순환도 연공제의 재구성에 무게 중심을 싣는다.

또 필요하면 시장에서 그때그때 노동을 공급받는 중도 채용이 비용 측면에서 유리해졌다. 조기 퇴직은 늘어났고 보상 체계는 직무 성과로 집중되는 중이다. 일과 생활의 균형도 확산세다. 고숙련, 고임금의 연공제가 불 지핀 ±50세의 조기 강판과 구조 조정은 재고용, 연장, 폐지의 정년 연장론과도 맞물린다.

종신 고용을 의심하는 MZ세대도 인건비 총액 관리 속에 공정하고 정의롭고 평등한 임금 체계를 요구한다. 숙련된 일의 외부화와 시장화로 연공제의 의미가 퇴색되며 타협책으로 연공 서열과 성과 보수를 합친 잡(Job)형 고용 제도도 확산세다. 궁극적으로는 연공제의 인

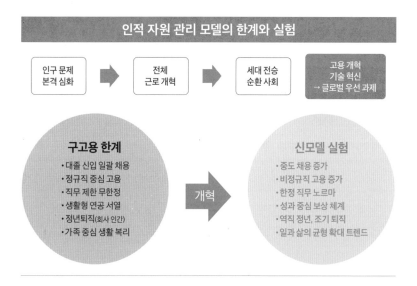

사 급여 제도의 포기를 뜻하는 선행 조치로 해석할 수 있다.

변화 순응에 나선 기업은 늘어난다. 고도성장기와 인구보너스 때 만든 제도가 감축 성장기와 인구오너스에는 맞지 않아서다. 따라서 '채용 → 교육 → 배치 → 임금 → 평가 → 보상 → 승진 → 개발 → 퇴직'에 이르는 일련의 관행을 전환하고 재검토하는 데 열심이다. 우선은 연령 차별적인 연공제, 생활급, 복리후생 등의 중도화와 중립화가 먼저다.

일괄 채용에서 수시 채용과 중도 채용으로 유연성을 높이고 MZ 세대 직원의 집토끼화를 위한 욕구를 분석하는 데도 적극적이다. 중립적인 성과 측정을 통해 중도적인 보상 평가로 연결할 때 다양한 욕구를 반영한 고용 제도가 실현되는 까닭이다.

직원 갈등을 불러온 종신 고용, 정년 연장도 가치 중립적인 제도 변화에 돌입했다. 집토끼로 눌러 앉혀야 할 청년 직원의 고용 부족이 구체화될수록 위험 지수만 높아지기 때문이다.

실제 MZ세대가 기업 내부에서 집토끼로 정착할 확률은 나날이 낮아진다. 기계화와 자동화의 파급 효과도 크고 생산 현장의 해외 이전도 그 대응 차원에서 가속화되고 있다. 이렇게 되면 기업 특수적인 인적 자원은 훈련하고 축적하기 어렵다.

연령 구조도 고령화되면서 숙련을 전승하는 것은 불가능한 과제로 남는다. 특히 신입 연령이 높아진 와중에 청년 직원의 이탈이 가속화되면 공고했던 기존 방식이 더는 먹혀들지 않음을 뜻한다. 채용도 정착도 힘든 이중 압박이다.

이런 조직에 혁신을 발휘하는 일은 어렵다. 신기술과 신제품의 여력은 줄고 젊은 새 피의 부재로 돌파력은 낮아진다. 사업을 전환하는 것은 기대조차 힘들다. 또 개발 전선의 중고령화와 생산 현장의 매너리즘은 정확히 일치할 수밖에 없다.

신진대사 없는 매너리즘은 악순환 속에 기업 수명을 앞당긴다. 외국인 근로에 의존하지만, 그마저 상황은 녹록지 않다. 국가적 모집 경쟁이 격화되며 집토끼화의 충성과 숙련 지속도 어렵기 때문이다. 헤어질 결심이 일상화된 직원 고객을 집토끼로 묶어둘 중립적이고 중도적인 제도를 구축하는 것이 관건일 수밖에 없다.

3부

도태될 것인가, 도약할 것인가

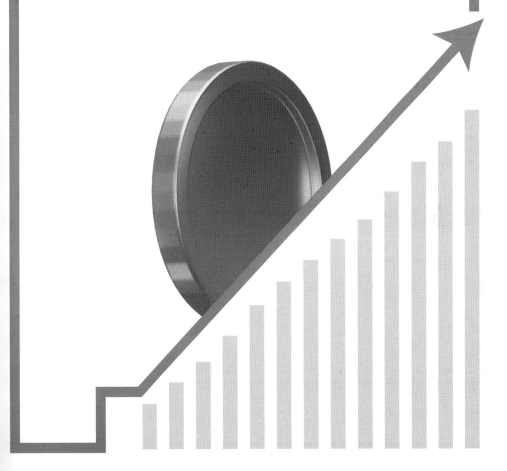

1장

인구는 줄어도 노인은 늘어난다

1

인구 감소
vs. 초고령화

우리나라가 만만찮은 난국 상황에 돌입했다. 분석한 자료와 전망 근거를 취합하면 십중팔구 근본 원인으로 인구 감소를 손꼽을 수 있다. 성장이 멈춰도, 복지가 줄어도, 가족이 깨어져도, 경쟁이 세져도 설명 변수로 인구 감소만 한 키워드는 없다. 위기 한국의 출발 지점에 인구 감소가 똬리를 튼다.

시대 변화는 인구 변화로 설명할 수 있다. 아쉽게도 부정적이고 폐색적인 미래 진단이라서 원인 변수인 인구 변화를 악재 또는 위기로 볼 수밖에 없다. 먹고사니즘으로 보면 우리 사회의 앞날은 저성장이 고착화된 축소 시장일 확률이 높다. 그렇다면 쟁탈전은 거세지고 양극화는 벌어지며, 돈벌이는 악화될 수밖에 없다. 시작된 인구 감소와 예고된 축소 시장을 돌파하고 극복하는 현명한 판단과 신속한 대응이 절실하다.

이로써 우리나라는 갈림길에 섰다. 도태될 것인지 도약할 것인지 극단의 선택지뿐이다. 고민할 시간조차 별로 없다. 멈춰 서서 흘려보낸 시간을 낭비한 우왕좌왕은 이 정도면 충분하다. 세계의 두통거리로 전락한 초저출생은 독보적인(?) 폭삭 망한 수치로 벌써부터 오명을 떨쳤다. 판단 착오와 정책의 실패는 여기까지다.

과오를 통해 도약을 품는 역전의 승부수를 만들 때다. 인구 감소가 반전되기는 어렵다. 줄어든 인구를 받아들이는 것이 먼저다. 그 속에서 더 좋은 결과를 내도록 아이디어를 구체화하고 고도화하는 것이 맞다. 즉 인구 감소의 약점은 역발상으로, 축적 자산의 장점은 경쟁력으로 총동원하는 식이다.

상황을 힘들게만 볼 필요는 없다. 한강의 기적을 뒤이을 혁신적인 추진 파워만 찾으면 가속도가 기대된다. 잃어버린 추진력보다 달라진 신엔진을 찾는 것이 시급하다. 고민보다 필요한 것은 실천이다.

시작된 인구 악재

위기를 뒤바꿀 기회는 얼마든 존재한다. 세상의 모든 변화에는 득실이 있듯 이익이 더 크면 위기조차 반갑다. 산업혁명 때도 넓고 거센 시대 변화는 대부분 악재로 인식됐다. 거부와 저항이 많았다. 방직기가 개발되자 실업 신세를 걱정한 수공업자들이 러다이트 운동에 나선 것이 그렇다. 이득보다 손실에 민감하게 반응한 결과다. 그런데 변화 결과는 사뭇 달랐다. 대량 실업만큼 거대 채용이 나타나 취업 시장의 호황 장세를 연출했다. 따라서 변화를 활용해야지 휘둘려서는 곤란하다는 얘기다.

결국에 인구 변화는 판단 여하와 대응 수준에 따라 전에 없던 새로운 기회를 창출하는 계기가 된다. 단, 전제 조건이 있다. 인구 감소를 이겨낼 기회 공간을 늘리는 것이다.

유효구인배율(일자리 / 구직자)로 보면 인구 감소의 장점을 극대화하는 선제 조건은 일자리의 유지 혹은 확대다. 이때 구직자가 줄면(인구 감소) 일자리는 그대로라도 이득이고, 늘면(성장 기회) 골라잡아 갈 수 있어 더 좋다. 인구 감소만 보고 악재 또는 위기라 불안해하기보다 일자리, 즉 돈벌이를 늘려 기회를 키우는 것이 먼저다. 그렇다면 인구 감소는 성장 동력과 같은 말이다.

인구 감소는 시작됐다. 절체절명의 위기라고 하니 그만큼 불안하고 답답하며 흔들린다. 실제 저출생에서 비롯된 악화된 상황은 통계 숫자로도 충분히 확인할 수 있다. 전 세계 총인구 감소국 2호답게 뒤늦게 뛰어들었음에도 어떤 저출생과 고령화의 선행국보다 급속도로 출산율 0.65명(2023년 4분기 잠정치)을 기록해서다. 이로써 노동과 자본의 요소 투입형에 비례해 산출하던 성장 함수는 하향 반전을 향해 추락할 처지다. 노동 공급부터 투입하고 축적하기 어려워졌기 때문이다.

고출생, 저고령이 만들었던 탄탄했던 세대부조도 붕괴할 수밖에

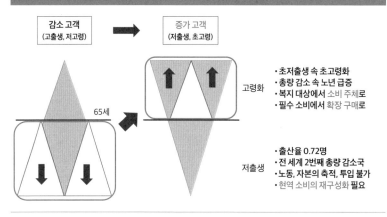

인구 위기를 넘어설 기회의 고령층

감소 고객
(고출생, 저고령)

증가 고객
(저출생, 초고령)

65세

고령화
· 초저출생 속 초고령화
· 총량 감소 속 노년 급증
· 복지 대상에서 소비 주체로
· 필수 소비에서 확장 구매로

저출생
· 출산율 0.72명
· 전 세계 2번째 총량 감소국
· 노동, 자본의 축적, 투입 불가
· 현역 소비의 재구성화 필요

없다. 고객이 감소하는데 투자를 증대하고 매출이 증익하는 것을 꿈꾸는 기업은 없다. 기업가정신의 혁신 도전은 사라지고 축소 사회는 본격화된다. 여기까지는 전형적인 인구 위기 시나리오다.

반면 모든 것은 마음먹기 나름이고 생각하기 따라 천양지차다. 같은 현상의 다른 해석이야말로 새로운 부가 가치를 창출하는 남다른 접근 전략이다.

위기론 앞에 필요한 것은 역발상적인 기회 창출의 기획력과 돌파력이다. 저출생과 고령화가 기회가 될 수 있다는 능동적인 사고 체계와 혁신적인 실행 전략이 절실한 것이다. 초저출생이 빚어낸 결과론적인 초고령화를 도태 함정이 아닌 퀀텀 점프의 신질서로 구축하고 확장하자는 논의다. 총량이 줄어도 노년이 늘어나면 최소한 충격파를 흡수하며 안전망을 늘릴 수 있어서다.

복지적 노년에서 생산적 현역으로 개념 조작을 전환하고 활동 기회를 확대하면 '초고령화 = 비즈니스'라는 새로운 가치 창출을 기대할 수 있다. 복지 대상에서 소비 주체로의 전환이다. 그렇다면 고령화의 필수 소비는 신노년의 확장 구매로 자연스레 연결될 수 있다.

총량 감소와 노년 증가는 기회다

그럼에도 인구 감소를 반기기는 어렵다. 인구가 줄어드는데 계속해 성장하기는 힘들다. 그래서 인구 감소는 대부분 위기 봉착을 뜻한다. 인구 감소는 생산과 소비 축소를 통해 부가 가치를 낮추는 압력으로 이해할 수 있다. 즉 '인구 감소 → 성장 지속'의 선행 사례가 없어 방향성은 맞아도 방법론은 추격함 직한 롤모델이 부재한다. 총인구 감소국 1호인 일본만 봐도 잠깐 반등은 있어도 추세적인 경제 성장과는 거리가 멀다.

인구가 적어도 잘사는 나라는 많다. 룩셈부르크, 노르웨이, 아일랜드, 스위스 등 1인당 GDP 상위 국가가 그렇다. 그럼에도 우리나라가 뒤따라갈 수 있을지는 미지수다. 이들은 인구 소국일 때부터 차근히 경제 강국을 실현했기 때문이다. 단순 비교 혹은 모델 추종이 힘들다는 뜻이다. 결국에 인구가 줄어도 잘사는 사회는 당위론에 힘입은 상상력의 영역에 있는 아이디어다. 만들어야 하고, 또 만들 수 있는 퍼스트 팽귄인 우리나라를 전 세계가 주목하는 이유다.

그렇다면 인구 감소를 약점이 아닌 강점으로 승화시키고, 위기를 기회로 역전시켜줄 방법론을 고민할 때다. 가장 직접적인 영향을 받을 노동 영역의 공급 축소를 보자. 저출생으로 노동 공급이 줄어들면 당장은 몰라도 길게는 인력이 부족해지며 매출, 이익, 고용 등 경기 침체를 불러온다.

인구 변화가 우리나라보다 빨랐던 일본이 2023~2024년 팬데믹이 정상화된 후 해외 관광이 급격하게 늘었는데도 인력이 부족해 휴업 또는 폐업할 정도였다. 사람을 뽑지 못해 문을 닫거나 영업시간을 줄인다니 간만의 특수조차 즐기지 못한 것이다.

1996년부터 생산가능인구가 줄어든 것이 쌓이고 쌓여 시차 효과가 사라지며 체감되는 수준까지 악화한 것이다. 해외로부터 노동 부족을 메워줄 외국인에 대한 입국 문호를 대폭 확대하는 것도 일손 부족이 전방위에 걸쳐 그 심각성이 도를 넘은 결과다. 2023년 체류 외국인이 300만 명대를 돌파해도 역부족이라서 2050년에는 2배까지 늘리며 이민 국가를 수용하겠다는 전략이다.

인구 감소에 따른 인력 부족이 악재와 위기의 출발 지점이면 선제적이고 종합적으로 대응하는 것이 순서다. 아쉽게도 인구 감소는 시작됐다. 일본 사례와 시차 효과를 볼 때 갈수록 일손 부족은 심화할 수밖에 없다. 반면 성장 엔진을 위해서도 노동을 투입하는 것은 유지하는 것이 좋다. 선택지는 인력 부족을 벌충하는 5대 방안으로 정리할 수 있다.

우선 생산가능인구를 최대한 확보하는 카드다. '생산가능인구

(15~64세) = 경제활동인구 + 비경제활동인구'로 완성된다. 이 가운데 2023년 10월 초 기준 경제활동인구는 65%에 불과하다. 즉 35%는 비경제활동인구로 경제 활동에 대한 능력과 의사 가운데 하나가 없는 경우다. 취업 준비생과 구직 단념자를 포함해 학생, 주부, 종교인 등이다. 문제는 이들 가운데 상당수가 실제로는 경제 활동을 하거나 원한다는 점이다.

그럼에도 비경제활동인구라서 공식적인 통계에 잡히지 않는다. 결국 '생산가능인구 = 경제활동인구'를 통해 경제활동인구를 늘려 근로할 능력과 의사 가운데 하나를 가졌다면 고용할 수 있도록 투입하는 방식이 바람직하다. 비경제활동인구의 완전 연소를 통한 노동 공급을 뜻한다(①).

더 길어질 일자리?

15~64세로 원하면 일하는 환경을 조성하는 일은 이민처럼 외부 유입 없이도 저출생의 노동 공급을 대체해줄 중요한 수단이다. 유사 효과가 기대되는 새로운 노동 공급을 벌충하는 방식은 정년 연장처럼 60세로 설정된 기존의 퇴직 연령을 높이는 것이 유력하다.

공적 연금을 수급하는 연령을 65세로 상향했으니 환갑을 맞아 정년퇴직하는 것을 더 늘리는 것은 시간문제다. 당장 60세 정년은 생산

가능인구의 상한 연령(64세)과도 맞지 않는다. 서구 사례를 보건대 재고용 등 촉탁 형태로 임금 부담을 줄이며 근로 기간을 늘리는 공급 방식을 거론하고 있다. 길게는 정년 폐지와 닿는다.

특히 정년을 연장하는 것은 숙련도를 활용하고 건전한 재정을 유지하는 데도 유리하다(②). 옆을 늘리고(생산가능인구 완전 연소) 위를 높여도(정년을 연장) 저출생의 노동 감소가 계속되면 로봇을 투입하고 (③), 이민을 확대하는(④) 등 외부 공급을 거론할 수밖에 없다. 기계화로 일손 부족에 대응하는 형태인데, 아쉽게도 우리나라는 로봇 투입이 세계 선두급이라 더 늘어날 여지는 제한적이다.

이민 확대는 제도 개선만으로 즉각적인 효과를 실현할 수 있어 고무적이다. 정책 편의상 가장 간단하고 즉각적인 효과가 기대된다. 물론 선진국보다 뒤늦었고, 노동을 공급해주는 개발도상국조차 출생 감

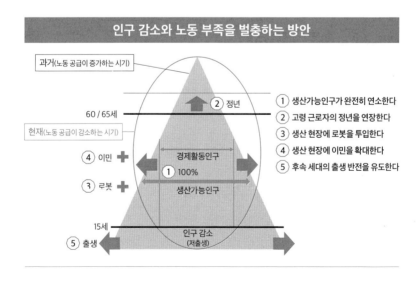

인구 감소와 노동 부족을 벌충하는 방안

과거(노동 공급이 증가하는 시기)

② 정년
60 / 65세

현재(노동 공급이 감소하는 시기)

④ 이민
③ 로봇

경제활동인구
① 100%
생산가능인구

15세
⑤ 출생
인구 감소
(저출생)

① 생산가능인구가 완전히 연소한다
② 고령 근로자의 정년을 연장한다
③ 생산 현장에 로봇을 투입한다
④ 생산 현장에 이민을 확대한다
⑤ 후속 세대의 출생 반전을 유도한다

소가 본격적이라서 기대만큼 늘어날지는 미지수다. 후속 세대의 출생 반전은 가장 근본적이고도 구조적인 노동 공급이나 절망적인 상황이다(⑤).

'인구 감소 → 노동 부족 → 신규 공급 → 성장 지속'을 위한 인력 부족을 벌충하는 5대 방안 가운데 가성비가 남다른 것은 정년 연장으로 수렴된다.

정년 규정은 노사 준칙에 따르고, 법적 의무가 아니라 강제하기 쉽지 않다는 한계가 있지만, 실행 이후의 기대 효과가 상당해서다. 요컨대 '노인'의 고정 관념을 바꿔 모셔야 할 피부양 인구가 아닌 열심히 활동하는 경제활동인구로 그 존재 수명을 늘릴 수 있어서다. 복지 영역으로의 연령 진입이 늦어지는 대신 현역 인구로 생산 활동을 계속하면 파생적인 소비 확대도 기대된다. 불가피한 일상생활의 최소 소비가 아닌 적극적인 영역이 확장된 추가 소비가 발생한다.

무엇보다 연금 수급이 늦어져 복지 재정을 확충해줄뿐더러 질병과 고립에 따른 사회 비용을 절감해준다. 은퇴의 연령 기준만 바꿔도 얽히고설킨 복잡다난한 사회 문제가 손쉽게 풀리는 것이다. 일종의 다목적 함수다.

임금 부담과 고용 경합 등 풀어야 할 과제와 갈등도 있지만, 구조화된 축소 사회의 우리나라 상황을 보건대 정년 연장은 미룬다고 피할 수 있는 이슈가 아니다. 폭탄을 돌리기보다 해체하는 것이 좋다. 위기는 품에 안고 다독이며 정복할 때 기회로 변하며 가치를 안겨준다.

돈의 힘이 쏘아 올린
초고령화

곧 초고령화로 진입한다. 지금까지 경로는 잊어도 좋다. 계속해 늙어갔지만, 규모와 범위, 숫자를 보건대 그동안은 맛보기에 불과했다. 저출생에 묻히기나 타이밍이 빨라 고령의 욕구에 관한 시장을 조성하는 일은 기대 이하였다. 시니어 산업은 없다는 품평회도 잇따랐다. 인구가 감소하면서 노년이 증가하는 것을 시대의 활로로 봤지만, 실망감과 박탈감은 상당했다.

더는 아니다. 고령 이슈를 본격적으로 발굴하고 노년 욕구를 위한 가치를 실현하는, 이른바 초고령 트렌드는 이제부터가 진짜다. 신발 끈을 조이고 블루오션에 가까운 축소 시장의 진성 고객을 찾아 나설 때다.

부각할 수밖에 없는 1970년대생 요즘 어른이야말로 반복 소비와 충성 소비의 돈 되는 집토끼로 제격이다. 실제 1963년생이 환갑 고지에 올라섰다. 요즘 어른의 밑단인 2차 베이비부머(1968~1974년)의 막내조차 2024년에 50세를 넘겼다. 10년 후면 1,700만이 완벽한 환갑 이후로 재편되는 것이다. 강력한 소비 스펙을 갖춘 집토끼를 선점하려는 경쟁 무대가 개막한 것이다.

딜레마를 푼 것은 '돈의 힘'이다. 될 듯한데 풀리지 않은 노년 소비가 확대 실현하게 된 것은 십중팔구 빈곤 노년에서 핵심 원인을 찾을 수 있다.

숫자가 늘어나고 수명이 길어져도 돈이 없거나 쓰지 않으면 시장을 조성하는 것은 무용지물인 까닭이다. 실제 그동안의 실버 시장은 절대 빈곤의 노년 한계로 시장 조성은커녕 정부가 발주한 최소한의 복지에 머물렀다. 의료와 간병 등 불가피한 늙음이 빚어낸 필수적인 소비만 시장에서 거래됐다.

또 부유한 고령 집단조차 특정 연령에 도달하거나 노환 상태를 확인하면 축적한 자산을 증여하면서 자기 결정권을 내려놓는 악수를 뒀다. 큰돈을 주고 용돈을 받는 빈곤 함정의 신세 한탄인 셈이다. 당연히 주도적이고 적극적인 소비 여력은 감퇴한다.

현금 흐름이 좋던 현역 시절에 익숙했던 넉넉한 소비 행위는 실종된다. 부자로 은퇴한 이들조차 불가피한 노년 욕구만 최소한으로 구매하니 시니어 마켓은 존재하지만 기능하지 않는 신기루로 변질됐다. 돈의 힘이 없으니 '고령 공간 = 불모지대'로 전락한 것이다.

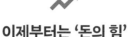

이제부터는 '돈의 힘'

이를 뒷받침한 상징적인 고령 통계가 노인 빈곤율이다. 노인 빈곤율은 시니어 마켓이 없다는 직접적인 좌절할 만한 증거였다. 중위 소득 50%(빈곤선) 미만의 고령 비율을 말하는데, 정확히는 상대 빈곤율로 정의한다.

확실히 개선하기는 했는데, 2021년 기준 고령 인구의 상대 빈곤율은 39%로 집계됐다. 2011년 49%일 때보다 10%나 좋아졌지만, 전 세계 평균인 15%는 물론 OECD 평균인 14%보다 높다. 선별 복지와 시장 복지로 빈곤의 본인 책임화가 익숙한 미국의 23%보다 높아 '노년 = 빈곤'은 상식처럼 굳어졌다.

그런데 이 통계 셈법에는 빈틈이 있다. 곧이곧대로 믿기에 모호한 것이 매월 들어오는 소득(세금 제외)만 따져 중윗값보다 낮으면 가난하다고 본다. 가처분 소득만 따지니 불패 신화 속 절대 자산에 오른 부동산은 빠진다. 결국 저(低)소득, 고(高)자산일 확률이 높은 고령층에 빈곤 딱지를 붙인 것과 같다. 부동산까지 넣으면 확연히 낮아질 수밖에 없다.

60세 이상이 전체 자산의 절반을 가졌다는 시중 은행의 관련 통계도 상대 빈곤율이 과장됐음을 뒷받침한다. '자산가 = 빈곤층'의 허수를 덜어내고 보자는 얘기다. 부자 노인이 정작 복지 혜택을 누린다는 현장에서 일어난 반발도 같은 맥락이다. 최소한 이들보다 덜 빈곤한 요즘 어른의 초고령화는 매력 천지의 거대 시장일 수밖에 없다.

결국에 맑고 밝은 노후 생활을 주도할 노년 그룹의 지갑 사정은 과거보다 꽤 달라졌다. 한마디로 좋아졌고 늘어났다. 따라서 욕구 실현적인 시장을 조성만 하고 확장하면 초고령화는 매력 천지의 대형 시장일 수밖에 없다.

실제 초고령화가 왜 축소 사회의 도태 함정이 아닌 우리 사회의 도약 뜀틀인지 설명할 재료는 넉넉해진 경제력과 구매력에서 찾을 수 있다. 노후 소득이 비교적 탄탄해졌다는 의미다.

여전히 환갑 이상의 상대 빈곤율이 40%를 웃돌지만, 한때 50%에 육박한 것을 떠올리면 확연히 개선됐다. 1963년생이 2023년 60세에 들어서며 빈곤 수치를 떨어뜨렸다. 축적한 자산이 탁월한 1960년대생의 추가적인 환갑 진입을 보건대 지갑 사정은 계속해 좋아질 전망이다. 특히 X세대의 주역인 1970년대생까지 줄줄이 대기해 노년 빈곤은 약화할 수밖에 없다.

달라진 고령 인구의 지갑 사정은

노후 소득(60세 이상)은 줄이고 아껴야 할 핍박 경영의 절약 곳간에 가깝다. 근로 능력과 의지를 상실하며 늙고 힘들어 뒷방 신세인데 언제일지 모를 최후 지점까지 잔여 노후를 살리면 축적한 재산을 헐어 쓰는 것이 전제됐다. 아니면 전통 사회처럼 자녀 봉양에 기댈 수밖에 없다. 돈이 돈을 벌어주는 재산 소득이 있다면 천만다행이지만, 아쉽게도 확률은 낮다.

노후 소득원은 근로 소득, 사업 소득, 공적 이전, 재산 소득, 사적 이전 등 크게 5가지다. ±50세에 오래 다니던 조직에서 퇴사한 후 ±70세까지 계속 일할 수밖에 없는 관행을 반영해서인지 근로 소득의 의존도가 가장 높다.

갈수록 스스로 일해서 먹고사는 노년 집단은 늘어난다. 2012년 35%(814만 원)에서 2022년 42%(1,928만 원)로 증가했다. 절반에 가까운 비중이 소득 항목이다. 소극적인 외부 의존형이 아니라 적극적인 각자도생형의 소득 기반을 강화했다는 의미다.

근로 소득과 함께 확실히 늘어난 노후 소득원은 공적 이전이다. 국민연금을 뜻한다. 10년 구간 변화(2012~2022년)를 보면 19%(450만 원)에서 22%(1,031만 원)로 늘었다. 역시 인구 감소의 축소 공포를 방어해 줄 1차 베이비부머 세대가 노년에 가세한 것이 한몫했다. 20~30년 넘게 낸 데다 소득 비례형에 따른 고소득 은퇴자가 연금을 수급하는데 들어가서다.

20년 이상 낸 수급자의 월평균 금액도 100만 원을 35년 만(2023년 3월)에 돌파했다. 그간의 용돈 연금이라는 오명을 딛고 소득다운 규모로 커졌다는 신호다. 결국에 10년간 늘어난 근로 소득과 공적 이전을 합하면 64%로 압도적이다. 횡보세인 재산 소득(12% → 13%)을 빼면 사업 소득(26% → 19%)과 사적 이전(8% → 4%)은 감소했다. 자영업의 버

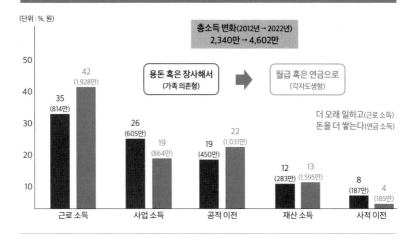

60세 이상 노후 소득원별 비중 추이

(단위 : %, 원)

총소득 변화(2012년 → 2022년)
2,340만 → 4,602만

용돈 혹은 장사해서
(가족 의존형) ➡ 월급 혹은 연금으로
(각자도생형)

더 오래 일하고(근로 소득)
돈을 더 쌓는다(연금 소득)

근로 소득	사업 소득	공적 이전	재산 소득	사적 이전
35 (814만)	26 (605만)	19 (450만)	12 (283만)	8 (187만)
42 (1,928만)	19 (864만)	22 (1,031만)	13 (1,595만)	4 (185만)

터 내기와 자녀로부터 용돈을 받기가 만만찮아진 것이다.

앞으로의 노년 그룹은 '용돈, 장사 → 월급, 연금'으로 무게 중심이 전환되며 가족 의존형에서 각자도생형으로 노후 자금의 원천과 성격이 달라질 전망이다. 10년간 2,340만 원에서 4,602만 원으로 총소득도 2배가량 늘어나면서 더 오랜 일(근로 소득)과 더 쌓은 돈(연금 소득)의 의존도는 심화할 것이다.

둘 다 본인의 능력과 결정에 따른 주체적이고 능동적인 소득원으로 그만큼 처분의 자율성과 탄력성도 강화된다. 눈치 보지 않는 노년에 투입될 수 있다는 얘기다.

1970년대생의 대량 은퇴는 초고령화를 재구성한다. 기성 질서와 고정 관념에 익숙한 1960년대생 이전 세대와는 확연히 달라진다. '고령 = 약자'라는 등식은 설 땅이 없다. 대신 '노년 = 기회'라는 질서가 새롭게 선다. 선진 공간의 둘도 없는 매력적인 블루오션일 수 있다는 의미다.

인구 감소가 불 지핀 위기 루트를 노년 대국이 도약하는 기회로 돌파해낼 필요와 논리는 강력하고 탄탄하다. 원래라면 현역을 종료한 후 은퇴에 진입한다는 것은 경제 활동(생산 → 소비)은 물론 세금 주체(납부 → 수급), 복지 구조(부양 → 피부양)로의 상황 전환을 뜻한다. 특정한 연령에 닿은 이유만으로 불리는 호칭도, 맡겨진 역할도 달라진다. 그것도 순식간의 전세가 역전되는 것에 가깝다. 다만 여기까지다.

과거 방식은 더는 지속하기 어렵다. 정년퇴직, 소득 단절, 복지 재정, 연금 고갈의 외부적인 부조 구조는 물론 활동 중단, 고립 노년, 질병 악화, 빈곤 심화의 내부적인 생활 방어조차 기대하기 힘들어서다. 노년 기준인 은퇴와 환갑 등 과거 잣대의 대폭적인 개혁이 필요한 이유다.

요즘 어른의 블루오션

뒷방 퇴물의 낡고 빛바랜 꼬리표만 버려도 초고령화는 많은 것을 뒤바꾼다. 소비 환경만 해도 확연히 달라진다. 활발한 경제 활동과 늘어난 가족 구성이 현역 특유의 확대 소비를 만들며 고성장을 이끌었지만, 은퇴 강판과 함께 상황은 꺾이고 바뀐다.

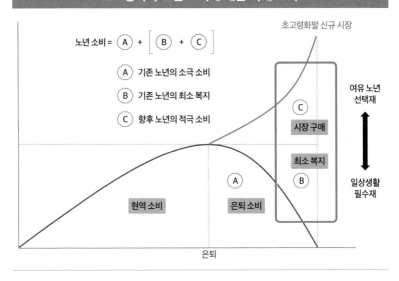

초고령화와 노년 소비에 대한 기대 효과

노년 소비 = (A) + [(B) + (C)]

(A) 기존 노년의 소극 소비

(B) 기존 노년의 최소 복지

(C) 향후 노년의 적극 소비

초고령화발 신규 시장

여유 노년 선택재

일상생활 필수재

(C) 시장 구매

(A) 현역 소비

(A) 은퇴 소비

(B) 최소 복지

은퇴

현역처럼 소득이 없으니 소비도 제한될 수밖에 없다. 일상생활의 필수 소비조차 축소하고 감축하며 수명 연장의 불확실성에 대응하는 소극적인 소비에 집중한다.

그래서 시니어 마켓조차 간병과 의료 등 아프고 불편해 쓰지 않을 수 없는 필수재만 팔릴 뿐 절약 소비에 무너지며 기대 이하의 성적표를 받았다. 하지만 1960년대생이 오픈하고 1970년대생이 점프할 앞으로의 초고령화는 달라진다. 생산 연령과 건강 수명이 연장될뿐더러 축적 자산(스톡)과 현금 소득(플로)까지 완비할 X세대 신노년의 소비 연장은 인구 감소를 극복해낼 성장 기회로 제격이다.

위의 그림을 보면 고정 관념의 기성세대가 경험한 노년 생활의 은퇴 소비는 소득 단절과 함께 줄어든다(A). 자산과 소득이 적거나 없으니 생활을 핍박하는 축소 소비가 불가피하다. 그래서 우리나라의 시니어 마켓이 높은 기대감으로 시작했지만, 고전하며 딜레마에 빠질 수밖에 없었다.

그나마 구매력이 있다면 적으나마 최소한의 현역 소비를 연장하지만, '근로 단절 = 빈곤 확대'의 취약 계층이면 각자도생은 어렵다. 정부가 복지 지출로 커버하며 최소한의 생활 수준을 유지해줄 수밖에 없다(B). 기존 노년의 최소 복지를 뜻하는 정부 지출에 해당한다. 둘 다 생명선에 가까운 필수재로 시장을 확대하는 것은 기대하기 어렵다.

주목해야 할 초고령화에 따른 블루오션의 신규 공간은 현역 소비의 연장선상에 있다(C). 경제와 건강, 시간력을 완비하며 강해진 구매력과 달라진 가치관을 흡수하고 발휘하는 요즘 어른은 유유자적한 노년 생활을 위한 선택재까지 소비 전선을 확대한다. 향후 노년의 적극적인 소비로 이것이야말로 초고령화가 빚어낼 신규 시장답게 무궁무진한 잠재력과 폭발력을 갖는다.

베이비부머 세대가 불 지핀
새로운 트렌드

노인을 위한 나라는 없다지만, 노인을 향한 시장은 있다. 시대 변화의 도전 과제에 적응하고 활용하면 '향(向)노인 = 친(親)시장'이라는 큰 기회를 안겨준다. 암울한 노년이 예고된 미래일지언정 가서도 안 되고 갈 수도 없으므로 초고령화는 반드시 품어 안고 올라탈 강력한 시대 화두일 수밖에 없다.

물론 우리나라의 앞날은 인구 통계학적인 디스토피아가 확정적이다. 그래서 필요한 것은 새로운 인구 통계학적 성장 질서를 위한 청사진과 조립도. 달라진 인구 통계를 새로운 유토피아의 건설 재료로 써먹자는 얘기다. 초고령화를 회피할 방법은 어디에도 없다. 못 피하면 즐기는 것이 고수의 셈법이다.

초고령화의 기대는 베이비부머 세대에서 출발한다. 요즘 어른의 선두 그룹인 1차 베이비부머 세대가 모두 환갑에 올라섰기 때문이다. 1960년대생조차 하나둘 중년에서 노년으로 개편됐다. 2차 베이비부머 세대의 핵심인 1970년대생이 가세하면 초고령화는 한층 완벽해진다. 새로운 부와 자유로운 시간을 지닌 요즘 어른의 중년과 노년의 선점 효과를 한껏 누리자는 얘기다.

이런 점에서 2023년은 초고령화의 원년과 같다. 1차 베이비부머 세대의 상징인 '1958년 개띠'가 고령 기준인 65세에 진입해서다. 지하철을 공짜로 타는 지공거사가 대량 출현한 것이다. 2024년부터는 '초고령화'의 본격화된 시장이 조성된다는 의미다.

베이비부머 집단답게 영향과 파장은 사뭇 크고 넓다. 이들 1,000만 노인이 지닌 본격 파워는 1958년 개띠의 새 일상생활과 달라진 직주락에서 획득 힌트를 얻어낼 수 있다. 벌써 달라진 인구 통계를 증빙하듯 전에 없던 욕구와 욕망으로 새로운 트렌드를 만들고 있어서다.

노인네로 놀려본들 돈은 우리가!

1958년 개띠만 잘 살펴봐도 우리가 아는 그 노인은 아니다. 낯익고 잘 알던 노인은 줄어들며 사라지고 있다. 대신 새로운 수식어로 몰려온 1958년 개띠가 장악한다. '액티브'하고 '스마트'하며 '파워풀'한 신노년의 출현이다. 더 건강하고 생산적인 베이비부머 세대는 대량 은퇴에 따른 생산 공포를 소비 축복으로 바꿔줄 강력한 주체다.

우리나라보다 빨랐던 국가에서는 벌써 고령 직원과 노년 창업이 일상적이다. 중세사와 근세사에서 연금과 면제 기준 등으로 설정한 60세, 65세, 70세 등 노년 기준을 바꾸는 작업도 열심이다. 아니고서는 사회를 유지하는 일이 어려워서다.

궁극적으로는 에이지즘으로 불리는 연령주의를 깨자는 논의도 한창이다. 연령 차별이야말로 전근대적 산물이자 비용을 유발하는 과거 잣대인 까닭이다. 반대로 에이지즘 공략은 지속 가능을 뜻한다. 위기가 아닌 기회로 신부가 가치를 만들어서다.

브래들리 셔먼(Bradley Schurman)의 《슈퍼 에이지 이펙트》(2023)는 베이비부머 세대로부터 본격화될 에이지즘의 재구성에 주목한 책이다. 지금의 베이비부머 세대가 유아, 취학, 청년 시절에 '유스 마켓(Youth Market)'이라는 대형 시장을 만들었으므로 그들의 현재와 미래도 자연스레 거대 기회일 수밖에 없다는 논리다.

요컨대 '틴 에이저'를 만든 주역이 베이비부머 세대라는 점에서 '슈퍼 에이지'도 충분히 가능하다는 쪽이다. 이 책은 세대 격차를 바라보는 고령 인구의 자신감과 우월감도 소개한다.

청년의 공격 문구로서 "그만 해요, 노인네야!(Ok, Boomer!)"는 노년의 "그래 봐야 돈은 우리가!(Ok, Millennial!)"라는 맞공격으로 해석된다고 했다. 이 책에 따르면, 후속 청년이 아무리 뭐라 한들 시대의 중심은 역시 베이비부머 세대일 수밖에 없다는 얘기다.

조 바이든과 도널드 트럼프처럼 ±80세의 리더십을 보건대 저자의 실버 민주주의와 의학 기술(노화 ≠ 질병) 등 베이비부머 세대의 파워가 제기한 논리는 설득력 있고 현실적이다. 황금 노후와 빈곤 노년의 K자형 베이비부머 세대 격차에도 불구하고 에이지즘 논의를 부각할 수밖에 없는 이유다.

에이지즘의 신질서는 다양하게 확인할 수 있다. 1958년 개띠의 달라진 일상생활은 기존의 노년상을 해체하기에 충분하다. 반대로 새로운 개념 정의와 시장 대응을 구축해야 한다는 말이다. 즉 케케묵은 에이지즘의 차별과 왜곡을 전면에서 거부하고 저항하는 당사자가 1958년 개띠다. 공교롭게 노년 기준인 65세로 진입을 완료하는 데도 한몫했다.

이를테면 '젊은 노인'을 지향하는 가운데 기존 연령의 70%만 계산하자는 방안도 유효하다. 60세(× 0.7)면 42세로 치환해 접근하는 식이다. 신체 능력만 봐도 '환갑 = 노년'은 구태라고 질타한다. 생산가능인구를 70세로 5세 더 늘리자는 중년 연장론도 설득력 있다. 이렇게 되면 연금 개혁을 필두로 우리나라의 고질적인 문제인 한정적인 자원의 세대 갈등도 줄어든다.

액티브하고, 스마트하고, 파워풀한 베이비부머 세대

베이비부머 세대의 본격적인 부각과 함께 나이 제한과 연령 차별은 완화되고 해체될 운명이다. UN조차 중년 인구의 범위를 확대 (40~69세)하자는 제안을 하고, 미들 플러스(Middle-Plus)로 50~74세를 소환할 만큼 세계적인 분위기도 무르익었다. 주요 회사에서 다양성 경영(기업이 다양한 인적 자원을 적극 활용하고, 다양한 문화와 가치관을 존중하는 경영 방식)의 한 축으로 '노인을 일터로'라는 슬로건을 채택한 것도 닮았다. 인턴십 대신 리턴십을 내세워 근로 수명을 늘리는 복지 제도도 확대하는 추세다. 고령층과 퇴직자의 맞춤 또는 전용 전략답게 이들의 생활 수준을 생애 전체의 넓은 시선으로 중립화해주자는 얘기다. 에이지즘을 실현한 사례 가운데 하나다.

해외 사례를 보면 '학조부모(학부모 + 조부모)'라는 키워드도 에이지즘의 재구축을 전제한다. 오스트레일리아의 웨스트팩은행은 고령화된 창구 직원의 근로 유지를 위해 손주를 대상으로 한 육아 휴직제를 도입하고 운영한다. 고령 여성의 창구 직원 가운데 상당수가 손주 양육을 힘들어해 만들었다. 손주가 2살이 될 때까지 가장 길게는 52주까지 무급 휴가를 제공한다. 삶이 바뀌면 업무 외적인 우선순위가 달라지는데, 이를 적절히 지원하면 업무에 대한 몰입이 높아지고 인재 유출도 막을 수 있기 때문이다.

여세를 몰아 일본은 초고령화를 아예 비즈니스화했다. 2016년 미쓰비시그룹이 설립한 자회사 MHI(MHI Executive Experts)가 그렇다. 전체 직원이 은퇴 연령 이상의 학조부모다. 베테랑을 채용해 조언자로 파견하는 비즈니스 모델이다. 풍부한 현장 경험과 축적한 집단지성을 유지하고 전파할 값어치가 충분하다고 봐서다. 1대의 장인 정신과

3대의 청년 혁신을 연결한 돈 버는 노청 연대 모델이다.

초고령화는 완벽히 달라진 새로운 노년 생활을 창조한다. 아직은 실험 단계지만 갈수록 채택 범위가 넓어질 범용 모델로 안착할 전망이다. 1,700만 요즘 어른의 일반적인 노년기 라이프 스타일로 봐도 무방하다.

길어진 현역 인식과 왕성한 노년 생활이 맞닿으며 직주락의 달라진 새로운 트렌드를 제안한다. 직업만 해도 에이지즘에 따른 강판 압력의 연령 차별을 거부한다. 즉 정년 은퇴는 사라진다. 일할 능력과 의지만 있다면 평생 근로를 기본 질서로 재편하는 것이다. 정년 폐지를 향한 제도적인 수정도 본격화된다.

동시에 노년 창업은 실업 예방과 복지 재정을 노린 정부 지원 속에 자연스레 늘어날 것으로 보인다. 직장이 아닌 직업과 창직(創職) 차원에서 더 늙기 전에 자아실현과 소득을 확대하는 양수겸장을 노린 결과다.

일이 아니라도 돈은 벌 수 있다. 돈이 돈을 버는 자산 소득이 그렇다. 초고령화는 올드 머니의 투자 소득과 운용 소득이 확대됨을 뜻한다. 현금 흐름보다 축적 자산이 많으므로 올드 머니를 적극적으로 활용하는 것은 국가 차원에서도 지지한다. 결국에 위험 자산을 선호하는 경향을 강화하는 셈이다. 일본 노인의 외환 거래 붐을 떠올리면 이해할 수 있다.

돈이 아니라도 고정적인 활동은 여러모로 좋다. 사회봉사 등 공익적인 활동도 대폭 늘어난다.

돈, 집, 삶과 결별하는 베이비부머 세대

주거 트렌드는 벌써부터 새롭게 도전하고 있고 실험하고 있다. 초고령화가 본격화되면 가장 빨리 새로운 표준 질서로 재편될 흐름이다. 우선 도시 집중이다. 원래 고령 인구의 주거 이동은 제한된다는 것이 라이프 사이클 이론의 뼈대다.

그런데 시대 변화는 고령 인구, 구체적으로는 농산어촌 어른의 도시 이동을 늘렸다. 의료와 간병 등 노환 이슈에 대응할 수 있는 환경이 유리한 도시로 옮겨 사는 것이 낫기 때문이다.

고향 회귀, 농촌 지향의 전원주택은 전기 노년일 때 유효한 선택지로 나이가 들면 재차 도시로 향하는 것이 당연시된다. 아니면 타협형의 오도이촌(일주일 중 5일은 도시에서, 2일은 농촌에서 생활하는 라이프 스타일)이 유력하다. 도시와 농촌의 적절한 공간 분리를 통한 거주를 뜻한다. 아파트처럼 집합 주택의 편리와 노년의 생활 한계가 일치하는 까닭이다.

자녀와 친척 등과의 근거(近居, 눈앞에 보이지는 않지만 걸어서 오갈 수 있는 거리)도 새로운 트렌드로 손색이 없다. 함께 살기는 힘들어도 근처라면 독립적인 생활과 연대 지원 모두 가능해서다. 특히 세대 간 봉양과 부양의 시공간별 포트폴리오도 합가보다 근거가 낫다. 또 의료 공급은 주거를 선택하는 필수 항목이다.

초고령화는 콤팩트시티처럼 한곳에 필요한 것을 집약시킬 수밖에 없는데, 이때 '주거 + 상업 + 행정'과 함께 필수불가결한 것이 의료와 교통 등 생활 인프라다. 주거와 의료를 동시에 공급할 수 있는 고령 친화 주택이 초고령화의 유력 트렌드로 언급되는 배경이다.

IT 등 신기술의 힘을 주거 안정성에 녹여낸 디지털화는 주택 설계와 매매 과정에서 핵심적인 체크리스트로 부각된다. 결국에 집은 도시로, 아파트로, 동네로, 인프라로 더 콤팩트한 삶을 떠받치는 공간으로 재편될 것이다.

락(생활)의 즐거움은 액티브한 삶으로 완성된다. 돈과 집의 완성도를 높여주는 탄탄하고 연결적인 삶은 초고령화를 재앙에서 축복으로 바꿔주는 일등공신이다. 당장 지역 사회로 복귀를 알리는 신고부터다. 언젠가 일을 그만둬도 집을 떠나기는 어렵다.

초고령화의 직주락 신트렌드

그렇다면 생활 반경은 동네 단위로 축소되고 재편된다. 집 안에만 있어도 안 되고 있을 수도 없다면 공원 데뷔는 필수다. 마을 이웃과 교류하며 동류 모임으로 접점을 확대하며 인생 2막의 신공간을 마련하기 위함이다.

지방자치단체와 지역 사회에서 기회를 확대하기 위한 관련 지원도 급증하고 있다. 삼시 세끼를 집 밖에서 해결하는 것도 중대한 미래 흐름이다.

밥을 챙겨 먹는 것조차 힘들어진다는 점에서 주거 범위의 식사 제공은 복지 영역이자 비즈니스의 기회 확대를 뜻한다. 최근 강조되는 '아파트 조식'이 뜬 것도 노년층과 1인 가구의 비중이 증가한 것과 일맥상통한다.

자녀 양육을 도와줄 학조부모의 미션 부여도 새로운 트렌드다. 맞벌이를 하는 엄마와 아빠를 대신하는 할아버지와 할머니의 노후 변화를 뜻한다. 더 늦기 전의 환갑 연애도 초고령화의 영역을 확대하는 데 일조하는 생활 이슈다. 따로 또 같이의 졸혼처럼 혼자 된 후의 황혼 인연도 늘어날 수밖에 없다.

길게는 평생 학습도 초고령화의 액티브한 삶을 떠받친다. 에이지즘에 맞선 노년 학생의 실현 현장이 증가한다. 결국에 직업은 더 스마트한 돈으로, 주거는 더 콤팩트한 집으로, 생활은 더 액티브한 삶으로 정리할 수 있다.

초고령화는 3대 구비 조건인 직주락이 스마트, 콤팩트, 액티브라는 세 단어로 업그레이드되며 완성도를 높인다.

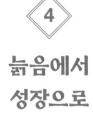

늙음에서
성장으로

인구가 변하면 시장은 바뀐다. 갑자기 변할수록 더더욱 급해진다. 기록적인 인구 변화가 빚어낸 급격하게 재편된 풍경이 정황 증거다.

가속적인 저출생과 고령화에 따라 달라진 거리 풍경은 한둘이 아니다. 잠시만 떠났다가 돌아와도 생경한 간판 모습에 동네 변화를 체감한다. 처음은 낯설겠지만, 곧 끄덕여질 수밖에 없다. 결국에 인구 변화를 떠올리면 인지상정일 수밖에 없다.

'유치원 → 노치원'이 될 것이라는 진단도 낭설은 아니다. 실제 '웨딩홀 → 요양원'과 '소아청소년과 → 한의원', '성형외과 → 정형외과'처럼 거리 간판의 주인이 달라진 경우는 수두룩하다. 동네에 자리 잡은 공원도 '놀이 시설 → 운동 시설'로 바뀌고, 산책 풍경은 '어린아이 → 반려동물'로 달라진다. '독서실 → 경로당'을 넘어 '초등학교 → 요양 시설'로의 활용 변화도 구체적이다.

식당에서의 손님 환대는 '방석 → 의자'로 변했고, 제공하던 식후 메뉴는 '사탕 → 젤리'로 바뀐다. 간식 시장의 주인공은 '도넛 → 약과'로 뒤바뀔 전망이다. '힙합 → 트로트'처럼 유행하는 음악 장르도 부지불식간 변한다. 영화와 드라마의 남녀 주인공도 '청년 → 중년(노년)'으로 바뀐다.

일일이 거론할 수 없을 정도다. 이쯤 되면 우리나라의 초고령화는 어느 누구도 부인하고 부정할 수 없는 시대 변화다. 놀랍지도 않다. 먹고사느라 인지하기 늦었을 뿐 조금씩 조금씩 우리나라는 완벽히 새로운 세상으로 진입을 끝냈다. 앞으로는 더 빨리, 더 넓게, 더 급히 세상 풍경을 뒤바꿀 형국이다.

눈과 귀를 닫을지언정 체감할 수밖에 없는 인구 구조에서 비롯된 시대 변화는 확정된 미래 화두다. 일본보다 뒤늦었는데 벌써 요양 시설과 공원묘지는 광고 시장의 큰손으로 자리매김했다. 설마 했건만 간병 시설로 리모델링한 학교 공간까지 보도될 정도다. 즉 '어린이'의 공간은 '고령자' 쉼터로 재편된다. 세계 신기록의 출산율처럼 하나같이 예측 범위를 벗어나 일찌감치 현실화된 변화 지점이다.

사람이 미래의 공간과 시간을 규정한다면 인구에 최적화된 환경 재편과 구성 변화는 자연스럽다. 반대로 인구 변화의 신질서에서 비켜설 방법은 없다. 변화에 휩쓸리기보다 올라타는 기호지세가 절실하다.

총성 울린 초고령화

초고령화를 향한 총성은 울렸다. 참고로 '65세 ↑ / 전체 인구 = 20% ↑'를 초고령 사회로 보는데, 거의 근접했다. 다만 숫자에 연연할 필요는 없다. 초저출생으로 총인구가 급감하면 20% 상향을 돌파하는 것은 시간문제다. 예측을 깬 0.72명의 출산율을 보건대 더 앞당겨질 것은 확정된 사실이다.

초고령화의 정의가 아니더라도 다양한 풍경 변화처럼 우리 사회는 일찌감치 '늙음'을 현실화했다. 위기를 기회로 전환하려는 기업과 시장의 대응 논리도 있었다. 10여 년 전부터 본격화된 시니어 마켓의 선제 대응이 그렇다. 높은 기대감 속에 시장을 선점하기 위한 자원 투입이 잇따랐다.

다만 결과는 실망적이었다. 인구가 감소하면서 노년이 증가하는 차별 지점까지는 잘 확인했는데, 잠재 고객의 제한 욕구와 환경 악화, 제도 한계가 맞물리며 '소문 난 잔치에 먹을 것 없다'만 증빙해줬다. 한마디로 타이밍이 너무 빨랐다. 지금은 달라졌다. 요즘 어른을 필두로 1960년대생의 퇴진과 1970년대생의 약진은 각각 달라진 노년과 새로운 중년의 본격적인 개막과 맞닿아 전에 없던 환경을 조성했다. 인구 감소를 기회로 활용하는 성과 창출의 절정이 다가오는 것이다.

확실히 노년은 새로운 기회다. 구조 변화의 인구 집단이 직면한 불편과 불안, 불만의 해소야말로 짭짤한 비즈니스로 제격이다. 그렇다면 현명하게 접근하고 영리하게 준비해야 한다. 무대는 개막됐고 고객은 등장했다. 환경 개선과 제도 지원도 예고됐다. 남은 것은 한판 큰 장을 즐기며 모두의 편익을 극대화하는 실행 단계. 회사와 사업에서 인구 변화의 영향을 받는 부문부터 정리하고 추정해보는 자세가 필요하다. 호재든 악재든 알아야 조정할 수 있고 대응할 수 있다. 확률상 저출생 보다 고령화가 영향 범위와 체감 압력에서 먼저일 수밖에 없다.

세계 신기록의 출산율로 우리 사회의 관심과 시선은 출생을 개선 하는 데 매몰되지만, 곧 고령 화두로 옮겨붙는 것은 확정적이다. 정책 단위의 논리 대응도 비슷한 것이 출생 이슈는 길게 영향을 미치지만, 고령이라는 논점은 눈앞의 즉각적인 변화에 맞닿는다.

선진국도 우리나라의 노년 이슈에 주목한다. 0.72명의 출산율에 놀라지만, 더 급격화될 고령화의 시대 압박이 거센 까닭이다. 노년 욕 구는 선진국이 눈독을 들이는 강력하고 매력적인 블루오션과 같다. 가속화되는 노년이 집중하는 실버 서울은 초고령화 비즈니스를 실험 하고 확인할 테스트베드로 자리 잡을 전망이다. 즉 기성 시장의 대체 까지는 아닐지언정 최소한 보완으로 봐도 남는 장사로 인식할 수 있다.

BTS도 못 막는 임영웅 팬덤의 힘

'기존 → 신생'으로의 활용 변화는 위기에서 기회를 잡자는 스스로의 선제적이고 미시적인 판단 결과에 따른다. 향후 합리적이고 효율적인 비즈니스 선택 카드라는 증거와 확신이 늘면 초고령화의 사업 지점은 개별적인 판단을 넘어 매력적인 경쟁 기회로 탈바꿈할 전망이다. 시니어 마켓의 실패 경험에 따른 학습 효과를 대체할 스마트(돈)하고 콤팩트(집)하며 액티브(삶)한 달라진 요즘 어른의 노년 등장에 기대감이 높은 이유다.

어쩌면 기대감을 넘어 당위성에 가까우므로 시장 창출을 유도하고 성공시킬 숙명적인 시대 과제다.

'떨어질 것밖에 없다'는, 피크 코리아(Peak Korea, 일본의 한 경제지에서 우리나라의 경제 성장률이 정점을 찍고 내려가고 있다는 의미로 언급한 단어)의 불황 공포에 휩싸인 정부도 활로를 모색하는 데 두 팔을 걷고 전폭적인 지원에 나설 수밖에 없다. 지속 성장의 부가 가치를 확보해줄 든든한 구원 투수인 까닭이다.

잠재 성장률 2%대 밑으로의 추락을 저지하고 완화해줄 유력한 방책으로 제격이다. 역시 선택의 여지는 없다. 아니면 구조적인 불황 속에서 정권을 유지하는 것도 물 건너간다.

신호는 나왔다. 당사자인 노년 그룹은 확실히 변했다. 시대 흐름에 맞게 할아버지와 할머니의 변심은 상식이며 현실이다. '늙음'에 맞서 최대한 버틴다. 안티에이징이 화장품을 넘어선 테크(기술) 영역으로 고도화되는 배경이다.

생명 연장의 승부수로 도전장을 던진 제약 업계를 필두로 안티에이징은 첨단 산업으로 비화됐다. 역사상 가장 강력한 노년 인구의 노후 시대가 열릴 찰나여서다.

축적 자산이 많아 구매력이 좋고, 가치관의 변화에 힘입어 자녀 이전보다 본인 소비를 중시하는 신노년도 늘었다. 먼저 주고 얻어 쓰는 불행 노후의 반면교사 덕에 다 쓰고 남아도 줄까 말까 신중하다. 궁핍을 걱정하는 것이 자녀를 지원하는 것보다 먼저라는 얘기다.

재산을 주고 용돈을 받던 선배 세대의 장수 재앙에 맞서 확연히 달라진 감각이다. 그렇다면 얼추 은퇴 이후 30~40년의 소비 기간이 기다리고 있다. 고령 빈곤이 많아 전체 노년은 해당하지 않지만, 1970년대생의 등장과 함께 고령 파워는 강화될 수밖에 없다. 없던 시장이나 있는 수요라는 점에서 기업의 대응은 당연하고 바람직하다.

올드 머니의 잠재력은 1,700만 요즘 어른의 노년 진입이 끝나지 않은 지금도 우리 사회 곳곳에서 확인할 수 있다. 팬덤 문화를 보자. 요즘 어른의 집단 숫자와 지불 능력이 얼마나 파워풀한지 웬만한 아이돌조차 임영웅을 못 당한다는 얘기가 떠돈다.

실제 K-컬처의 상징 그룹인 BTS조차 임영웅에게는 휘둘린다. 임영웅은 음반 매출부터 인기 투표까지 압도적으로 1위다. 2023년 신곡을 발매한 직후 최단기 음원 시장 1위를 확정했다. 덕심(덕후 + 心)으로 불리는 팬덤 경제의 힘이자 거대 중년의 단적인 소비 파워다.

흥분한 BTS 팬심을 달래고자 30대 이하는 BTS, 40대 이상은 임영웅식으로 연령 구분까지 발표했다. BTS 팬으로서는 울화통이 터지지만, 인구 구조를 보면 전혀 이상하지 않다. 10대(463만 명)는 50대(1,013만 명)의 절반도 못 미친다.

음원 서비스를 월 이용하는 시간도 10대(13~18세, 11억 분)보다 50대(20억 분)가 2배 많다. 2012년에는 각각 14억 분, 3억 분으로 완벽히 역전됐다. '10대 〈 50대'로 숫자는커녕 구매력조차 1위 임영웅을 뒷받침한다.

스포츠는 더 잠재력이 높은 듯하다. 천하의 임영웅과 BTS를 제쳐버린 것이 손흥민이다. 2023년 9월 기준, 스타 브랜드 평판 빅데이터 결과 1위에 올랐다. 중년 파워의 요즘 어른을 스포츠가 품어 안아야 할 이유다.

인구 통계학이 말해주는 힌트

'늙음 → 성장'을 위한 신질서는 인구 통계학의 분해와 적용에서 밑그림을 완성한다. 채색까지 끝나면 완벽한 지배 준칙으로 안착한다. 이때 '노후 생활 = 블루오션'이라는 기회도 본격화된다. 즉 인구를 변수가 아닌 상수로 봐야 할 강력한 시대 변화, 환경 영향의 결과다.

예전에는 저가격, 고품질의 경쟁력이면 충분했다. 고도성장답게 만들면 팔렸고, 설사 어려웠어도 판매 채널의 고도화와 혁신화로 시장을 장악하는 것이 가능했다. 일종의 대량 생산과 대량 소비가 기능했던 속 편한 시절이었다.

하지만 지금은 많이 달라졌다. 제품과 서비스의 고유하고 특화적인 경쟁력보다 먼저 챙겨야 할 것이 양적 질적으로 달라진 고객 분석이다. 면밀하고 주효한 인구 분석을 전제로 해 걸맞은 경쟁 능력과 먹히는 채널을 확보하는 것이 좋다. 결국에 비즈니스 최상단에 인구 분석이 위치하고, 나머지는 그 아래에 연결되는 식이다.

인구(고객)를 분석하는 방식은 다양하다. 논리 확장적인 가치 사슬로 잠재 고객의 욕구 수준을 분해하는 방식을 추천한다. 소비 욕구는 먹고사는 배고픔부터 시작해 뽐내려는 과시적인 수준까지 포함한다. 필수재와 사치재의 접근 방식이 그렇다.

은퇴 인구의 소비 성향도 똑같다. 늙는다고 해도 먹고 자고 입는 의식주는 필수라서 현역과 다를 리는 없다. 여기에 의식주 이외의 필수품인 의료와 간병까지 추가해 고령 가구의 절대 금액이 필수재로 소비되는 것이다. 안 쓸 수 없다는 점에서 경직성과 의존성도 높아진다.

당연히 밥만 먹고 살 수도 없는 노릇이다. 이때 필수재를 벗어나 사치재로 향하게 된다. 의식주의 절대 가치가 인류 필수이듯 차별적인 욕망 실현도 인간 본능인 셈이다. 시니어 마켓은 치밀하게 연결되고 형성된다. 재화 성격별로 듬성듬성 펼쳐지기보다 소비 욕구로 요약할 수 있는 욕구 실현별로 접점을 갖고 확대될 수 있다. '필수재 → 사치재'로의 소비 확대다.

뒷받침하는 이론도 있다. 인간 욕구는 위계적이고 계층적인 단계와 질서가 있다는 에이브러햄 매슬로(Abraham Maslow)의 욕구 이론이 그렇다. 인간 욕구라는 하위 단계의 욕구 충족이 상위 계층의 욕구 발현을 위한 기본 조건을 충족하며 확대된다는 의미다. 피라미드로 그

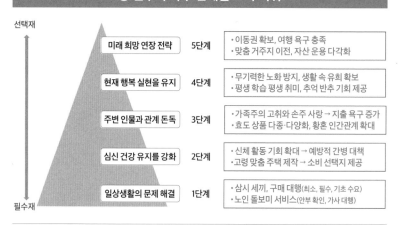

고령 인구의 욕구 단계별 소비 키워드		
미래 희망 연장 전략	5단계	• 이동권 확보, 여행 욕구 충족 • 맞춤 거주지 이전, 자산 운용 다각화
현재 행복 실현을 유지	4단계	• 무기력한 노화 방지, 생활 속 유희 확보 • 평생 학습 평생 취미, 추억 반추 기회 제공
주변 인물과 관계 돈독	3단계	• 가족주의 고취와 손주 사랑 → 지출 욕구 증가 • 효도 상품 다종·다양화, 황혼 인간관계 확대
심신 건강 유지를 강화	2단계	• 신체 활동 기회 확대 → 예방적 간병 대책 • 고령 맞춤 주택 제작 → 소비 선택지 제공
일상생활의 문제 해결	1단계	• 삼시 세끼, 구매 대행(최소, 필수, 기초 수요) • 노인 돌보미 서비스(안부 확인, 가사 대행)

선택재 ↑

필수재 ↓

릴 수 있는데, 밑바닥부터 (1) 생리 욕구, (2) 안전 욕구, (3) 애정(공감) 욕구, (4) 존경 욕구, (5) 자아실현 욕구 등이 자리한다.

요즘 어른의 달라진 소비 욕구에도 적용할 수 있다. 생리 욕구는 의식주와 직결된 필수재 영역 항목이다. 음식, 성욕, 수면 등이다. 안전 욕구는 신체, 고용, 재산, 가족, 건강 등 일상 거주를 위한 기초 욕구다. 안전한 삶을 위해 필요한 영역이다. 여기까지가 필수재의 범주다.

다음 단계인 애정(공감) 욕구부터는 선택 영역이다. 우정과 가족 등 소속감과 네트워크가 포함된다. 마지막 자아실현 욕구는 인간 욕구의 최상위 단계답게 사회 가치의 실현으로 자아를 찾아가는 소비 활동을 뜻한다. 5단계 피라미드 가운데 애정(공감) 욕구부터는 재화 성격으로 구분할 때 선택적인 사치재에 가깝다.

1단계는 일상적이며 생존 욕구와 직결된 필수 영역인 '생활 해결'

소비 수요다. 생활 필수재의 공급 시장답게 노년 전체의 광범위하고 보편적인 소비 욕구가 발현된다. 살아내야 할 최소한의 인간적인 기초 수요답게 노노(老老) 격차, 빈부 여하와 무관하다.

돈이 있든 없든 생명줄인 기초 생활은 해야 한다. 주로 삼시 세끼 등 먹는 문제와 생활 공간에서의 불편과 불안, 불만 장벽을 해소해주는 생활 밀착형 제품과 서비스가 속한다. 키워드로는 삼시 세끼, 구매 대행, 안부 확인, 가사 대행 등이 있다.

2단계는 늙어감에 따라 발생하는 신체 또는 죽음과 관련된 지출 영역이다. 건강 관련의 소비 욕구로 죽음과 무관한(?) 현역과 달리 건강 단계별 관심사는 폭넓고 깊다. 최근 중장년의 안티에이징과 죽음 준비도 증가세다.

1단계와 비슷하게 예외가 없으므로 범용적인 재화 영역에 속한다. 평균 수명과 건강 수명의 10년 격차를 볼 때 2단계의 시장 조성 환경은 우호적이다. 일본만 해도 의료와 간병은 시니어 마켓의 절대 지분을 차지한다. 키워드는 예방 운동, 간병 대책, 전용 주택, 사후 준비 등이 있다.

일상생활이 가능하고 질환과 죽음 준비까지 마쳤다면 다음은 애정(공감) 욕구를 실현하고 확대하는 단계다. 3단계의 관계 영역이다. 이때부터 중산층 이상의 여유를 갖춘 노년 인구의 소비 욕구가 주를 이룬다. 1~2단계는 생활 필수적인 소비 지출인 반면 3단계부터는 본인과 가족의 가치 추구를 뒷받침하는 확장형 선택 영역으로 넘어간다. 물론 금전 능력이 3단계의 필수 조건은 아니다.

일부지만 3단계의 연결 안전망을 촘촘하게 다져 1단계(생활)와 2단계(건강)도 실현한다. 혼자 외롭고 불안하게 살기보다 가족 연대를 통해 생활과 건강, 관계까지 확보하는 방법이다. 유교 문화권인 우리나라에서 정합성이 높다. 늘어나는 1인 가구의 가족을 대체하고 보완하는 관계 소비도 향후 늘어날 수밖에 없다. 소비 욕구로 정리되는 키워드는 가족주의, 손자 사랑, 효도 상품, 황혼 인연 등이다.

4단계는 행복 소비다. 생존과는 무관하게 외부의 인정과 존경, 유희적 쾌락을 즐기려는 소비 지점이다. 당연히 일정 수준의 경제 능력은 필수다. 향후 시니어 마켓이 본격적으로 성장하려면 4단계부터의 소비 욕구를 확장하고 지출 여력을 확보할 필요가 있다.

반대로 4단계는 아직 초보 단계다. 여유롭게 노후를 즐기는 등 행복 추구의 생활 유희를 실현할 노년 인구가 턱없이 부족할뿐더러 관련 소비를 주도할 시장 주체도 빈약하다. 이들의 유희적 행복 소비를 주도할 키워드는 노화 방지, 생활 유희, 취미 학습, 추억 반추 등이다.

5단계는 시니어 마켓의 최종 지점이다. 초고령화의 개막과 함께 적극적인 개발과 공급 체계를 재정비하면 5단계를 뛰어넘는 추가적인 소비 욕구도 제안하고 실현할 수 있다. 다만 시장 극초기인 현재로서는 자아실현만 해도 실제 소비가 별로 없는 미개척 영역이다. 절대 빈곤, 은퇴 이후 '중산층 → 빈곤층'으로의 전락 사례가 많다면 더더욱 기대하기 힘든 일부만의 특이 시장이다.

그럼에도 준비는 해야 한다. 베이비부머 세대를 필두로 자산 여력, 소득 기반을 갖춘 요즘 어른이 은퇴 생활로 진입해서다. 은퇴 이후 의식주 필수 시간을 뺀 여유 시간만 10만 시간에 달한다는 점에서 자아 실현을 통한 미래 지향적인 희망 실현을 강조할 수밖에 없다. 소비적 연결 키워드는 이동 권리, 여행 욕구, 거주 이전, 자산 운용 등 주관적 행복감을 확인하는 영역이다.

초고령화의 연착륙을 위한
해법

초고령화는 회피할 수 없는 거대한 흐름이다. 예측된 것보다 더 빨리, 더 크게, 더 넓게 우리 사회를 옥죄며 다가선다. 악재와 위기로 분석되는 낯설고 매서운 변화다.

지금처럼 외면하고 방치하면 초고령화라는 공포와 위협은 현실화될 확률이 높다. 각자도생으로 내몬다면 우리 사회의 도태를 알리는 경고는 뼈아픈 후회 현실의 데자뷔로 남겨질 것이다. 필요한 것은 더 늦기 전에 해야 할 도약 준비다. 복합 위기의 인구 감소를 초고령화의 대형 기회로 역전시킬 한판승 전략이 필요하다.

상황은 달라졌다. 요즘 어른의 거대 군집과 역량 강화는 초고령화를 매력적인 재료로 승격시켰다. 이들이 돈의 힘으로 쏘아 올린 초고령화의 비즈니스는 새로운 트렌드로 확인할 수 있다. 1958년 개띠로 상징되는 요즘 어른은 늙음을 기회로 활용하며 '노후 생활 = 블루오션'이라는 등식을 내놓는다.

완성도를 높여줄 마침표까지 알면 선제 대응과 미시 대응도 빛을 발할 것이다. 초고령화의 신질서를 안내해줄 현재 존재하고 있는 논쟁 이슈를 먼저 이해하자는 취지다.

초고령화는 새로운 사회 현상이다. 현상이 악재가 안 되게 대응하거나 호재로 바꾸면 더할 나위 없다. 아쉽게도 문제 혐의가 짙다면 대응 체계의 밀도는 상응해 높이는 것이 좋다. 또 새로운 문제라면 새로운 해결이 상식이다.

열에 아홉은 기존 방식으로 풀기 쉽지 않다. 기존 방식이 아닌 달라진 접근을 전제로 해야 한다. 이때 기존 이해에 대한 배분상의 갈등과 신규 질서가 안착하면서 벌어지는 균열은 당연한 결과다. 새로운 해법인 만큼 불협화음은 불가피하다는 얘기다.

겁낼 필요는 없다. 무난하게 흐름을 안착하는 것이 선결 과제이자 통과의례다. 음 이탈이 무서워 노래를 멈출 수 없듯 부작용이 낯설어 개혁을 늦출 수는 없다. 초고령화에 최적화된 거대 개혁일수록 무시와 저항, 야합과 반발은 거세다.

모범적인 선진국이 시대 변화에 올라타 완수해낸 대타협의 경험과 효과를 반추할 때다. 초고령화를 기회로 활용하는 구조 개혁을 하려면 논쟁적인 갈등 지점을 타협적인 화합의 기회로 삼는 것이 바람직하다.

초고령화 시대의 논쟁거리들

(1) 정년 연장　초고령화를 안착하기 위한 전제는 정년 연장이다. 갈등적인 대결세는 줄이고 구조적인 지속성을 높이는 다목적 함수에 가깝다. 세대 갈등으로 비치며 미뤄지지만 피하기 힘든 시대 과제다. 과거 질서의 빈틈인 수명 연장, 평생 근로, 연금 유지의 시대 과제를 풀 수 있어서다.

당장 연금이 고갈되는 것이 늦춰진다. 정도와 구간 차이는 있지만, '저부담, 고급여 → 고부담, 저급여'로의 개혁은 자연스럽다. 동시에 선진국의 공통적인 경로라서 미뤄본들 묘책은 없다. 표를 잃겠지만, 신질서의 편입은 시간문제다. 수급하는 연령을 상향 조정하는 일은 65세를 넘겨 67세, 70세로 계속해 확대된다. 실질 정년과 수급 연령을 맞추려면 정년 연장은 필수다.

물론 논쟁적이다. 노청 대결을 심화시킬 뇌관인 탓이다. 세대 간 일자리 쟁탈전의 격전지로 해석할 수 있다. 세대 배싱의 논리 너머 감정 싸움으로 닿는다. 피하지도 못하니 긴장감만 높아진다. 정치권도 입을 닫는다. 실제로는 어떨까. 선행 연구를 보면 정년 연장과 고용 경합은 없거나 낮다.

정년 연장의 실효성도 논의거리다. 정년을 연장하는 것 자체가 차별적이라서 대기업이나 공무원 등이 아니면 제외될 수 있다. 정년 연장이 노년 빈곤을 낮춘다는 취지와 엇갈린다. 비용 부담을 걱정하는 기업의 반대도 극복해야 하는 대상이다. 정년은 노사 간 준칙 사항이라 정책의 압력이 제한되는 부분이다.

오래 일해도 임금이 줄어들면(임금 피크제) 저항도 커진다. 그렇다면 재취업 시장을 조성하고 지원하는 것이 더 설득력 있다. 그럼에도 정년 연장은 대세다. 방식은 '재고용 → 정년 연장 → 정년 폐지' 순이다. 곧 정년 없는 시대가 유력해진다.

(2) **연령 상향** 초고령 사회를 지배할 생산과 소비의 신질서는 시작됐다. 민간 대응이 정책을 수정하는 것보다 앞서듯 신질서에의 적응은 시간문제다. 초고령 사회와 지속 가능성은 생소하되 결합할 새로운 작동 원리일 수밖에 없다.

대응 방향은 완화(저출생)와 적응(고령화) 가운데 후자로 비중을 확대하고 순위를 조정하는 것이 시급하다. 적응하며 완화할 때 자원을 배분하고 성과를 도출하는 과정에서 얻을 사회 경제적 가치 창출과 효율성, 합리성은 확보할 수 있다.

당장 고령 인구를 복지를 수혜하는 객체에서 사회를 지지하는 주체로 전환하는 작업이 먼저다. 건강 수명인 ±75세까지는 새로운 질서의 적극적인 활동 주체로 편입하는 것이 좋다. 일본만 해도 65~75세를 전기 고령자로 부르며 현역 인구와 비슷한 역동적인 활동 주체로 간주한다.

연령 상향을 통해 고령 활약이 품은 다목적 함수를 받아들이면 세대부조형 사회 구조도 탄탄해진다. 그간의 경직적인 연령 차별형 고정 관념이 초고령화와 부딪히는 까닭이다. 실제 연령 차별은 다양성 경영을 강조하는 ESG 실행 준칙에도 위반된다. 반면 고립과 질환, 빈곤이라는 고령 위기를 활동과 건강, 풍족의 신규 기회로 전환하는 것은 명분과 실리 면에서 모두에게 맞다.

현실과 제도의 간극을 축소하기 위한 우선 과제는 고령 연령을 상향하는 것이다. 60세, 65세로 규정된 고령 기준을 더 높여 신질서가 안착할 수 있도록 환경을 정비하는 것이 바람직하다.

70세, 75세로의 상향 조정은 불가피한 시대 변화다. 신노년의 탄생은 뉴노멀의 뼈대다. 이해 조정과 개혁 저항의 허들 앞에서 앞뒤를 재고 망설일 여유는 없다.

(3) **더블 케어**   한때 서울에 근접한 외곽 공간은 유락 시설이 집합한 무대였다. 가족 단위부터 연인 수요까지 도심 근접형 입지라는 수혜를 내세워 전성기를 구가했다. 더는 아니다. 찾는 사람이 없는 유령 공간으로 전락하며 유휴화의 몰락 사례로 손꼽힌다.

드물게 반전 사례도 있는데, 모두 새로운 수요에 주목해 변신한 결과다. 요양원이 그렇다. 도심 근교의 신축 건물은 물론 구축을 활용한 것도 십중팔구는 초고령화의 거대 수요인 노인 요양이 핵심 타깃이다. 아예 동네 자체가 요양 마을로 바뀐 곳도 생겨났다.

일본은 요양 부담이 간병 지옥으로까지 비화됐다. 심지어 '교도소 = 요양원'을 이용하려는 노년 범죄가 증가세다. 노노(老老) 간병의 지난한 피로가 축적돼 패륜적 가족 범죄로까지 번지는 일도 다반사다.

고령화율 ±30%인 일본을 제친 우리나라의 노화 속도는 더 심각한 간병 갈등을 뜻할 수밖에 없다.

공포는 전염된다. 노노 간병은 더블 케어(Double Care)를 뜻한다. 중복 돌봄으로 자녀 양육과 부모 간병이 겹치는 경우다. '양육 부담 → 출생 감소 → 만혼 추세'와 '부모 노화 → 질병 노출 → 간병 발생'이라는 이중 압박에 직면한 4050세대를 말한다.

희귀했던 현상으로 가족 변화가 만들어낸 신조류다. 늦은 결혼이 중년 가정의 육아와 간병을 한꺼번에 발생시킨 결과다. 떼어놓아도 어려운데, 겹치면 정상적인 생활은 힘들다.

자녀와 부모 케어로 회사를 그만둔 경우만 일본에서는 연간 10만 명이다. 이들의 가계가 파탄 나고 빈곤으로 추락하는 과정은 복지의 손길을 필요로 한다. 실제 더블 케어를 경험한 여성의 39%가 직장을 떠난다. 일과 생활의 균형의 무게 중심이 우리나라는 저출생, 일본은 고령화에 방점이 찍히는 이유다.

정시 퇴근도 우리나라는 아이를 데리러 가기 위함이고, 일본은 부모를 모시기 위함이다. 더블 케어는 금전 부담부터 심리적인 피폐까지 불러일으킨다. 일본보다 심각한 간병 갈등이 예고된 우리나라는 그만큼 유효한 선제적이고 구조적인 대응을 마련해야 한다.

(4) **캥거루족** 초고령화는 캥거루족의 대량 출현과 맞물린다. 부모와의 가족 분화를 끝내지 못한 기생 자녀의 등장을 뜻한다. 연령은 높아진다. 초기에는 2030세대의 분화 연기로, 나중에는 4050세대의 분

화 포기로 닿는다. 한쪽에서는 초고령화에 걸맞게 학조부모의 손주 부양이 이슈지만, 정반대로 할아버지와 할머니라는 호칭에 대한 포기도 잇따른다. 자녀와 동거하는 가족 사멸을 뜻한다.

반려동물이 가족을 대체하는 새로운 트렌드로 부각됐다. 일부 회사는 자녀 지원과의 형평성을 위해 반려동물에 대한 지원 수당을 고려할 정도다. 반려동물 1,000만 시대답다.

이처럼 전통적인 가족 분화는 급속도로 줄어들거나 사라질 전망이다. 출산율 0.72명의 경고와 같다. 결국에 당분간은 캥거루족이 대세다. 1인화의 싱글 세대와 캥거루족의 복합 세대로 나뉜다. 분화를 포기한 중년 자녀를 더는 이상하게 봐서는 곤란하다.

다만 캥거루족은 대부분 부정적인 사회 문제로 향한다. 일본만 해도 중년의 은둔형 외톨이(히키코모리)에 골머리를 앓는다. 부모와 자녀의 합가 갈등을 '8050문제'라며 경고할 정도다. 무직 빈곤, 자택 고립의 중년 자녀(±50세)와 연금 소득, 유병(有病) 생활을 하는 노년 부모(±80세)가 빚어낸 새로운 현상이다. 80대 병이 있는 부모가 50대 은둔하는 자녀를 먹여 살리는 기현상을 뜻한다.

불상사는 반복된다. 생활고 탓에 동반 자살이나 동시 고독사는 물론 연금을 수급하기 위해 부모의 죽음을 은폐하는 사건도 잇따른다. 부모가 사망한 후 굶어 죽는 아사 뉴스도 심심찮다. 두 세대가 근근이 버티다 끝낸 비극 스토리다.

이대로면 9060문제로 확산될 것이다. 고령의 부모 연금이 유일한 돈줄이라서 잠재적 빈곤 공포는 상당하다. 그래서 8050문제의 초점은 중년 자녀로 집중된다.

우리나라도 '곧'이다. 표준 경로를 벗어난 평생 비혼, 은둔 고립의 중년 인구는 상당하다. 일본의 전철을 밟아서는 곤란하다. 선제적인 대응을 통해 제도를 시급하게 수정해야 한다.

(5) 노년 정치　정책을 실행하는 주체와 객체는 향후 초고령화로 집중된다. 머릿수가 중요한 정치 공학은 벌써 노년의 마음에 열심이다. '득표율 = 머릿수'라서 거대 그룹에 러브콜을 날린다. 자원 배분의 무게추가 쏠린다는 얘기다.

신노년 연령 기준으로 유력한 70세 이상만 봐도 점유율은 증가세다. 70세 이상은 2035년 총인구의 21%로 커진다. 2015년 9.0% 대비 2배를 웃돈다. 2050년이면 31%까지 확장된다. 결국에 2035년이면 40대 이상만 65%라는 압도적 비중을 점한다.

반대로 40대까지는 정치에 대해 변방 신세로 위축된 발언권과 참여권에 좌절한다. 늙은 리더십이 질긴 생명력을 발휘하는 초고령화의 단면이다. 세대교체 없는 서열이 고착된 셈이다. 정년 연장과 연금 개혁 등 고령 화두가 부각될수록 제론토크라시(노인 중심 정치 체제)는 심화한다. 즉 '표류 우려 → 집단 행동 → 의지 실현 → 이익 획득'의 순환 구조는 득표 파워로 이어진다.

회색지대인 4050세대까지 포섭한 실버 민주주의는 약화된 호구지책을 둘러싼 생사여탈의 세력화가 펼쳐진다. 집단 이익을 확보하고자 영향력을 발휘하기도 한다. 관전 포인트는 베이비부머 세대다. 거대 규모를 보건대 유력한 압력 단체로 부각할 수 있다. '거대한 도마뱀 속의 돼지'라는 비유처럼 베이비부머 세대의 집단 욕구는 위협 요소이자 정책 과제다.

1표의 격차 문제도 노년 정치에 힘을 싣는다. 선거구별 유권자의 1표가 동일 가치가 아닌 까닭이다. 고령 지역(≒ 농촌)은 적은 표로 당선할 수 있지만, 청년 지역(≒ 도시)은 더 받아도 낙선하는 것이 현실의 한계다.

선거구를 개편하자는 논의도 있지만, 고령화에 기댄 정치권의 이해와 부딪힌다. 일본 등 선진국은 2~3배까지 격차가 벌어진다는 보고가 있다. 민주주의의 절차 한계지만, 다수결의 질서라면 머릿수가 적은 청년 정책은 퇴색할 수밖에 없다.

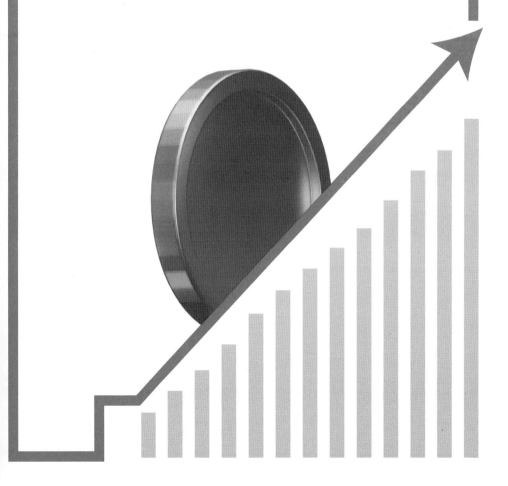

2장

고성장이 외면했던
실속 있는 틈새시장

인구 감소가
불러온 틈

우리나라의 최대 복병은 인구 변화로 요약할 수 있다. '인구 = 경제'라는 점에서 한정적인 자원의 배분 구조가 빚어내는 사회 현상은 인구 변화로 완벽히 설명할 수 있다. 따라서 인구 변화는 현상을 분석하고 미래를 예측하는 변수에서 상수로 업그레이드됐다. 아무도 경험하거나 예측하지 못한 인구 경로를 동서고금 사상 최초로 걸어가는 모델 사회인지라 특히 결정적인 고려 변수다.

다만 아쉽게도 방향은 어둡고 무겁다. 갈수록 악화하는 추세다. 나아질 거리는 없고 떨어질 기미만 넘쳐 0.72명의 출산율조차 지켜내기 힘들다. 이대로면 세계 신기록을 자체 경신하는 것은 확정적이다. 일상적 위험 경고로 당사자만 묵묵부답일 따름이다.

저출생과 고령화라는 인구 변화는 우리나라만의 특이한 현상은 아니다. 고성장이 끝나고 풍요로운 사회에 진입하면 출생은 줄어들고 수명은 늘어난다. 선진국의 출산율이 일찌감치 인구 유지선(2.1명) 밑으로 떨어진 이유다. 노동 기능과 보험 기능 등 출생 편익이 낮아진 대신 소수 자녀에 대한 집중적인 투자를 선호한 결과다.

저성장으로 한정적인 자원까지 줄어들면 경쟁이 격화하면서 출산에 대한 부담은 커진다. 고학력과 정보력에 힘입어 가성비를 따지는 판단 기준도 출산 포기로 쏠린다. 가족을 결성하고 자녀를 출산하는 위험 카드는 회피된다. 부족한 위기 의식과 정책 대응도 저출생을 낮추고 있다.

사회 이동이 불러온 이중 격차

일반론이면 좀 낫다. 선진국이 걸어온 길이라서 대응 체계도 배워옴 직하다. 문제는 이들과 다른 우리나라만의 독특한 출산 장벽에 있다. 즉 0.72명의 초저출생은 한국적 특수론 없이 완성되지 않는다.

되레 한국적 특이점이 전대미문의 저출생과 더 부합한다. 자연 감소(출생 - 사망)를 부추기는 한국형 사회 이동(전입 - 전출)의 영향력 탓이다. 사농공상의 고학력, 대기업 인생 모델이 수천 년 중앙 집권 속에 '사람은 한양으로'라는 주술을 만들며 '서울권 = 고밀도 = 저출생'을 빚어낸 것이 핵심 요지다.

좋은 대학과 회사가 일극집중의 서울 블랙홀로 집중되니 12%의 수도권에 51%의 인구 밀집은 자연스럽다. 와중에 수도권은 가족 분화를 위한 생활 품질이 별로다. 소득과 물가의 엇박자(스태그플레이션)는 직주 분리를 키우며 가족 분화를 방해한다. '학력주의 → 서울 전입 → 맞벌이화 → 독박 육아 → 출산 포기'의 악순환이다. "먹이가 없어 서울로 왔더니 둥지가 없어 알을 못 낳는다"는 배경 논리다.

물론 숱하게 노력해왔다. 사실 여부는 차치하고 20년간 380조 원을 출생 정책에 썼다는 말처럼 상당한 대책을 실행했다. 성과도 적잖다. 1990년대에 아들딸 구분 없는 식의 남녀 평등형 정책 전환은 남성은 전업, 여성은 가사라는 틀을 깨고 성 중립적인 인재 활용의 물꼬를 텄다. 다만 총평은 아쉽고 박하다. 1983년 인구 유지선의 하향을 돌파한 후 2003년 출산을 본격적으로 장려하기까지 20년을 낭비했다. 늘 한 박자 이상 늦어버린 전철을 밟았다. 그만큼 인구 정책은 어렵다.

세대 효과라는 말처럼 한두 세대 이후에 정책 성과를 확인할 수 있으므로 긴 호흡과 많은 예산을 투입하려는 동기 자체가 쉽지 않다. 이렇듯 지체형 인구 관성은 선진국도 겪었다. 그럼에도 주요 선진국이 ±1.6명까지 출산율을 묶어낸 것은 고무적이다. 우리나라보다 일찍 진입했는데 '완화 → 적응'이라는 전략 성과를 확인한 것이다. 배움 직한 교훈이다.

절실한 것은 실효 있고 총체적인 대응 해법이다. 더는 실패하지 않고 공멸에서 벗어날 강력한 대책을 마련해야 한다. 뒤늦었지만 상황은 무르익었다. 누구든 인구 변화의 축적된 충격 여파에서 자유롭지 않을 만큼 일상생활 속에서 체감하는 압박이 거세진 결과다. 대학이 문을 닫고 징집 인원이 부족해지며 더 내고(증세) 덜 받는(복지) 시대 변화가 본격적인 까닭이다.

강 건너 불구경이던 저출생과 고령화가 삶에 영향을 끼친다면 더는 외면하거나 방치할 수 없다. 신정부가 '노동, 연금, 교육'이라는 3대 개혁을 차별적인 중점 의제로 채택한 이유는 달라진 인구 구조의 충격 여파를 무시할 수 없어서다. 마지막 타이밍인 만큼 한층 소중하게 접근하고 진중하게 대응해야 한다. 또 내버려 두면 희망은 없다.

이로써 방향성은 나왔고 방법론이 남는다. '인구 절벽'을 '인구 혁명'으로 삼으면 혁신적인 접근 방식은 상식에 가깝다. 지금처럼 철 지난 과거 방식만 고집하면 상황은 더 꼬이게 마련이다. 새로운 문제는 새로운 방법이 옳다. 단기 주변부의 일시적이고 표피적인 보여주기는

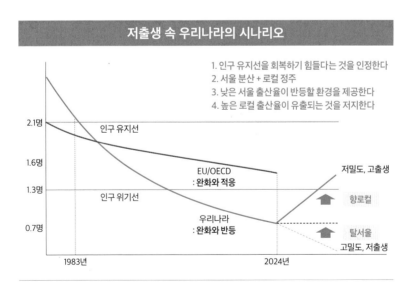

저출생 속 우리나라의 시나리오

1. 인구 유지선을 회복하기 힘들다는 것을 인정한다
2. 서울 분산 + 로컬 정주
3. 낮은 서울 출산율이 반등할 환경을 제공한다
4. 높은 로컬 출산율이 유출되는 것을 저지한다

곤란하다.

출산율 변화를 추정하면 20년 후 출생 제로까지 우려된다. 2022년 확정된 0.78명을 단순 숫자로 봐서는 곤란한 이유다. 특히 2023년은 더 떨어져 0.65명(4분기)까지 추락했다. 2018년 1명 밑(0.98명)을 뚫은 후 4년에 걸쳐 연평균 0.05명(0.98명 → 0.78명)씩 줄었다.

2022~2023년은 2배인 0.08명이 감소했다. 출생 감소가 더 빨라졌다는 얘기다. 0.78명을 모수로 0.05명씩만 떨어져도 16년 후 출산율은 0으로 수렴한다(0.78명 / 0.05명 = 15.6년). 하물며 2023년 추정치인 0.72명을 직전 연도 하락분(0.08명)으로 나누면 시간은 더 당겨져 10년 후면 출생 제로에 닿는다. 이 정도면 진영 논리에 따른 취사 선택형 쟁점 이슈의 범주는 넘어섰다.

최후의 한국인이 기대 여명까지 살 100년 후 한국인의 절멸 사태를 막으려면 대폭적인 인식 전환과 총체적인 정책 세트를 장기적인 성과 축적을 위해 제도화하는 수뿐이다. 이를 통해 서울로의 집중을 줄이고, 로컬로의 분산을 늘리는 한국적 특수론부터 완화하고 통제하는 것이 먼저다.

위기는 기회다

현실은 '한국화(Koreanization)'의 염려만큼 만만찮고 녹록지 않다.

한국화라고 쓰지만, 한국병으로 읽어도 무방한 위기 경고와 같다. 두 자릿수의 고공행진을 반복하던 압축 성장의 한강 모델이 1990년대부터 꺾이기 시작해서다. 수출 성과의 낙수 효과를 노린 자원 배분의 기본 질서가 흔들리며 새로운 변화 압력과 기존의 구조 충돌도 본격화됐다.

소규모 개방 경제의 한계가 불거지며 내수가 부족한 포트폴리오 비중 한계가 뒷덜미를 잡았고, 정경유착의 개혁 방치는 구조를 전환하는 골든 타임을 놓쳐버리는 우를 범했다. 이로써 장기적이고 구조적인 복합 불황이 20~30년간 지속된 일본병을 닮아갈 것이라는 경고도 거세졌다.

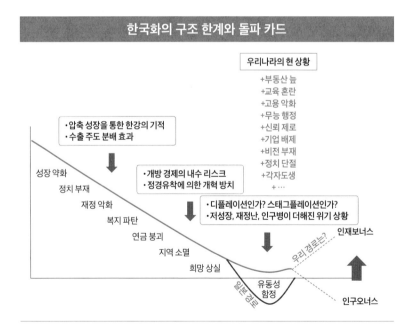

한국화의 구조 한계와 돌파 카드

인구 변화까지 맞물린 일본 경제의 속수무책은 GDP 대비 270%(2022년)에 육박하는 국가 부채에도 불구하고 돈을 풀어도 돌지 않는 유동성 함정까지 고착화된 총체적 실패로 평가한다. 우리나라의 저성장, 재정난, 인구병이라는 트릴레마를 풀 선택지는 K자형 경로뿐이다. 다시 한번 성장을 향한 혁신 개혁에 나설지 혹은 제로 성장의 스태그플레이션에 빠질지로 정리할 수 있다.

결국에 상식 파괴적인 구조 개혁만이 위협적인 인구 트랩에서 우리 사회를 구해낼 대안 카드다. 익숙한 것과의 결별은 당연지사다. 인구 대응은 부처 차원을 초월한 시대 변화의 원인과 결과답게 완벽히 재구성된 신질서를 뜻한다. 부처 상단의 컨트롤 타워가 실효적인 통제 체계를 통해 개별 정책의 누수와 중복을 막자는 얘기다.

주체부터 제도(법률, 예산)는 물론 인식과 관행까지 도마 위에서 재구성하는 것이 좋다. 뼈를 깎는 심정의 발본적 구조 개혁만이 가족 분화, 출생 카드의 달라진 뉴노멀과 직결된다.

'장기 비전 → 핵심 의제 → 세부 전략 → 실행 체계 → 성과 평가'의 밸류 체인(KPI)을 지속하고 관리하는 차원이다. 정권이 바뀌어도 휘둘림 없는 제도 지원과 사회의 응원을 보장하는 명확한 신호를 던져주기 위해서다.

세부 전략은 최대한 촘촘하고 탄탄하게 접근하는 것이 좋다. 3대 개혁 가운데 노동 부분을 언급한다면 시급한 핵심 의제는 '인재 혁명'이다. 인구 위기를 인재 혁명으로 뒤집을 생산성과 부가 가치를 증대하기 위한 전략을 마련하는 것이다.

고도성장 때 만들어진 연공 서열과 종신 고용을 대체할 '채용 → 임금 → 승진 → 퇴직'이라는 고용 시스템부터 뜯어고치자는 의미다. 후속 세대의 희생을 전제한 과거의 방식 대신 중립적이고 중도적인 근로 형태로의 전환을 뜻한다.

반면 정년 제도 또한 개혁해야 할 과제다. 특정 연령에 다다른 후 강제적 은퇴는 인구보너스일 때 정합적이다. 지금은 대폭적인 이민 독려조차 역부족일 정도로 생산가능인구의 하락세가 위협적이다. 경력단절여성처럼 출산과 육아로 묻혀버린 인재 활용도 새롭게 담아내는 것이 필수다. 여기에는 '인구오너스 → 인재보너스'를 위한 '생산가능인구 = 경제활동인구'로 전원이 활약하는 것을 전제로 해야 한다.

한국형 인구 급변은 만만찮은 위협 요소다. 동시에 머뭇거릴 시간도 없다. 벌써 나섰어도 이미 늦어버린 만큼 녹록지 않다. 그렇다고 방치하고 포기한다는 것은 더더욱 유구무언이다.

어차피 인구 대응은 넘어야 할 산이자 피하기 힘든 숙명이다. 특히 저성장과 재정난에 인구병까지 겹친 트릴레마의 우리나라 상황을 보건대 대응 여하에 따라 새로운 자본주의를 엮어낼 유일무이의 샘플 사례로 손색이 없다.

선진국조차 인구병은 아직이라서 우리나라 상황을 관찰하고 추격하겠다는 투다. 인구 감소와 지속 성장의 신자본주의 혁신 실험이 우리나라에서 펼쳐질 수 있어서다. 실제 투입할 요소가 줄어드는데 부가 가치가 커지면 신자본주의로 제격이다. 애덤 스미스조차 울고 갈 대목이다. 이로써 총성은 울렸고, 남은 것은 행동뿐이다.

일본 쇠락의 길인가,
지속 한국의 길인가

'재팬 넘버원(Japan as No.1)'. 한때 일본을 논하던 최고 수준의 수식어였다. 에즈라 보겔(Ezra Vogel)이 1979년에 쓴 책제목이기도 하다. 미국의 점령을 받던 패전국 일본의 드라마틱한 경제 성장을 일컫는 평가 결과다.

이랬던 일본이 지금은 막히고 닫힌 폐색 사회로 전락했다. 추락 원인은 많지만, 관통 항목은 '인구 변화'다. 또 하나의 공통분모로 정치적 한계도 자주 언급되고 있다. 베이비부머 세대와 함께 고성장을 시작했고, 생산가능인구가 하락 반전한 후 복합 불황이 펼쳐졌다. 저출생과 고령화의 인구 변화가 최전선에서 펼쳐진 사회답게 우왕좌왕하면서 오판과 무능을 반복했다. 결과는 뼈 저리고 쓰라렸다. 생활 단위까지 체감되는 열도 몰락의 조짐이 본격적이다.

확실히 일본은 변했다. 과거를 기억하는 시선에서 보면 곳곳이 내리막길 천지다. 즉 풍경은 비슷하되 속내는 달라졌다. 선진 면모와 후진 갈등이 뒤섞이며 사회 구조가 붕괴하려는 조짐이 완연해졌다. 주요 언론에서 하는 표현처럼 '빈곤 일본'(《니혼게이자이신문》, 2023년 여름 특집판)의 '신계급 사회'(《주간 다이아몬드》, 2023년 여름 특집판)가 한때 세계 경제를 쥐락펴락하던 사회 활력을 완벽히 집어삼킨 듯했다.

'1억 총중류(総中流) 사회'의 자랑은 온데간데없이 눈앞의 생활조차 버거운 이들이 급증했다. 천정부지로 오른 부채 압박이 불 지른 고집스러운 금융 완화(엔저 유도) 속의 고물가는 "한국보다 못하다"라는 푸념과 함께 폭망론에 직결한다. 요컨대 '나쁜 엔저'가 국민을 가난으로 내몬다는 의미다. 실제 "일본은 끝났다"에 이견이 없을 정도다.

불편과 불만과 불안이 곳곳에

그렇다면 원인은 뭘까? 숱한 영향 변수가 있지만, 가장 확실한 것은 인구 변화다. 대부분 유일무이한 악재로 인구 변화를 손꼽는다. 인구만큼 넓고 깊고 길게 경제 체력을 갉아먹는 대형 변수도 없어서다. 직접 원인인 엔저 정책도 '인구 감소 → 활력 저하 → 세금 감소 → 재정 부담 → 경기 진작 → 금융 완화'에서 비롯됐다. 2006년 자연 감소와 2016년 총인구 감소의 인구학적 이중 충격이 사회 구조의 지속 가능성을 훼손시킨 것이다.

1990년대 후반의 장기 복합 불황과 생산가능인구의 하락 반전도 한몫했다. 일찌감치 시작된 인구 변화가 서서히 생활 반경 속 불행 풍경으로 현실화된 셈이다. 그나마 2012년부터 아베노믹스로 전방위적으로 구조를 개혁하고 충격을 완화하는 데 나섰음에도 실효성은 거의 없었다.

이쯤에서 교훈은 명확해진다. 상황이 훨씬 나쁜 우리로서는 더 신속하고 유효한 대응 카드가 필수라는 점이다. 막강했던 일본조차 후진국 탈락을 염려한다면 우리나라의 앞날은 불을 보듯 뻔하다.

일본 사회의 활력은 급감했다. 도시와 농촌 몇 곳의 생활 현장을 직간접적으로 살폈는데, 인구 증가와 고도성장 때 먹혀들던 세대부조형 사회 구조가 심각한 기능부전에 빠진 것으로 보인다. 깊어진 양극화 속에서 비정상, 불균형마저 횡행하는 형태다. 인구 변화로 인한 경착륙이 생활 단위의 불편과 불만, 불안을 가중시킨 것이다.

2022년에 저출생(합계 출산율, 1.3명)은 신조류가 됐고, 고령화(고령화 비율, 29%)는 위험 수위를 넘겼다. 1970년대 한 해 200만 명이 태어난 출생자도 2022년에 80만 명 밑으로 감소할 전망이다. 80만 붕괴는 123년(통계 작성)만으로 일본 당국에서 한 정식 추계보다 8년이나 앞당겨졌다. 기시다 후미오(岸田文雄) 총리가 2023년 신년 연설에서 "일본 사회가 붕괴 직전에 직면했다"며 "당장 조치하지 않으면 영원히 기회가 없다"라고 호소한 배경이다.

사회 전반의 삐걱대는 불편과 불안, 불만을 흡수할 정치공학적 수

사로도 해석할 수 있지만, 더는 미루기 힘든 절체절명의 개혁이 필요한 것으로 이해할 수도 있다. 기성세대와 기득 주체의 고착화된 이익 독점을 평준화하고 중립화할 구조를 개혁하라는 주문이다. 그럼에도 BBC는 "그간 출생 정책을 펴왔지만 성공한 적은 없다"며 리더십의 발언에 찬물을 끼얹었다. 만시지탄일뿐더러 백약무효라는 의미다. 어떤 반론도 '일본병 = 인구병'에 맞서기 힘들다는 뜻이다.

덩달아 사회 구조는 곳곳에서 붕괴하고 있다. 세대 바통을 전제로 한 조세, 복지, 고용 시스템은 시차를 두고 무너진다. 조세는 재정 균형이 무너졌다. 예산 수입 가운데 조세는 61%(69조 엔)뿐이라서 31%(36조 엔)는 적자 국채로 벌충한다.

반면 세출 가운데 사회 보장과 국채비가 각각 32%(37조 엔), 22%(25조엔)에 달한다(2023년). 그래서 GDP 대비 국가 부채가 270%에 이른다. 정상 국가로 보기 힘든 해괴한(?) 살림살이다. 연금과 보험 등 사회 보험도 '보험료 〈 급부비'로 돌아섰기에 정부의 지원 없이는 유지하기 아주 힘들다. 급부비만 정부 예산을 웃도는 나라답게 더 내고 덜 받는 복지 개혁은 당연지사다.

우리나라가 본격적인 논의에 착수한 복지 개혁도 일본은 훨씬 빨리 시작했는데 지금도 현재 진행형이다. 한 번으로 끝나지 않는 복잡다난한 이슈라는 얘기다.

일본은 2022년 국민연금 납부 기한을 '60세 → 65세'로 늘렸다(45년). 5년을 더 내면 1인당 약 100만 엔에 해당하는 신규 부담이 생겨난다. 의료 보험과 간병 보험은 소득과 연령(75세)을 기준으로 자기 부담을 더 높였다. 현행 원칙상 자기 부담은 10%지만, 일정 소득을 넘기거나 현역 소득과 비슷하면 각각 20%, 30%로 높아진다. 그래서 최소한 사회 보험의 납부 부담을 연장한 65세까지 고령 근로는 불가피하다.

반면 65세까지의 계속 고용은 임금 부담 탓에 난항이다. 촉탁 계약의 비정규직화가 대세다. 전직 지원, 경력 설계도 대기업에 한정될 뿐 중소기업은 어렵다. 그만큼 조세, 복지(인구 수요)와 고용, 산업(인구 공급)의 동시다발적인 구조 개혁은 만만치 않다.

가속화되는 불균형 사회 속 풍경

일본은 활력이 감소하면서 부담이 증가하는 사회가 됐다. 열심히 일해도 가처분 소득이 그만그만인 폐색 사회로 평가할 수 있다. 도전과 혁신은 몇몇 기업 부분을 빼면 찾아보기 어렵다. 일류 기업조차 없으면 후진국으로 향하는 떨어지는 칼날 신세라는 발언도 들린다. 청년은 나아지기 힘드니 향상심이 줄어들고, 중고령은 열심히 뛰지 않으면 노후 생활이 어려워 아등바등한다.

실제 인구 변화가 촉발하고 재촉시킨 관련 트렌드는 심화한 듯하다. 특히 청년 그룹의 기성 이익에 대한 반발과 포기 정서가 깊어졌다. 요컨대 '노인 배싱'이다. "내가 번 돈으로 유유자적하는 연금 생활을 즐긴다"라는 박탈감 탓이다.

길게는 30년째 정체된 임금 불만도 크다. 한국보다 못하다는 자괴감을 논할 때 늘 등장하는 통계가 신입사원의 임금 비교다. 2023년 초에는 고액 아르바이트에 속은 일부 청년이 노인을 대상으로 한 연쇄 강도, 살인 사건을 벌여 충격에 빠트렸다. 확인할 수 있는 사례만 20건 이상이다. 엔저까지 맞물린 청년 절망은 일본을 떠나는 워홀(워킹 홀리데이) 행진으로 이어진다. 정규직의 사회 입직을 포기한 프리터(Free + Arbeiter) 인생과 은둔형 외톨이는 사회 문제가 된 지 오래다.

반면 국가적 리크루팅은 이들의 빈자리를 메운다. 간병, 건설, 농업, 유통 현장은 산업 연수생처럼 외국인 근로자 없이 돌아가지 못한다. 3년 전과 비교하니 숫자와 국적은 훨씬 다양해졌다.

거리 풍경은 늙음이 확연하다. 3명 중 1명이 고령 인구인 사회답다. 손님도 직원도 하나같이 실버 인구다. 그들끼리 주고받는 '노노(老老) 경제'다. 다만 노후 인생은 엇갈린다. 말년 격차는 악어의 입처럼 '부자 노인 vs. 빈곤 노인'의 차이를 벌린다. 호텔 브런치와 400엔 규동집이 공존하니까 말이다.

사회 구조가 붕괴하는 흐름 속에서 버텨내려는 개별적인 대응 체계는 관전 포인트다. 가계 차원의 세대부조를 완성하려는 부모 간 재산 승계가 그렇다. 부모 자산의 상속과 증여가 급속한 성장 테마가 된 것이다. 가계 자산의 60%(2,000조 엔)를 움켜쥔 고령 인구의 자녀 걱정이 만들어낸 트렌드다.

정부도 활력 증진을 위해 비과세 등 특례 조치로 자산 이전을 촉진하는 정책을 강화한다. 이름하여 '부(富)의 회춘'이라는 신조어로 소비를 진작하고 경기 회복을 노린다. 소도시에서 만난 70대 해녀조차 육아 자녀를 위한 자산 이전이 동년배의 공통 고민이라고 했다. 정부가 '부자 나라 vs. 빈곤 국민'의 불일치를 풀고자 구조 개혁에 나섰다면 가계는 '부자 부모 vs. 빈곤 자녀'의 엇박자를 완화할 자체 방안에 고심하는 셈이다. 개인 선택이 사회의 편익이 될지 관심사다.

시한폭탄이 째깍거리는 우리나라의 앞날

한편에서는 비정상적이고 불균형한 지방일수록 인구 충격의 그림자는 더 자욱해진 듯하다. 유지가 힘든 확정 지역마저 수두룩하다. 2019년 총무성 자료에 따르면, 인적조차 끊긴 등록 인구가 제로인 마을이 164곳, 진입 직전은 3,622곳으로 집계됐다. 와중에 1명이라도 더 뺏으려는 인구 쟁탈전은 갈수록 거세진다. 소멸될 위기로 거론되는 지역은 물론 최근에는 대도시조차 유입하려는 경합에 뛰어들었다.

새로운 흐름도 목격할 수 있다. 인구 반전 없는 재정 파탄의 교훈은 지방자치단체의 인구 유지 포기 선언을 낳는다. 해봤자 무의미하다는 반성 차원이다. 오이타현 미야하라 마을은 동네를 품위 있게 사라지도록 운동까지 펼친다. 이렇게 되면 인구 유출은 더 빨라진다. 직주락이 없는 공간의 운명은 뻔해서다.

일본은 우리나라의 되돌릴 수 없는 확정적인 미래로 해석할 수 있다. 철 지난 매뉴얼과 낡은 사회의 질서에 사로잡힌 집단 우울이 빚어낸 반면교사가 떠오른다.

좋아서는 안 될 전형적인 선행 실패라는 점에서 우리는 상황에 대응하려는 시작을 하는 것이 옳다. 구조 개혁을 연기하고 방치해 치를 값비싼 수업료를 반복해서는 곤란해서다. 후진국이 됐다느니 우리나라에 뒤졌다느니 운운하는 평가에 일희일비할 여유는 없다. 더 시급하고 절실한 것은 우리나라 사정인 까닭이다.

일본을 걱정할 것은 어디에도 없다. 하물며 일본은 여전히 파워풀하다. 부자 3대는 간다고 '일본 = 선진국'은 공통적인 평가다. 무능한 정부와 얌전한 국민이 빚어낸 불협화음만 주목하면 일본 파워는 가려진다. 당장 일본의 대외 순자산은 압도적인 세계 1위다. 2022년 기준으로 31년 연속 '넘버원'이다. 2021년 말 411조 엔으로 엔저에 힘입어 사상 최고치를 찍었다. 2위 독일(316조 엔)과 3위 홍콩(243조 엔)과도 격차가 크다.

기업 경쟁력은 불문가지다. 2022년 경제지 〈포춘〉에 따르면, 500대 기업 순위 가운데 중국 136개, 미국 124개에 이어 일본은 47개로 3위다. 우리나라는 16개뿐이다. 반면 인구 변화의 핵심 항목인 출산율은 한일 각각 0.65명(2023년 4분기 잠정치)과 1.26명(2022년)이다. 출생자는 '25만 명 vs. 80만 명'으로 더 벌어진다. 엔저라지만 '엔화 = 안전 자산'이라는 등식도 굳건하다. 기축 통화답게 국제무대에서의 통화 신뢰는 국부를 유지하는 데 유리하다.

이런 일본이 인구 변화로 몸살을 앓는다. 그렇다면 우리나라의 선택지는 명확해진다. 치료보다 예방이지만 깊은 병세 속 체력마저 약하면 서둘러 전방위적인 적극 치료에 나서는 것이 맞다. 골든 타임마저 놓친 우리 사회가 버텨낼 최후 카드는 대대적인 이(異)차원의 구조 개혁뿐이다.

시대 변화에 맞는 새로운 질서 제안만이 인구오너스가 불 지핀 불황 압력과 축소 위기를 인재보너스를 돌파하는 재료로 활용할 수 있어서다. 고성장의 기억만 반추해서는 곤란하다. 달콤했던 성공 경험은 잊어버릴수록 새판을 짜기에 좋다.

롤모델 없이 위기를
헤쳐 나가야 할 때

우리나라가 좇음 직한 추격 사회는 없다. 선행국도 선험 모델도 없을뿐더러 벤치마킹이든 반면교사든 기댈 곳조차 사라졌다. 먼저 가본 미래가 알려준 힌트가 없으니 손쉽게 추격하며 쌓아 올린 후발 이익은 멈춰섰다.

아무도 가보지 못한 전대미문의 인구 변화를 이끈 주역답게 '위기→기회'로의 대응 과제도 스스로 풀어낼 수밖에 없다. 이로써 우리 사회는 인구 감소와 축소 시장이 도태의 함정이 아닌 새로운 기준이 되게끔 돌파할 수 있는 힌트를 찾는 시대 과제 앞에 섰다. 어렵게 볼 필요는 없다. 새로운 도전이므로 기준도 정답도 없다. 중요한 것은 열린 인식과 품는 자세다.

인류의 진화 경로도 매한가지다. 지금에야 대단한 금자탑이지만,

경제 발전과 문명 번영은 한 발 한 발 좋은 방향으로 내딛던 고민과 행동이 축적한 결과였다. 선두의 서양 기술과 후발의 동양 정신이 빚어낸 상호 경쟁도 더 나은 미래를 위한 원재료였다.

문제는 앞으로다. 세계사적 결정 구조에서 그간 변방에 머물던 우리나라가 드디어 집중 조명 속에 무대 데뷔를 앞뒀다. 저성장, 재정난, 인구병의 트릴레마를 극복할 새로운 자본주의 대안 모델을 제안하고 실험하며 성공할지 지켜보기 위해서다. 최소한 인구 악재만큼은 여유로운(?) 선진국답게 후발 주자의 추격 이익을 기대하는 눈치다.

전 세계가 뛰어든 지속 가능한 경제 모델

확실히 낯설고 쉽지 않은 미션이다. 관중까지 지켜봐 부담이 더하다. 그럼에도 할 수 있고 해야 할 과제라는데 이견은 없다. 잘만 하면 성장 한계를 뛰어넘은 신자본주의론을 완성한 주인공으로 등재할 수 있는 절호의 기회다. 요컨대 인구 감소를 호재 또는 기회로 전환, 역전시킨 우리나라 사례는 인류 전체를 위한 최초 모델로 제격이다.

지속 가능한 신자본주의를 완성한 종주국답게 선도 모델의 명성과 실리를 두루 확보할 수 있다. 불가능은 없다. 그간의 경험과 노하우, 성과를 보건대 어쩌면 우리나라만이 완수해낼 시대 과제에 가깝다. 부정적이면 낙하산을 만들고, 긍정적이면 비행기를 만든다고 했다. 떨어질 걱정보다 나아갈 기대가 여러모로 낫다. 그렇다면 지금 우리 사회에 필요한 것은 무얼까.

자본주의는 문제가 많다. 제도 실패는 셀 수조차 없다. 그렇다고 대체할 모델도 마뜩잖다. 고장 난 곳을 고쳐 쓰며 갈등을 최소화하고 효용을 최대로 실현하는 카드가 유력하다. 큰 위기를 겪은 후 숱한 반성 기조와 대안 모델을 논의했지만, 결론은 대개 '자본주의를 부분 수리하자'로 귀결됐다. 자본주의를 대체할 유력한 후보도 없지만, 질서를 교체해 빚어질 혼돈과 갈등도 상당해서다.

큰 틀의 구조 변화가 없는 제도적 재편을 전제하는 것은 인구 악재를 극복하는 과제에서도 그대로 통용할 수 있다. 자본주의 안에서 지속 가능성을 높이는 달라진 투입 조건과 거래 방식을 신질서로 만들자는 얘기다. 총인구 감소 1호국 일본 등 주요국도 꽤 급해졌다. 관중일 뿐 아니라 선수로 뛰며 신질서의 주도권을 쥐려고 열심이다. 가장 유리한(?) 경쟁 상대는 우리나라다. 시나리오를 넘어선 현실판 인구병의 충격 파장과 실험 조건을 두루 갖춰서다.

보완이든 대체든 기존 질서를 뒤흔드는 기획과 제안은 낯설고 어려울 수밖에 없다. 기존 모델을 분해하고 평가해서 시작하기에 무(無)에서 유(有)를 만드는 것만큼 난이도가 높지는 않다. 다만 룰을 교체해야 한다는 점에서 설득력 있는 논리성과 구체적인 현실성이 필수라서 없던 것을 만드는 창조력에 버금가는 스트레스를 전제로 한다.

무시와 딴지를 넘어 저항과 반발도 불을 보듯 뻔해서다. 이대로도 속 편하고 이득일수록 신질서가 요구하는 이해 조정에 찬성하고 협력할 리는 없기 때문이다. 그렇다고 내버려 두거나 건너뛸 수는 없다. 납득할 때까지 설득하고, 동의할 때까지 타협하는 내부 조정은 꼭 필요하다. 혁신적인 대안 모델과 매력적인 설득 카드를 양손에 쥐는 양수겸장이 요구되는 이유다.

먼저 기존 모델이 갖는 한계를 분석하는 것부터 시작해야 한다. 우리나라 경제의 주력 모델은 대표 선수의 낙수 효과를 기대한 '제조, 수출, 대기업'의 성장 시스템이다.

'수입 대체 vs. 수출 주도'의 갈림길에서 후자를 선택함으로써 훗날 한강의 기적을 쏘아 올린 수출 주도형은 시작됐다. 당시 상당수 후진국이 수입 대체를 택했다는 점과 차별적이다. 이로써 한정적인 자원의 차등적인 배분 질서도 규정할 수 있다.

제조와 수출의 키워드는 우대 조건의 만능열쇠처럼 쓰이며 규제 완화는 물론 직접 지원과 정책 금융까지 품어 안았다. 이를 다각화의 이름으로 무한 복제에 나선 재벌 시스템이 완성했다. 제조, 수출, 대기업의 삼박자가 시너지를 발휘하며 고속 성장을 견인해온 것이다.

선행 사례인 일본 모형을 벤치마킹했으므로 종신 고용, 연공 서열, 기업 복지의 고용 구조도 일본을 판박이처럼 빼닮은 배경이다. 3050클럽(1인당 GDP 3만 달러, 인구 5,000만 명)의 화려한 성적표를 단기간에 일궈온 한국적 성공 스토리의 핵심 뼈대다.

수출 주도형의 우리나라 모델이 완성된 강력한 비결 가운데 하나는 인구보너스였다. 즉 기초 체력을 떠받쳐준 것이 베이비부머 세대로 상징되는 우수하고 저렴하고 많은 노동 공급, 즉 출생 증가의 힘이었다. 많이 태어났는데, 똑똑할뿐더러 몸값마저 싸니 이런 노동 공급으로 고속 성장을 달성하는 것은 당연한 수순이다.

성실과 열정을 전제한 탄탄한 노동 공급의 기초 체력(펀더멘털) 속에 근로 소득과 조세 납부를 통한 자본 축적도 달성됐다. 높은 가계 저축률이 성장에 필요한 젖줄 역할을 맡음으로써 인구보너스의 한 축을 맡아준 셈이다.

게다가 선진국의 선행 경로까지 있어 뒤만 쫓아가면 추격 이익도 손쉽게 확보할 수 있었다. 선진국을 뒤따라 '조립 가공 → 기초 산업 → 고부가 가치'로 산업 사이클을 고도화한 것이다. 연구 개발(R&D)을 위한 대형 투자 없이 추격 모델만으로 요소 투입형 자본주의의 모범 사례로 기록됐다.

서비스 + 내수 + 유니콘

이제는 목에 찼다. 그간 잘 달려왔지만, 계속 뛰기에는 힘이 달리고 길도 나빠졌다. 수출 주도형의 한계 봉착이라는 의미다. 잠재 성장률 1~2%대의 저성장은 만들어도 팔리지 않는 초유의 문제 상황을 연출했다. 수출입 1~2위국인 미국과 중국의 교역 조건이 악화되는 사태 등 통제하기 힘든 외생 변수도 한몫했다.

궁극적으로는 과도·편향적인 제조 의존도를 지적하는 시선이 많다. 자본재와 서비스로 치환되는 선진국일수록 탈제조가 일반적인데 우리나라는 그렇잖아서다.

한때를 쥐락펴락했던 제조 강국과 비교해도 마찬가지다. 2021년 기준, 전체 산업 가운데 제조 비중은 독일 20%, 일본 21%보다 높은 28%다. 구조를 전환하는 데 성공한 일본은 GDP 대비 수출입은 ±20%뿐으로 ±80%는 내수 부분일 정도다. '제조 의존도 = 경제 취약성'으로 비화되는 근거다. 제조 중에서도 반도체 20%, 자동차 11% 등 쏠림 현상이 심각하다.

인구가 감소하면서 수출 주도형은 멈춰섰다. 저성장의 핍박 강도를 볼 때 해외 부분의 새로운 블루오션이 아닌 한 최소한 감축 성장은 예고됐다. 첨단 제조, 투입 혁신, 해외 공간 등 수출 주도형을 뒷받침할 강력한 대체 모델이 필요하다. 무엇을 어떻게 어디로 구조화할 것인지 투입과 산출에 이르는 과거 방식인 밸류 체인과의 총체적인 결별을 선언해야 한다는 뜻이다.

줄어든 노동 공급과 약해진 자본 축적은 물론 불안한 해외 수요와 멈춰진 성장 과실의 종합판 구조 압박을 넘어설 달라진 투입 요소를 찾아내는 것이 관건이다. 대안은 '서비스, 내수, 유니콘'이다. 비즈니스는 향서비스로, 성과 공간은 내수 부분으로, 실행 주체는 유니콘으로 무게 중심을 옮겨 기울어진 운동장의 치명적이고 구조적인 붕괴 위험을 낮추는 식이다. '제조 → 서비스'로 '수출 → 내수'를 키워 '대기업 → 유니콘'의 새로운 성장 엔진을 갖추는 아이디어다.

인구 감소에 따른 고용 환경이 변하는 흐름은 순응하는 것이 좋다. 탄력적인 고용으로 시대 변화에 대응하고, 연공주의 연령 차별(에이지즘)을 없애 청년 인재를 흡수하며, 회사의 부담을 가중시킨 기업 복지에서 다중 공급의 혼합 복지로 인력을 활용해 숨통을 확보하는 것이 바람직하다.

단, 한 번의 완벽한 선수 교체는 아니다. 물론 되기도 될 수도 없다. 즉 수출 주도형이 거뒀던 과거 성과만큼의 완전한 모델 대체는 어렵다. 그래서 현실적인 것은 보완 모델이다. 수출 주도형의 고도화와 포트폴리오의 균형감을 적절히 섞어낸 보완 체계를 구축하자는 얘기다. 제조, 수출, 대기업의 성과와 숙련을 재검토하고 재활용해 지속 가능성에 기여하도록 최대한의 역할과 부가 가치를 끄집어내는 것이 먼저다. 장점은 경쟁력으로 강화하고, 약점은 역발상으로 전환해 제조, 수출, 대기업의 연결 호흡을 극대화하는 전략이다.

제조 비중이 높은 것이 약점이지만, 역으로는 특수한 강점이다. 이때 고부가 가치의 첨단 제조로 새로운 먹거리를 만들면 서비스로의 전환 과정에서 생기는 다양한 마찰과 비용을 최소화할 수 있다.

처음부터 단칼에 완성하는 것은 힘들다. 보완을 반복하면 대체로 바뀌듯 신질서의 엇박자와 부작용을 방어할 충격을 완화하는 장치가 중요하다. '전통 제조 → 첨단 제조', '집중 수출 → 다변 수출', '대기업 → 다국적 기업(MNCs)'으로의 관점을 전환하는 것도 훌륭한 잠재 후보라는 말이다.

수출 주도형이 쏘아 올린 1차 추진체는 성공적인 임무를 완성했다. 이제 필요한 것은 그 바통을 이어받아 '고속 성장 → 지속 성장'을

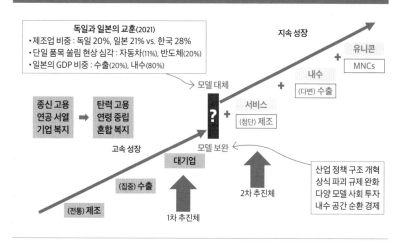

우리나라 경제 주력 모델의 한계와 대안

독일과 일본의 교훈(2021)
•제조업 비중 : 독일 20%, 일본 21% vs. 한국 28%
•단일 품목 쏠림 현상 심각 : 자동차(11%), 반도체(20%)
•일본의 GDP 비중 : 수출(20%), 내수(80%)

위한 또 다른 2차 추진체다. 2차 추진을 위한 핵심 엔진을 수정하고 교체해 수출 주도형을 보완하고 대체하는 것은 시대 숙명에 가깝다. 이정동 교수의 책《축적의 길》(2018)에서는 이를 '역량 설계 → 개념 설계'로 해석한다.

수출 주도형을 완성한 역량 설계는 선진국의 설계도에 맞춰 빠르고 정확하게 조립만 하면 충분했다. 즉 실행 파워가 중요했다. 하지만 그다음의 개념 설계는 완전히 다르다. 개념 역량은 남다르고 독특하며 정밀해진 새로운 구조의 밑그림을 뜻한다.

한 번도 못한 것을 창조하는 대담한 상상과 반복된 도전이 켜켜이 쌓인 시행착오를 전제로 한다. 새로운 패러다임을 설정하고 관리하는 게임 체인저의 필수불가결한 자격 조건이다. 배울 수 없는 경험으로 축적한 무형화된 지식과 노하우를 뒷받침하는 기업가정신의 발로와 같다. 세계가 주목하는 우리나라의 길이다.

비유하면 수출 주도형은 눈치껏 따라 한 발 빠른 행동 능력이 중요했다. 머리보다 몸으로 열심히 달리고 버티며 체력 하나로 여기까지 왔다. 잘 달려준 베이비부머 세대의 강철 체력 덕분이다. 아쉽게도 체력이 고갈되기 시작했다. 베이비부머 세대는 물러나고, 후속 세대는 적어졌다. 다른 방식의 성장 모델로 갈아탈 시점이다. 적어도 익숙한 것과의 결별을 전제로 충격을 최소화하고 성과를 최대화해야 하는 것이 눈앞의 지향점이다.

그럼에도 현실은 아쉽다. 연료를 다 쓴 1단 엔진을 붙들고 애쓰는 중이라고 평가한다. 과거의 영광에 취해 붙잡고만 있어서는 곤란하다. 1단 엔진은 분리하는 데 실패하고 2단 엔진은 점화하는 데 실패했다는 것이 현재 상황이라는 이 책의 결론에 주목할 필요가 있다. 진취적인 실행 역량에서 혁신적인 개념 역량으로 바뀌면 추격적 관행에서 벗어난 도전적 질문부터가 먼저다.

개념 설계를 하면 앞서갈 수밖에 없다. 또 설계한 사람이 지배할 수밖에 없는 시대다. 일류는 제품이 아닌 생각을 파는 법이다.

인구 감소가 발굴한
새로운 비즈니스

우리나라만 한 국가도 별로 없다. 우리야 냉혹하게 보지만, 해외에서는 대부분 호평한다. 수출 주도형의 '한강의 기적'은 개발도상국의 롤모델일 정도다. '수여국 → 공여국'의 해외 원조에 대한 위상 변화도 우리나라가 최초이자 유일하다. 두 세대만에 놀랄 만하게 국력을 증진했다.

2022년 12월 31일 미국의 랭킹 조사 전문 업체인 US뉴스앤월드리포트(USNWR)는 세계에서 가장 강력한 국가 6위에 우리나라를 꼽았다. 국뽕(?)이라는 폄하가 있지만, 선진국으로 진입한 것은 부인할 수 없는 팩트다. 일각에서는 '개발도상국 → 선진국'으로 막차를 탔다며 칭송한다. 발전 한계가 뚜렷해지며 더는 우리나라를 뒤따를 국가가 없다는 분석도 있다. 우리나라를 빼고 장기적이고 압축적인 고도성장

운운은 불가능에 가깝다.

그럼에도 체감은 희박하고 현실은 먹먹하다. 선진국답잖게 첨예한 갈등과 뒤처진 병폐가 공존한다. 후진국형 불상사도 잇따른다. 천박하고 비루한 자본 탐욕도 건재하다. 다양한 삶의 방식, 품질이 보장된 안정, 성숙형 선진국과 구분된다. 앞만 보고 내달려온 아이러니다. 덩치에 맞는 체력과 정신을 갖추는 것이 급선무다. 지금처럼 너무 일찍 늙어버린 조로 사회가 계속되면 곤란하다. 인구 압박이 상징적이다.

급하면 체하듯 일찍 늙으면 고달프고 힘들다. 뭘 하고 싶어도 늙어버린 자원과 제도로는 역부족이다. 빨리 커서 빨리 늙었으니 압축 파워는 능해도 천천히 합을 맞추는 숨 고르기는 낯설다. 자전거처럼 운전은 과속보다 저속이 더 힘든 법이다. 저출생과 고령화의 인구학적 조로 현상은 확산하고 있다. 젊음을 공급하는 길이 막히면서 경제 조로도 만만찮다. 성장 감퇴, 투자 둔화, 부채 경제가 불확실성을 키우고 있다. 젊은 기세가 만들던 혁신 모델은 방해되고 포기된다. 늙음이 젊었을 때의 제조 신화만 잔존한다. 인식 조로도 심상찮다. 즉 미래 편익을 위해 고통을 감내하는 것은 사라졌다.

덜 낳고 더 늙은 조로 사회

다시 신화를 써 내려갈 때다. 일찍 늙어서 좋을 것은 하나도 없다.

절실히 필요한 것은 우리나라가 세계 최초로 걸어갈 선진국형 지속 성장이라는 반전 카드다. 간신히 선진국 버스에 올랐지만, 본판은 지금부터다. 체급이 오르며 베네핏은 사라졌다. 날 선 국제 경쟁 판에서 되레 핸디캡이 덧대질까 염려스럽다. 스스로 선진국임을 증명하고 완성할 때다.

늘어난 늙음과 줄어든 젊음을 위기가 아닌 기회로 삼아 지속 가능성을 유지하고 확대하는 사회 구조를 만들어야 한다. 늙어버린 제도와 관행을 재검토해 시대 변화에 맞는 신질서로 재편하는 취지다. 전선을 축소하고 대결을 자제하려면 제도를 수정하는 것이 시급하다. 저출생과 고령화가 대결을 넘어 동행하도록 틈새를 줄이고 접점을 넓히는 달라진 패러다임이 필요하다. 품격은 스스로 만들어내는 가치다. 조로 사회의 속 빈 강정을 충실히 채워줄 넛지가 절실하다.

인구 감소도 마찬가지다. 도태의 뒷덜미일지 도약의 스프링일지 승패의 열쇠는 바라보는 사람과 준비하는 자세에 달렸다. 변화는 변화일 뿐인데 특정 현상을 둘러싼 '위기 vs. 기회'의 활용 여부는 전적으로 참여자의 몫이다. 똑같은 현상일지언정 웃고 우는 엇갈린 운명이 발생하는 배경이다.

늘 그렇듯 세상사 마음먹기 나름이다. 시장이 가장 싫어하는 것은 앞날이 보이지 않을 때다. 차라리 예고된 위험 경고는 알려진 악재로 걸맞게 준비하면 된다. 불확실성의 무한 루프가 골칫거리일 뿐이다. '병이 퍼질 때 주식을 사라'가 과하면 적어도 '공포에 사고 환희에 팔라'는 격언은 명심할 일이다. 알려진 즐거운 호재보다는 감춰진 두려운 악재가 더 큰 기회일 수 있다는 뜻이다.

상황은 무르익었다. 외면과 방치의 끝단에 섰다. 충격적인 인구 기록과 파괴적인 사회 균열은 하루가 멀게 악화하고 있다. 체감하지 못할 곳(공간)과 때(시간)는 없다. 모두가 아는데 하지 않거나 못하면 자격 미달 혹은 능력 부족일 따름이다. 적어도 지체하거나 방해하면 눈앞의 반발은 물론 역사의 참패로 남을 뿐이다.

정부도 더는 버티거나 물러설 여지가 없다. 인식 전환, 장기 비전, 실효 정책을 위한 구조 개혁에 나설 때다. 담대한 혁신 지점은 퀴퀴한 관성 탈피로부터 비롯된다. 복지 배분에서 성장 과실로, 예산 의존에서 혁신 금융으로, 정부 독박에서 기업 연대로 반전 기회를 노리는 것이 좋다. 많은 자원과 검증된 능력을 갖춘 기업이 등판하고 시장을 활용하는 것은 위기를 기회로 바꿀 매력적인 액션 플랜 가운데 하나다.

물러설 곳 없는 정부

조로 사회가 보내는 위험 경고도 인구 카드로 넘어설 수 있다. 인구 변화가 가속화한 덜 낳고 더 늙는 새로운 시대 개막은 그 자체로 달라진 도약을 위한 기회인 까닭이다. 저출생과 고령화만 연결해도 훌륭한 신모델을 제안할 수 있다. 즉 숙련의 지혜 주머니와 혁신의 열정 에너지가 손을 맞잡으면 사상 초유의 인구 급변도 드라마틱한 반전 기회로 활용할 수 있다.

정년 연장을 필두로 일자리와 부동산 등 한정적인 자원의 연령별, 세대별 배분에 대한 갈등만 드러낼 것이 아니라 새로운 부가 가치를 창출해낼 신규 커플로 노청 연합을 꾀하자는 얘기다. 그렇다면 저출생과 고령화는 생산뿐 아니라 소비 측면의 새롭고 강력한 투입 자산이 될 수 있다. 왜곡된 부채를 강력한 자산으로 쓸 수 있기 때문이다. 여기에 한강의 기적을 통해 기왕 보유한 유무형의 축적 자본까지 동원하면 어렵잖게 '자산 = 자본 + 부채'도 완성할 수 있다.

우리나라는 그간 저출생을 전제하지 않았다. 인구 유지선(출산율 2.1명)을 깬 1983년에 저출생이 시작됐지만, 해당 이슈가 수면 위로 등장한 것은 한참 뒤의 일이다. 2005년 9월 1일부터 저출생·고령사회기본법을 시행한 이후에야 저출생의 심각성이 알려지고 확산됐다. 고작 20여 년 전부터 사회 문제로 다뤄진 까닭에 정밀한 이슈 분석 없이 감각적이고 단편적인 악재로만 해석됐다. '만혼 → 노산'과 '미혼 → 비혼'의 흐름처럼 부정적인 문제 이슈로 취급됐다.

그래서 비즈니스도 '출생 감소 → 수요 감소 → 사양 산업'이라는 축소 맥락만 강조했다. 특히 유아·청소년 등 출생 감소와 직결된 인구와 소비 감소는 관련 산업에 대한 사양 경고로 직결됐다. 고객이 줄었으니 사업도 축소될 것이라는 논리에 기초한다.

다만 현실은 사뭇 다르다. 고객 총량이 줄어도 1인당 소비 지출이 늘어나면 총액 변화는 없는 데다 달라진 욕구가 새로운 시장을 만들 수 있다. 사양 경고의 혁신 돌파와 함께 축소 고객의 새로운 욕구에 올

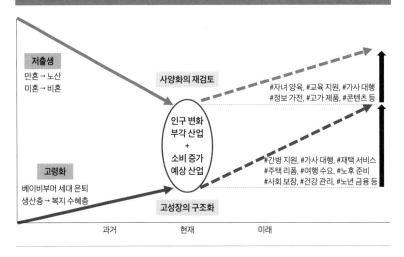

인구 변화와 신규 수요, 비즈니스

저출생
만혼→노산
미혼→비혼

사양화의 재검토

#자녀 양육, #교육 지원, #가사 대행
#정보 가전, #고가 제품, #콘텐츠 등

인구 변화
부각 산업
+
소비 증가
예상 산업

고령화
베이비부머 세대 은퇴
생산층 → 복지 수혜층

#간병 지원, #가사 대행, #재택 서비스
#주택 리폼, #여행 수요, #노후 준비
#사회 보장, #건강 관리, #노년 금융 등

고성장의 구조화

과거   현재   미래

라타면 불황에 대한 압박은 약화될 수 있다.

저출생이 경고한 사양화도 재검토가 된다면 고령화는 비즈니스의 운신 범위를 더 넓혀주는 고려 변수다. 저출생의 속도만큼 고령화의 비중은 확장되기 때문이다. 베이비부머 세대가 대량 은퇴를 완료하면 특히 고령화는 강력한 시대 화두로 부각될 것이다. 당장은 피부양자로 인식되며 소득 감소, 복지 확대, 재정 악화의 사회 문제로 비춰지지만, 조로 사회를 회피할 혁신 대응이 전제되면 고속 성장의 바통을 받아줄 지속 성장의 추진 체계로 제격이다.

특히 축소 시장의 진성 고객인 1970년대생을 비롯한 요즘 어른의 욕구 실현은 고령화가 새로운 블루오션의 훌륭한 투입 비료임을 보기 좋게 증명해준다. 또 한 번의 고성장이 구조화되는 반가운 인구 변화다. 간병과 의료를 비롯한 요즘 어른의 직주락과 연계된 욕구 충족이

GDP를 올려줄 '서비스 + 내수 + 유니콘'의 실현 지점이라는 의미다. 저출생은 사양화의 재검토로, 고령화는 고성장의 구조화로 흡수하면 인구 변화만큼 파워풀한 투입 재료도 없다.

📈 인구가 감소하면서 성장한 일본의 10대 산업

'인구 감소 = 성장 토대'는 우리 사회가 채택하고 진입해야 할 지향 과제다. 당위론답게 현실성과는 적잖은 위화감이 있는 것이 사실이다. 다만 의기소침할 필요는 없는 듯하다.

인구 변화가 빨랐던 총인구 감소 1호국인 일본의 산업 편람과 기업 지도를 다룬《업계지도(業界地圖)》를 분해하면 악재를 호재로 역전시킨 불굴의 성장 부분을 확인할 수 있다. 약 180개 산업군 가운데 최근 10년(2013~2023년)에 걸쳐 시장 규모가 뚜렷이 성장한 10개 산업을 봤더니 인구 변화는 위기보다 기회였음을 확인시켜주는 결과가 나왔기 때문이다.

저출생으로 사양화가 염려됐던 육아와 교육은 역설적이게 시장 파이가 더 커졌다. 육아는 맞벌이로 시장화와 외주화의 수요가 커졌고, 외동 자녀에 대한 중산층 부모의 집중 투자도 투입 단가를 높였다. 인재보너스를 위한 인재·생산성 혁명을 내세운 정부의 사회 투자도 한몫했다. 유보(유치원 + 보육원) 일원화와 무상화 등 행정 조정에 따른

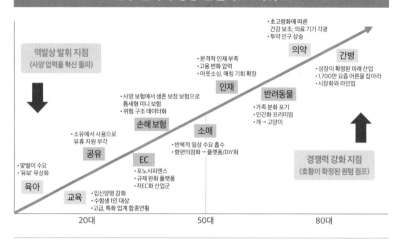

인구 변화와 성장 산업 후보 키워드

역발상 발휘 지점
(사양 압력을 혁신 돌파)

• 초고령화에 따른
  건강 보조, 의료 기기 각광
• 투약 인구 상승

의약 **간병**

• 본격적 인재 부족
• 고용 변화 압력
• 아웃소싱, 매칭 기회 확장

인재

• 성장이 확정된 미래 산업
• 1,700만 요즘 어른을 잡아라
• 시장화와 라인업

• 사양 보험에서 생존 보장 보험으로
  틈새형 미니 보험
• 위험 구조 데이터화

손해 보험

반려동물

• 가족 분화 포기
• 인간화 프리미엄
• 개 → 고양이

소매

• 소유에서 사용으로
  유휴 자원 부각

공유

• 반복적 일상 수요 흡수
• 향편의점화 → 플랫폼/DIY화

경쟁력 강화 지점
(호황이 확정된 퀀텀 점프)

EC

• 포노사피엔스
• 규제 완화 플랫폼
• 저EC화 산업군

• 맞벌이 수요
• '유보' 무상화

육아

교육

• 입신양명 강화
• 수험생 1인 대상
• 고급, 특화 업계 합종연횡

20대   50대   80대

공공 투자도 업계 규모를 키워냈다.

교육도 엇비슷하다. 희소 자원이 된 소수 자녀의 집중 투자를 위한 1인당 고급 수요와 특화 수요가 교육 시장을 견인했다. 물론 경쟁 격화에 따른 업계의 합종연횡이 활발해지면서 점유 격차는 확대되는 양상이다.

저출생과 직결된 육아와 교육이 사양 압력을 혁신적으로 돌파해야 한다면 의약과 간병의 고령화는 호황이 확정된 퀀텀 점프다. 역발상이 필요한 저출생보다 손쉽게 경쟁력을 강화할 수 있는 것이 고령화인 까닭이다. 확실히 관련 시장의 성장세는 비약적이다. 2023년 기준, 100조 엔을 넘어서는 시니어 마켓의 성장 속도를 보건대 인구 변화가 불러온 블루오션의 모범 시장이다.

1,700만 요즘 어른의 고령화가 예고된 우리나라는 이제부터 시작

이다. 복지 영역을 넘어 개인 욕구의 맞춤 시장 라인업을 강화하면 미래 먹거리로 손색이 없을 전망이다. 저출생과 고령화가 고객과 욕구 변화를 주동하지만, 중간의 현역 인구도 소비 선호와 산업 구조의 변화를 촉구한다.

기존의 인플레이션 시대와 달리 디플레이션과 스태그플레이션에 적합한 새로운 욕구가 새로운 비즈니스로 반영되는 것이다. 가치 소비와 맞물린 공유, 포노사피엔스의 전자상거래, 생존 보장이 더 중요한 손해 보험, 도보 반경의 일상 수요인 소매, 노동 부족이 불러올 인재, 가족 역할을 대체할 반려동물 등의 산업군이 인구 변화 속에서 성장을 견인할 유력한 후보다.

5

가족 붕괴에서 읽는
비즈니스 트렌드

패러다임 대전환은 피할 수 없는 과제다. 인구 변화를 보건대 시간은 없고 결과는 매섭다. 죽느냐 사느냐로 엇갈린다. 활로를 열어줄 힌트는 결국 인구 변화에 있다.

인구오너스를 인재보너스로 넘어서듯 양적 악재를 질적 호재로 갈아타는 혁신 점프가 중요하다. 소중해진 인구를 파워풀한 인재로 격상해 생산과 소비의 활동 주체로 활용하는 것이다. 제외할 인구가 없고, 무시할 고객이 없듯 전원 참가형 사회 실현이야말로 우리 사회의 신질서를 설계하는 핵심 개념이다. 축소적 역량 설계를 벗어나 혁신적 개념 설계로 업그레이드하자는 얘기다.

그렇다면 자본과 노동의 양적 투입을 전제한 노동 집약형의 성장 모델을 대체할 새로운 신자본주의도 기대된다. 축소 인구의 능력과 자질을 높여 1인당 인재 파워를 키워냄으로써 양적 투입 없이도 질적 성장을 만드는 총요소생산성(고부가 가치)에 주목하는 성장 방식이다. 창의 인재, 규제 완화, 기술 혁신 등에 가중치를 둔 패러다임을 뜻한다.

미래 시장은 재편될 수밖에 없다. 급변하는 인구는 시장 변화를 앞당긴다. 산업과 기업의 대응도 멈추면 도태되지만, 변하면 성장한다. 주요 흐름은 '제조 → 서비스'로의 시점 변화다.

수출 의존에서 내수 강화로의 무게 이동을 통한 혁신적인 성장을 전제로 해야 한다. 저출생과 고령화를 먼저 겪으며 성장 전략을 수정한 선진국처럼 서비스업의 부가 가치를 60~70%까지는 올리자는 얘기다. 고령화로 인해 의료와 간병, 복지 부분이 커지면 시장이 확장되는 것은 자연스럽다.

본업 경쟁력과 외부 파트너의 시너지를 뜻하는 '제조 + 서비스'의 합종연횡 전략을 추천한다. 아마존, 쿠팡, 카카오처럼 데이터를 확보하려는 노력을 통해 축소 고객의 전체 편익에 주목한 방식이다. 즉 양적인 고객 감소의 딜레마를 질적인 수요를 발굴하는 시너지로 커버하는 혁신 전략이 중요해진다.

모든 기업에 미래는 있다. 필요한 것은 핵심 사업의 주변 지점이 던져준 기회를 포착하는 것이다. 외부의 인구 변화와 본업의 경계 즈음은 훌륭한 연결 엣지다.

1인화와 사회 보장

그렇다면 인구 변화를 장악하고 정복하는 것이 중요하다. 인구 변화가 무엇을 의미하는지 개념과 내용, 특징과 방향을 알아야 비즈니스에 활용할 수 있어서다. 아쉽게도 인구 변화는 대부분 저출생과 고령화의 1차적 가공 뉴스와 통계 수치로 흡수된다.

뭔지는 알겠는데, 어떻게 써야 할지는 애매하고 둔탁하다. 결국에 대체적인 흐름을 확인하는 것은 가능하지만, 실체적인 본업에 대한 연결 힌트를 찾기는 힘들다.

이럴 때는 시대 풍미의 특정 트렌드나 길거리의 풍경 전환에서 인구 변화를 찾아내 이해하는 것이 바람직하다. 귀납법처럼 개별 사례에서 시대 흐름을 읽는 것이 손쉽고 간단하고 유용하다. 대표적인 힌트 지점은 연령별 가족 구성의 변화 양상이다. 부지불식간에 주변의 가족 형태, 구성 조건, 기대 역할 등이 확연히 달라졌음을 체감할 수 있어서다.

인구 변화는 가족 변화에서 구체적 증거와 뚜렷한 확신을 찾을 수 있다. 가족 분화가 흔들리며 연기(만혼) 혹은 포기(비혼) 속 1인화라는 싱글 세대로 확산된다. 전통 가족의 전승 조건이 붕괴되며 인구 변화로 인한 새로운 가족으로 보완되고 대체되는 것이다.

가족 변화만 잘 살펴도 인구가 제안하는 성장 기회는 포착할 수 있다. 어렵고 낯선 외부 의존적인 가공 정보보다 일상에서 체감할 수 있는 가족 붕괴의 면면 속에서 새로운 틈새 유형을 비즈니스의 연결 기회로 삼는 것이 좋다. 이런 작업을 반복하고 축적하면 세세하게 분해하고 정확하게 해석하는 인구 혁신도 현실화할 수 있다.

당장 전통 가족의 범용 모델은 멈춰섰다. 관혼상제처럼 연령별로 당연시했던 생애 행사에 물음표와 반대표를 던지는 후속 세대가 늘었다. 이들은 '사회 데뷔 → 가족 분화 → 현모양처(여성) → 회사 인간(남성) → 정년 은퇴 → 노후 생활 → 최후 싱글'의 평범한 표준 인생을 의심하고 저항한다.

표준 편차를 벗어났을 때 느끼는 불안감과 소외감은 별로 없다. 기성세대의 탐탁지 않고 꾸부정한 눈길도 상관없다. 달라진 세대 출현은 중년까지 확장된다. 고정 관념에 맞서 저항과 탈선을 감내한 최초 집단인 1970년대생 X세대가 범용 가족의 붕괴 전선을 이끌었기 때문이다. 표준 가족에서 벗어난 중년 그룹의 등장이다. 늙어갈수록 희귀 사례였던 노년 가족의 새로운 돌발 선택도 일반화된다.

전통 가족 붕괴 속 새로운 고객

먼저 2030세대의 사회 데뷔부터 보자. MZ세대는 선배 세대가 당연시했던 '졸업, 결혼, 출산'의 가족 분화에 동의하지 않는다. 가뜩이나 불확실해진 호구지책에 고비용과 저효용의 가족 분화(2차 가족화)

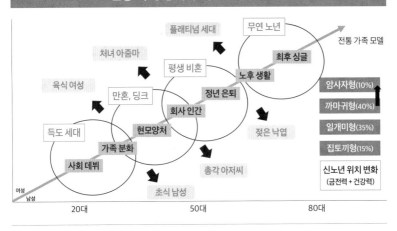

전통 가족 붕괴와 새로운 틈새 고객

플래티넘 세대
무연 노년
처녀 아줌마
최후 싱글
전통 가족 모델
육식 여성
평생 비혼
노후 생활
만혼, 딩크
정년 은퇴
암사자형(10%)
회사 인간
까마귀형(40%)
득도 세대
현모양처
일개미형(35%)
가족 분화
젖은 낙엽
집토끼형(15%)
사회 데뷔
신노년 위치 변화
(금전력 + 건강력)
총각 아저씨
여성
남성
초식 남성
20대
50대
80대

를 선택하기 힘든 탓이다. 예고된 저성장을 보건대 미래 편익과 현재 고통을 맞바꾼 교환 가치는 멈춰선다.

사회 데뷔는 해도 가족 분화는 신중하다. 고학력화 등 정보를 취합하고 상황을 판단하는 등 능력 개선은 인생 가치의 조기 해탈을 뜻한다. 아등바등 살아본들 손에 쥘 만족이 적다고 예단하면 욕심보다 현실에 만족하는 삶을 택한다. 요컨대 득도 세대의 존재 이유다.

부모 세대라면 상식이던 엄마와 아빠의 삶이 투영된 현모양처와 회사 인간은 설 땅이 없다. 만혼 속 딩크가 그나마의 가족 분화의 끝줄 사례다. 되레 남성다움과 여성다움의 필요가 줄어들며 중성화는 심화됐다. 고성장형 성징 가치였던 미소 여성과 근육 남성은 전환되고 퇴화되며 성징과 결별한 결과 육식 여성과 초식 남성을 잉태했다.

전승돼온 가공의 이미지로서 'OO다움'은 급속도로 지워진다. 축소 시장과 수축 사회에는 먹혀들지 않는 성징 규정인 탓이다. 전통 가족의 붕괴 흐름이 빚어낸 새로운 틈새 고객은 육식 여성, 초식 남성의 중년화까지 닿는다. 평생 비혼(생애 싱글)의 1인화가 연령이 확대되면서 대안 모델로 급부상한 것이다.

실제 50세 싱글 인구인 생애 미혼율은 남자(17%)와 여자(8%) 모두 급증했다. 2020년 기준 출산율이 우리나라의 2배에 육박하는 일본(남자 28%, 여자 18%)과 비교하면 추월 시점도 머지않았다. 바로 '처녀 아줌마, 총각 아저씨'의 등장이다. 동년배의 표준적인 경로였던 중년 특유의 가족 부양에서 자유로운 최초의 세대다. 돈은 많고 쓸 곳은 적은 틈새 고객의 완전 조건을 갖춘 경우다. 물론 이들의 늙음도 관전 포인트다. 최후 싱글의 노후 생활이 확정된 까닭에 강력한 구매력과 길어진 소비망의 수혜가 예상된다.

평생 비혼이 아니면 새로운 노후 생활로 재편된다. 은퇴한 이후 30~40년의 잔존 기간이 갖는 시간 가치다. 부부 관계의 거리 두기식 재설정은 물론 이혼과 졸혼을 필두로 한 가족 재편이 확대된다.

남녀 역전도 목격된다. 할머니는 플래티넘(백금) 세대답게 강력한 소비 인구로 뜨는 반면 할아버지는 무위론에 휩싸인 종속 존재(젖은 낙엽)로 전락한다는 것이 일본적 경험이다. 선제적인 노후 준비가 필요한 이유다.

실제 노년 생활의 틈새 고객은 얼추 4단계로 나뉜다. 금전력과 건강력을 토대로 선배 노년과 향후 세대를 비교하면 전체 방향도 추론할 수 있다. 기초 생명 보험, 노년 근로, 소득 수준, 질환 빈도를 종합해 볼 때 과거 노년은 '집토끼형(15%) → 일개미형(35%) → 까마귀형(40%) → 암사자형(10%)'으로 완성됐다.

정부 복지에 의존한 빈곤 노후를 돌봐야 할 집토끼로, 일을 멈출 수 없는 고령 노동을 일개미로 봤다. 또 돈은 있는데 몸이 아파 자녀 관심(효도?)이 쏠리는 까마귀와 돈과 몸 모두 건재해 가족 공동체를 통솔하는 모계 동물의 상징인 암사자로 구분한다. 향후 늘어날 수밖에 없는 노년 그룹은 일개미형과 암사자형이다. 특히 까마귀형이 암사자형과 일개미형으로 각각 K자형 계층 이동을 주도할 전망이다. 1,700만 요즘 어른을 대입한다면 초고령 사회에서는 암사자형이 대세 흐름일 확률이 높다.

우리나라
10대 인구 트렌드

웨인 그레츠키(Wayne Gretzky)라는 전설적인 아이스하키 선수가 있다. 1999년 은퇴까지 최우수 선수에만 9번 뽑힌 입지전적인 인물이다. 누군가 비결을 묻자 "대부분 퍽(공)을 따라가지만, 중요한 것은 갈 곳을 짐작해 먼저 뛰어가 기다리는 것"이라고 했다. 늘 그렇듯 뒷북보다는 선수를 치는 것이 관건이라는 얘기다.

당장은 보이지 않아도 방향성을 읽고 조금 먼저 움직이면 기회는 있다. 대부분 조직이 크든 작든 싱크 탱크를 두는 이유다. 비즈니스 모델의 다양화와 고도화를 떠맡은 핵심 부서답다. 이들의 일은 하나로 요약할 수 있다. 트렌드 발굴이다. 미래를 지배할 유력 현상을 찾아 길목을 지키려는 차원이다. 물론 쉽지 않다. 강력하고 큼직한 변수지만 직면하기 전에는 안 잡히는 뜬구름 같은 것이 또 트렌드다.

트렌드에 주목할 이유는 넘쳐난다. 트렌드는 다가올 앞날의 삶을 커버한다. 한번 정해지면 파급력까지 상당하다. 승자로 남으려면 트렌드를 확실히 읽고 대비해야 하는 이유다. 경쟁 승리의 원류가 트렌드를 장악하는 여부라 봐도 과언은 아니다.

미래학자 페이스 팝콘(Faith Popcorn)은 "트렌드를 모르면 사업하지 말라"고까지 했다. 피터 드러커(Peter Drucker)조차 "트렌드를 예측한다고 100% 성공하지는 않아도 트렌드를 읽지 못하면 100% 실패는 보장한다"라고 했다. 성공 모델을 보건대 반박하기는 어렵다.

투자 시장도 뒤따르는 추격 매매보다는 한발 앞선 길목 선점을 강조한다. 이때 돈이 지나가는 길목은 트렌드로 점쳐진다. 트렌드야말로 강력한 사회적 추진력이자 모든 활동을 담아낸 원시 코드인 까닭이다.

인구 트렌드를 못 읽으면 100% 실패한다

트렌드, 즉 시대 유행은 세분화할 수 있다. '초기 모드 → 소비 변화 → 기술 가세 → 사회 현상 → 메가 트렌드'로의 개념 연결이 그렇다. 뒤로 갈수록 강력한 트렌드다. 메가 트렌드의 특징은 3가지다. (1) 새로운 시대 개막(최소 30~50년 유지), (2) 삶에 미치는 포괄적 영향력, (3) 어디서든 감지할 수 있는 동반 현상 등이다.

개인과 조직의 미래 대응은 이 3가지 공통분모, 즉 메가 트렌드로 확신될 때 시작하는 것이 바람직하다. 왕왕 가짜 트렌드도 있어서다. 패드와 패션 등이 그렇다. '패드'는 변덕스러운 단기 유행을 뜻한다. '패션'은 일시적 열풍으로 주기적이고 연속적인 반복성이 있다. '이달의 베스트 셀러' 같은 식이다. 트렌드는 그다음이다. 중장기적인 추세 동향으로 얼마든 예측도 가능하다. 트렌드가 장기간 삶에 정착되면 혁신이 된다. 혁신은 트렌드의 안착을 의미한다.

현재는 과거와 맞닿으며 미래를 향한다. 따라서 미래 트렌드를 이해하고 예측하는 것은 과거가 잉태한 현실의 변화로부터 비롯된다. 어제와 오늘의 정밀한 변화 독법에서 미래 사회를 장악할 메가 트렌드를 찾자는 얘기다.

최근 10년간 우리나라는 숱한 변화를 반복했다. 저성장에서 비롯된 인구 변화 속에 팬데믹까지 겹치며 게임 원칙과 제도 기반을 수정하는 실험을 계속했다. 고성장 때 만들어진 고용과 가족, 출생 등 인생 모델도 달라졌다.

실제 하루가 달리 새로운 트렌드는 쏟아진다. 개인 취향의 분화 심화(핵개인, 분초 사회, 나노 사회, 초개인화, 세포 마켓), 새로워진 인생 가치(돌봄 경제, 러스틱 라이프, 편리미엄, 소확행), 달라진 세대 출현(육각형 인간, 올드 머니, 요즘 남편, 없던 아빠, 오팔 세대, 픽미 세대), 추앙적 자본주의(디토 소비, 머니 러시, 자본주의 키즈, 원초 본능), 가상 공간에 몰두하는 사회(언택트, 멀티페르소나, 나나랜드) 등 다양한 키워드로 과거와 결별한 새로운 트렌드의 후보가 떠오른다.

이들 신현상을 인구 변화와 연결한 트렌드로 좀 더 세분하면 한결 뚜렷하고 확실한 시대 흐름을 확인할 수 있다. 배경 분석, 현실 풍경, 상호 관계 등 연결성과 설명력을 토대로 10대 인구 트렌드로 정리할 수 있다. 이를 연령대별로 줄 세워 핵심 키워드로 나열한 후 세부 내용으로 분해하고 확대해보면 인구 변화에 따른 달라진 트렌드를 확인할 수 있다. 10대 핵심 트렌드는 다시 각각 하위 주제 5개씩으로 세분화할 수 있다.

결국에 인구 키워드는 모두 50개로 연령대별 혹은 사업 내용별로 접근해 새로운 비즈니스를 진출하고 확대하는 힌트 지점으로 적용하면 좋다. 우리나라보다 빨랐던 일본 사례의 공통분모로부터 추출했으며, 우리나라에서도 일정 부분 뚜렷이 확인할 수 있는 새로운 경향성을 인구 트렌드로 구체화했다.

(1) **인생 득도**   전통 경로부터 벗어난 청년 그룹의 생애 주기별 인구 트렌드다. 학력 지향의 경쟁 압박을 버텨내며 사회 진입을 앞둔 고학력화의 MZ세대는 과거였다면 ±50세는 돼야 느낌 직한 지천명의 인생 가치를 일찌감치 깨닫는다. 인생 득도다. 그래서 눈앞의 확정 이익을 미래의 기대 편익보다 월등히 우선시한다. 청년 특유의 추진적인 행동보다는 따져보는 방관에 익숙하다.

1%의 바늘구멍에도 헝그리 정신을 흡수했던 부모 세대와 달리 알 수 없는 삶을 위한 희생은 전제하지 않는다. 향상심의 포기다. 당연히 위험해서 회피를 위해 쟁여두려는 자산을 축적하려는 동기는 낮고,

대신 존재 의미를 확인하는 작은 사치에 민감하다. 휘발적이고 무의미한 소비일지언정 본인이 가치를 느끼면 기꺼이 지불한다. 소유할 수 없는 것에 대한 포기가 일반적이지만, 필요하면 가성비의 이용 가치로 커버한다.

(2) **유연 직장** 기성세대에게 직장 생활은 인생 가치의 우선순위에 속한다. 직장과 가정의 균형은 어불성설의 충돌 가치다. 그런데 확연히 달라졌다.

고성장이 끝나고 기업 복지가 줄어들면서 상대적인 직장 가치가 감퇴했다. 무료 잔업과 맞바꾼 종신 고용이 깨지면서 충성해야 할 회사 인간의 존재 이유가 사라졌다. X세대 선배 집단조차 꼰대로 불리며 MZ 세대 사용 설명서를 배워야 할 정도로 급속도의 변화다. 회사에 좌우 당하던 불쌍한 사축 인간은 선배 세대로부터 종료됐다.

평생직장은 평생 직업으로 교체되고 있다. 언제든 그만둘 수 있다는 노사 간의 평행 관계가 상식으로 안착됐다. 처음에 덜 받고 나중에 더 받는 연공급처럼 연령별 차등적인 임금 체계는 불만을 공론화해 재조정해야 한다. 저성장이 예고된 청년 세대의 직장생활과는 맞지 않는 불리한 임금 체계인 까닭이다. 겸업 금지를 풀어준 일본처럼 직장인의 부캐 모색도 늘어난다. 본캐 하나로 먹고살기 힘든 시대답다.

(3) **비용 압박** 인생 비용이 급격히 인상됐다. 돈이 적을 수밖에 없는 청년 그룹에게 핍박적인 인생 경영이 닥쳤음을 뜻한다. 0.72명의 출

산율이 정황 증거다. 출생에 대한 의지와 능력 모두를 빼앗은 시대에의 날카로운 복수의 칼날과 같다. 원래는 안 그랬다. 결혼은 저비용의 부담 없는 행사였다. 돈 때문에 짝을 못 찾는 경우는 드물었다. 물 한 잔 떠놓고 평생을 맹세했다는 기억(?)마저 적잖다.

하지만 자본주의의 발전 엔진이던 분업이 확대되면서 결혼조차 고비용의 보여주기를 유발했다. 스스로 식을 못 올리니 고도화되고 고급화된 시장 부분에 맡기며 경쟁적이고 낭비적인 허례 비용을 낳은 것이다. 일자리와 부동산까지 결혼 조건에 안착하며 집안 거래(?)의 통과 허들을 높인 것도 생존 원가에 기여했다.

서울처럼 스태그플레이션(물가 인상, 소득 정체)이 심하면 부모 찬스 없는 결혼 통과는 불가능에 가깝다. 분화 포기로 1인화가 가속화되면 가족 기능을 보완하고 대체할 우울 산업과 자력 노후가 신생 욕구로 사업화될 것이다.

(4) **모계 사회** 인류사상 강력했던 모계 사회로 귀환하는 흐름이 가속화되고 있다. 저출생과 고령화를 버텨낼 유효 질서는 모계 파워로 정리할 수 있다.

확장적이고 탐욕적인 사냥 게임 이후에는 정주적이고 공생적인 안정감 있는 교환이 자연스럽다. 최소한 숨 고르기는 필요하다. 옳다 그르다의 이슈는 아닌 시대 변화의 방향 진단일 뿐이다. 특히 여성의, 여성에 의한, 여성을 위한 사회일 때 표준 경로를 벗어난 인구 변화도 재차 수렴하고 복귀시킬 공간이 생긴다.

여성이 웃을 때 출생도 늘어난다. 성차별이 줄면서 여성의 활약은 배증한다. 입김뿐 아니라 돈 힘까지 갖춘 여성 파워가 등장한다. 중년의 골드미스와 노년의 할머니 힘(플래티넘 세대)이 그렇다. 가족 분화를 포기하고 남녀 차별이 개선해낸 여성 특화형 별종 집단이다. 저출생조차 모계에서 저비용, 고효율이 확보돼 친정 중심의 근린형 대가족화도 심화되고 있다. 모계 파워를 교환하며 소비 패턴을 독점하는 달라진 구매 스타일을 완성하는 것이다.

(5) **남성 약화** 모계 사회의 생존 전략은 근육 포기로 정리할 수 있다. 제조 시대 때 유용했던 근육을 투입하는 것을 종료한 결과 남성의 역할과 존재감은 희석됐다. 반면 힘세진 여성은 새로운 주역으로 여성 시대를 주도한다. 1,700만 요즘 어른의 X세대 중년 남성은 근육 문화를 몸에 익힌 최후 세대로 끊임없이 모계 사회의 생존을 강화하기 위해 쓰거나 쓰지 않는 진화 경로를 택했다.

MZ 세대의 후배 그룹은 이들을 보며 요즘 남편, 없던 아빠(Not Like Old Daddies, Millennial Hubbies)를 완성했다. 권위적인 중년 가장의 덧없음을 확인한 결과다. 덕분에 청년 남성은 결혼 여부와 무관하게 근육 소비를 회피한다. 술을 먹지 않고 차를 사지 않으며 밥조차 혼자가 익숙한 초식 총각이 그렇다.

결혼했다면 필수 영역으로 떠오른 라떼파파(육아에 적극적인 아빠)를 통해 전통적인 아빠상에서 벗어나려 열심이다. 제조하는 데 쓰던 근육이 약화하면 그 자리를 채워야 할 대안은 서비스의 미소로 비유

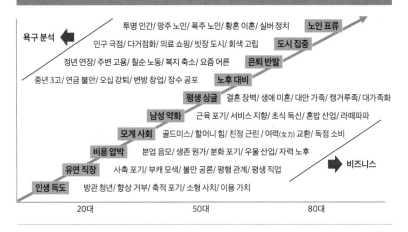

미래 인구 10대 새로운 트렌드와 사업 키워드

욕구 분석 ◀

투명 인간/ 망주 노인/ 폭주 노인/ 황혼 이혼/ 실버 정치 ── 노인 표류

인구 극점/ 다거점화/ 의료 쇼핑/ 빗장 도시/ 회색 고립 ── 도시 집중

정년 연장/ 주변 고용/ 칠순 노동/ 복지 축소/ 요즘 어른 ── 은퇴 반발

중년 3고/ 연금 불안/ 오십 강퇴/ 변방 창업/ 장수 공포 ── 노후 대비

평생 싱글 ── 결혼 장벽/ 생애 미혼/ 대안 가족/ 캥거루족/ 대가족화

남성 약화 ── 근육 포기/ 서비스 지향/ 초식 독신/ 혼밥 산업/ 라떼파파

모계 사회 ── 골드미스/ 할머니 힘/ 친정 근린/ 여력(女力) 교환/ 독점 소비

비용 압박 ── 분업 음모/ 생존 원가/ 분화 포기/ 우울 산업/ 자력 노후

유연 직장 ── 사축 포기/ 부캐 모색/ 불만 공론/ 평행 관계/ 평생 직업

인생 득도 ── 방관 청년/ 향상 거부/ 축적 포기/ 소형 사치/ 이용 가치

비즈니스 ▶

20대   50대   80대

할 수 있다. 화장품을 필두로 미소를 강화하려는 남성 구매형 소비 시장이 성장하는 배경이다. 이처럼 여성 강화와 남성 약화 등 성징 변화에 관한 정밀한 욕구 분석은 새로운 비즈니스를 뜻한다.

(6) 평생 싱글　저출생과 고령화는 생애 미혼과 직결된다. 1인화이냐 홀로가 인구 변화의 원인이자 결과다. 익숙한 가족 소비는 달라진 세포 소비로 전환되며 소비 시장의 룰을 바꿔버린다. 높아진 결혼 장벽이 생소한 생애 미혼을 표준 모델로 발탁하며, 기존의 가족 효용을 보완하고 대체해줄 캥거루족과 대가족화로 이어진다. 모두 전통적인 가족 분화를 완료하지 않은 결과다. 비즈니스로는 새로운 기회다.

'인구 변화 = 1인화'를 확인한 이상 신중하되 때를 놓치면 곤란하다. 선점은 하지 못해도 후행은 사양일 따름이다. 3~4인분의 가족 소비는 표준 모델일 수 없다. 홀로 사는 달라진 새로운 고객의 욕구 충족형 그랜드 디자인으로 대체해야 한다. 혼자 살지 않으면 알지 못할 답답함은 곳곳에 포진한다. 가족 포기의 대체로 등장한 나 홀로의 삶을 충실히 도와주는 재화가 후보군이다.

쪼개고 나누는 상품과 서비스로 연결해야 한다. 포인트는 전체의 1인화다. 적용하는데 제한은 없다. 용량과 포장의 세분화는 물론 고객 욕구별 미시적인 차별과 연계할 때 빛을 발할 것이다. 한마디로 욕구 분출과 소비 지점은 작고(Small), 똑똑하며(Smart), 나를 위한(Selfish), 특화 서비스(Service)로 압축할 수 있다.

(7) **노후 대비**　이제부터는 중년부터 시작해 노년까지 커버할 고령화 키워드를 분류한다. 노후 대비는 인구 변화의 새로운 현상 가운데 비교적 강력하고 광범위한 질서 재편을 뜻한다. 전통적인 노후 생활과의 결별을 뜻해서다. 선배 세대의 노후 생활은 뒷방 퇴물이라는 비유는 있을지언정 최소한 고독 사망의 몰인간적인 인생 최후까지는 아니었다.

그런데 시대가 변했다. 부모를 모시고, 자녀를 양육하고, 본인의 노후까지 책임져야 하는 삼중고에 빠진 X세대처럼 노후 대비를 확보하는 전략에 균열이 생겨났다. 봉양과 양육의 교환 질서가 먹혔던 과거와 달리 X세대 이후 인구는 가족이 해체되면서 각자도생의 생활 준칙을 적용하기 시작했다. 인구 변화로 부모와 자녀에 기댐 직한 대상과 여지가 줄어든 것이다.

노후 버팀목을 위한 가족 기능이 약화하면서 노후 안전망에 대한 준비를 달리해야 한다. 스스로 지출하고, 시장에서 구매해야 한다. 일부는 정부 복지가 맡겠지만, 조세 부담과 악화하는 재정을 볼 때 각자도생일 수밖에 없다. 와중에 연금에 대한 불안은 높아진다. 나이 오십에 강제 퇴직해 변두리에 창업을 시도하지만, 장수에 대한 공포를 이겨낼 비법은 없다.

(8) 은퇴 반발 믿을 것은 본인뿐인 시대다. 덜 낳고 더 늙는 인구 변화를 볼 때 사회 부조, 세대부조와 맞지 않아서다. 국민연금처럼 인구 공급이 끝없이 가능했던 부조 체계가 저출생의 현행 구조와 불협화음을 내는 이유다. 즉 생애 전체에 걸친 적자 영역과 흑자 영역을 본인 장부 안에서 처리할 수밖에 없는 시대다.

적자 최소, 흑자 최대를 위한 살림 재편을 보건대 근로 소득이 단절되는 현역 은퇴는 받아들이기 어렵다. 수급하는 연령을 미룰 수밖에 없는 연금 개편도 정년 연장을 도입한 취지와 일맥상통한다.

그렇다면 은퇴는 최대한 거부할 수밖에 없다. 의지와 능력만 있다면 계속 근로를 통해 흑자 구간을 늘리는 것이 좋다. 70세를 향하는 서구 사례나 정년 폐지처럼 특정한 연령을 이유로 퇴장하는 전통 관행은 사라질 수밖에 없다.

실제로도 제도와 달리 현실은 고령 근로로 정리할 수 있다. ±50세에 다니던 직장에서 물러난 후 ±70세까지 일할 수밖에 없는 냉혹한 현실이다. 주변의 불안정한 고용이나 축소되는 복지를 볼 때 불가피하다. 다만 1,700만 요즘 어른의 은퇴 행렬은 달라진다. 생산과 소비가 장기화되고 현역화될 것이다.

(9) 도시 집중 고학력, 대기업을 좇던 인생 모델이 출산율을 0.72명까지 떨어뜨렸다. 저출생, 고밀도의 서울과 수도권에 끝없는 사회 전입이 반복된 결과다. 12% 공간에 52% 인구(주민등록)가 몰려 사는 서울·경기 공화국이 출현한 배경이다. 기업, 금융, 학교, 인재까지 모든 것을 블랙홀처럼 흡수하는 다거점의 서울 파워가 인구 극점을 실현했다.

그럼에도 청년은 내쫓는 것이 또 빗장 도시 서울의 매몰찬 적용 질서다. 입장료(부동산)가 없다면 출퇴근 때 허용된 빗장 아래서만 서울을 오가라는 뜻이다. 그들만의 리그로 회색 콘크리트가 쌓아 올린 강고한 승자 공간은 최소한 금전 허들을 통과할 때만 허용된다.

그래서일까. 고령 인구의 서울 전입도 확인할 수 있다. 빈곤 노인은 도시에서 추방을 선고받지만, 지방에 거주하는 부자 노인은 프리 패스로 서울을 향한다. 탄탄한 인프라가 집중된 간병과 의료 혜택을 위해서다. 유병 노후가 전제된 '늙음'의 비즈니스화다. 돌봄의 시장화로 공공 부족, 민간 영세의 불일치를 풀어준다면 유력한 비즈니스 모델로도 제격이다. '수요 증가 → 매출 확대 → 투자 증대 → 산업 확장'의 흐름이다.

(10) 노인 표류 인구 변화가 빚어낸 새로운 불편과 불안, 불만 가운

데 하나다. 초고령 사회에서 방황하고 방랑하는 노인 수요를 어떻게 풀어낼지가 관건이다. '표류 → 정착'이야말로 사회적 비용 감소는 물론 경제적 효용 증가를 위한 사업 힌트로 좋다. 잉여화된 투명 인간의 노년 인구를 부채가 아닌 자산으로 재구성하는 패러다임을 채택하는 식이다. 정책 과제임과 동시에 사업 수요로 좋다. 특히 고령 속도를 보건대 선제 대응하는 것이 중요하다. 방치하면 최초 단계에서는 가족 영역의 망주(妄走) 갈등이지만, 곧 사회 갈등의 폭주(暴走) 사건으로 비화된다는 것이 초고령 사회 일본의 선례 경험이다.

가뜩이나 한정적인 자원의 노년 쏠림을 둘러싼 청년의 반발이 많다는 점에서 노인 표류를 역발상의 성장 기회로 활용함 직한 아이디어가 절실하다. 황혼 이혼처럼 개별 선택이 사회 문제로 번지지 않도록 다양한 연계 산업도 중요하다. 궁극적으로 실버 정치는 가속화될 것이다. 인구 규모의 절대 숫자가 지배하는 사회라면 파괴적인 인구 변화는 심화할 수밖에 없다. 절망 청년의 결혼과 출산을 통한 가족 분화는 기대하기 어렵다. 그렇다면 우리 사회의 지속 가능성은 한층 가파른 낭떠러지로 밀려날 수밖에 없다.

인구 트렌드를 새로운 비즈니스로

10대 인구 트렌드는 중대한 변화 지점이자 새로운 돌파 영역이다.

저출생과 고령화가 재촉한 가족 붕괴부터 달라진 대안 모델까지 연령별로 변화 흐름을 정리하면 큰 틀은 10대 인구 트렌드로 압축할 수 있다. 문제는 이들 달라진 생애 주기별 10대 인구 트렌드를 어떻게 적용하고 활용할 것인가다. 업종과 업력이 다를뿐더러 비즈니스 모델도 각양각색이라서 즉각적이고 실효적인 연결 힌트를 추출하는 것은 쉽지 않은 과제다. 확실한 것은 방치하면 사양 속에 소멸한다는 결론이다.

당장 10대 인구 트렌드와 50개 세부 키워드 가운데 본업의 밸류 체인, 고객의 욕구 지점과 관련해 고려하고 채택함 직한 우선순위를 정해두는 것이 먼저다. 이후 비즈니스 모델의 외곽 영역과 인구 트렌드와 세부 키워드를 결합해 기존 사업에 덧대거나 새롭게 실험해보면 좋다. 비즈니스 모델을 확장하기 위한 새로운 욕구로 트렌드와 키워드를 끼워 넣어보자는 뜻이다.

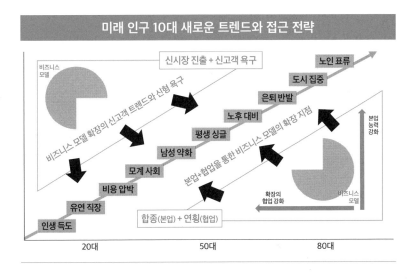

미래 인구 10대 새로운 트렌드와 접근 전략

이때 무턱대고 자본을 투입하기보다는 신중하게 협업을 하는 것이 바람직하다. 사내에서 잘하는 특화·본업 부분이라면 능력을 강화해 대응하고, 새롭게 붙어야 할 제공 가치라면 해당 업계의 1인자와 협업하는 것이 순리다. '본업 + 협업'의 적절한 조합으로 인구 트렌드를 사업 기회로 활용하는 전략이다.

10대 인구 트렌드는 위기라는 가면을 쓴 기회다. 당장은 살기 위한 변화가 트렌드로 연결되지만, 길게는 지속을 위한 공감과 혁신 작업의 출발에 가깝다. 인구 트렌드의 불편과 충격을 줄이고 막아줄 대안이면 우리 사회의 스케일 업에도 긍정적이다.

시절이 불확실할수록 광범위한 미래 예측과 선행적인 대응을 마련하려는 욕구는 커진다. 장밋빛 낙관론과 암울한 묵시록을 두루 살피되 취사선택해 참고 자료로 활용하면 좋다. 단, 한발 앞서 기회를 잡으려면 치밀하게 관심을 쏟고 정교하게 접근해야 한다.

트렌드를 찾는데 정답은 없지만, 방법은 많다. 그리고 미래 트렌드의 챙겨야 할 공통분모 가운데 인구 변화만큼 파워풀한 재료는 없다. 인구의 양적 질적 추세를 벗어난 미래 경로는 거의 없기 때문이다. 현실에서 벗어난 미래는 없듯 시스템적인 현재 분석은 앞날을 읽는 연결 힌트다. 단편적인 사실 조각을 묶어 미래 그림으로 완성하는 식이다. 인구 지표는 단발 숫자를 완성 대본으로 승화시킬 착화제로 제격이다.

거인의 어깨에서 바라보는 접근은 다른 말로는 인구 지표로 미래 경로를 찾으라는 말과 같다.

지속 가능한
뉴노멀

ESG가 화두로 떠올랐다. 과하다 싶을 만큼 ESG를 향해 내달린다. 재계부터 부처, 기관, 학계까지 뛰어든다. 당분간 경영 현장의 최우선적인 이슈가 될 전망이다. 그렇다면 왜 ESG일까. 느닷없는 확산만큼 생소한 개념은 아니다.

세계 최대 자산 운용사인 블랙록 CEO 래리 핑크(Larry Fink)가 지속 가능성을 투자의 결정 기준으로 삼겠다고 한 후 열풍이 일었다. 강력한 기관 투자자가 투자 기업을 분석할 때 비재무 가치로서 ESG를 적용하겠다니 당연지사다. 실제 환경을 파괴한 혐의가 있다면 반대표를 던지거나 투자 철회를 경고하기도 했다. 이후 잠시 주춤하기는 하지만, 현실 적용성은 여전하다.

각국 정부는 물론 경영 현장은 다급해졌다. 2000년대 초반 UN에서 책임 투자 원칙(PRI)을 처음 소개할 때만 해도 ESG는 또 하나의 틈 새시장 혹은 대안 관점에 머물렀지만, 지금은 따를 수밖에 없는 강력한 체크 항목이자 반영 항목으로 급부상했다.

ESG는 시대 변화가 낳은 트렌드다. 개념이 등장하고 20여 년 만에 일반 명사로 안착했다. 그동안 확인된 많은 부작용이 20여 년 전 ESG가 던진 초기 경고와 맞아떨어진 것이 한몫했다.

열심히 돈을 벌고 세금을 내면 그것으로 기업의 역할은 끝이라는 주주주의가 틀렸거나 잘못됐다는 숱한 증거에 직면한 결과다. 이를 시민 사회가 아닌 투자 시장에서 강조한 것이 사뭇 독특하다. 그 정도로 상황이 변했음을 뜻한다.

그래서 ESG는 당위론을 넘어 현실론에 가깝다. 포인트는 성장과 이윤을 둘러싼 새로운 관점이다. 기업의 사회적 책임을 강조한 '주주주의 → 윤리주의'와 맞닿는다. 기업 활동의 새로운 준칙 기준이자 달라진 패러다임인 셈이다.

하면 좋은 기업의 사회적 책임(CSR)이나 사회 가치를 내재화한 공유 가치 창출(CSV)을 더 명쾌히 규정한 외부적 요구와 압력에 가깝다. 줄어든 한정적인 자원과 다양한 이해관계자의 배분 방식을 재편해 지속 가능성을 높이라는 뜻이다. ESG의 방향은 희소화된 사람을 중시하는 쪽이다.

인구가 증가하면서 비롯된 압축 개발은 끝났다. 양극화는 커졌고, 환경은 나빠졌으며, 사람은 힘들어졌다. ESG는 그 갈등 구조를 이겨낼 대안적 접근법이다. 환경과 사람을 챙기며 다 함께 지속 가능한 삶을 누리자는 차원이다. 단순한 외압적인 숙제를 넘어 인구 감소에서 비롯된 성숙 성장을 위한 뉴노멀로 ESG를 활용해야 할 이유다.

ESG 열풍이 향하는 곳은

ESG는 선풍적이되 혼란스럽다. 피상에 머물 뿐 본질은 빠져버린 논쟁마저 펼쳐진다. 왕왕 빈 수레가 요란하듯 배가 산으로 가는 듯한 모습도 목격할 수 있다.

ESG는 새로운 관점과 방향, 그 이상도 이하도 아니다. 정해진 진리가 아닐뿐더러 일종의 방법론에 불과하다. 평가 방법만 600가지 이상이니 코에 걸면 코걸이 귀에 걸면 귀걸이가 자연스럽다. 똑같은 툴을 적용해도 측정한 결과는 다를 수밖에 없다.

동시에 ESG는 불완전하고 작위적이라서 공통의 적용 원칙도 없다. 비재무적 사회 가치를 평가하는 기존의 사회적 투자 수익률(SROI), 글로벌 사회 성과 투자 평가 시스템(GIIRS), 균형 성과표(BSC), ISO 26000 등의 한계가 그대로 있다. 투자 관점에서 사회 가치를 처음 강조한 것을 빼면 새로운 것은 별로 없다. 복잡하게 표현되는 ESG는 사회 가치 측정과 평가 방식이 갈수록 단순해지는 흐름과 비교된다.

똑같은 ESG를 묻는 모건스탠리캐피털인터내셔널(MSCI)이나 스탠더드앤드푸어스(S&P)의 평가 툴조차 항목, 가중치, 대용치 등이 제각각인 것은 형식보다 내용이 중요하다는 반증이다. 그래서 ESG 방법론에 함몰될 것이 아니라 만들어낸 비재무적 사회 가치(환경, 사회, 지배 구조)를 확인하고 개선할 수 있느냐가 중요하다. 창출해낸 비재무 가치가 객관적이고 중도적이고 설득력 있으며, 투명하게 개방되면 그것으로 충분하다.

ESG는 복잡한 개념은 아니다. 전문 용어와 폐쇄적인 정보가 허들을 높였지만, 기업 가치와 경영 평가의 무게 중심을 '재무 가치 → 사회 가치'로 옮기겠다는 의지 표명이 중요하다. 사회 가치를 챙기는 기업일수록 재무 가치도 좋다는 경험도 뒷받침한다. '사랑받는 기업'이 '위대한 기업'이라는 의미다.

사랑을 받으려면 돈만 밝혀서는 곤란하다. 그 대안이 환경, 사회, 지배 구조로 제안됐다. 지배 구조를 빼면 모두 경영 외적 변수다. 그간 무시하고 방치해온 이슈다. 다만 많은 사람의 삶에 직결되는 갈등 지점과 닿는다. 지배 구조도 소유와 지배의 불균형과 불평등이라는 점에서 자원 배분을 왜곡시켜 사회 갈등을 낳는다.

ESG의 방점은 위기를 기회로 삼는 지속 가능성에 있다. 출발은 심각한 사회 갈등을 낳는 불균형적인 개발 수혜와 자원 배분을 수정하는 데서 비롯됐다. 기업과 주주만 웃는, 성장 없는 번영의 반성 차원이라는 얘기다.

따라서 논점은 야수 자본과의 결별을 강조한 생태경제학과 맞물린다. 환경 부하에 맞선 지속 성장(E), 지역·이해관계자의 상생 협력(S), 참여·민주적 의사 결정과 자원 배분(G)의 제안과 같다. 포괄적인 사회 가치를 품는 성장 방식으로의 전환인 셈이다. 모든 삶의 품격을 높이는 우선 변수를 ESG로 요약할 수 있다. 그래서 갈등 진원지인 인구 문제의 해법도 ESG에서 찾을 수 있다.

ESG에 녹여 든 인구 해법의 힌트

ESG와 인구는 불가분의 관계다. 언뜻 무관하게 보이지만, 빙산 아래에서는 긴밀하게 연계된다. ESG는 '인구 증가 → 수요 확대 → 과잉 개발 → 훼손 지속 → 자본 독점 → 격차 심화 → 성장 한계 → 생활 압박 → 인구 감소'의 파괴적이고 연쇄적인 개발 논리를 거부한다. 무엇보다 ESG는 인구(사람) 문제로 치환할 수 있다. 이해관계자로 바꾸면 정확히 겹친다.

친환경 경영을 뜻하는 E는 기후 변화, 자원 고갈, 환경 파괴를 다룬다. 인구를 먹여 살리는 욕구가 민영화되며 시장 실패로 귀결된 개발우선주의를 끝내기 위함이다. 저비용으로 생산하는 석탄이 지속하기 힘든 기후 변화를 가속화하는 것처럼 인구 증가와 개발 압력의 연결을 끊자는 것이다.

S는 대놓고 사람(이해관계자)을 강조한다. 주주 중심에서 경영자, 직원, 공급자, 고객, 정부 등 사회 구성원 전체로의 경영 활동을 강조한다. 인권 경영, 근로 환경, 고용 관계뿐 아니라 직간접 관계성이 있는

이해관계자 모두의 생활 만족을 측정 항목에 포함하고 있다. MSCI의 35개 평가 항목 가운데 S에 16개가 포진한 것도 모호하나 꼭 물어야 할 성과로 해석할 수 있다.

G는 소유가 경영을 규율하는 메커니즘이지만, 광의로 보면 이해관계자의 권한과 책임, 관계를 다루므로 역시 사람과 밀접하다. 소수 오너의 불투명한 자원 독점에서 다양한 이해를 반영한 민주적 의사 결정은 물론 보수와 회계, 세금 등 성과 배분의 공정과 정의를 지향한다.

그렇다면 ESG는 기업 내외부의 다양한 사람을 챙기는 달라진 경영 방침일 수밖에 없다. 금권주의에서 인본주의로의 방향 전환이다. ESG는 저성장, 인구병과 논점을 공유한다. 그 상황을 돌파하기 위한 균형적이고 상생적 협력 시스템을 ESG로 요구한 결과다.

그래서 형식이 아닌 내용, 방식이 아닌 본질에 주목한다면 ESG는 인구 변화에서 비롯된 사회 문제를 해결할 강력한 추동 엔진이다. 불편해진 삶을 이겨내려는 대안 모델은 자연스럽다. 1%를 위한 99%의 볼모는 지속될 수 없다. 기울어진 운동장은 모두를 넘어뜨린다.

ESG는 자본이 살아내려는 몸부림에 가깝다. 탐욕 자본의 끝판이던 투자 시장의 문제 제기, 대안 실험이라서 특히 고무적인 변화로 이해할 수 있다. 강력한 사회 구성원인 기업이 외부의 장삼이사 삶까지 신경 쓴다면 많든 적든 사회 갈등은 줄어든다.

사회 가치와 재무 가치를 함께 챙기는 사회적 경제보다 비재무 가치로만 챙겨보겠다는 ESG의 실험은 더 진일보한 행보다. 물론 비재무 가치로만 투자 기준을 정하지는 않을 것이다. 어떤 식이든 이윤 극대화는 반영할 수밖에 없다. 그럼에도 ESG처럼 기업 밖의 생태계와 삶까지 품어보라는 달라진 자본의 새로운 시도가 갖는 파급력은 중요하다.

착한 기업과 행복한 로컬의 상관관계

ESG는 인구 갈등을 비롯한 수많은 사회 문제를 풀어낼 강력한 도구 장치로 유효하다. 잘하면 새로운 게임 원칙으로 안착하며 뉴노멀로 연결될 수 있다. 운동만 잘하는 선수보다는 실력에 인성까지 갖춘 인재가 많아져야 사회는 건강하게 유지할 수 있다.

특히 ESG는 압축 성장의 끝물에서 부작용과 딜레마에 갈피를 잃은 우리 사회에 유의미한 해결 힌트를 던져준다. 사회 문제에서 한발 비켜선, 수많은 파워풀한 자원과 능력을 지닌 기업이 신규 선수로 갈등 해결에 참여할 수 있어서다. 정부가 풀지 못한 과제를 특유의 효율성과 합리성을 결합해 성과(Impact)로 구체화할 수 있다.

인구 문제에 한정하면 ESG는 궁극적인 해결책인 저출생 장벽을 해소할 수 있다. 0.72명의 출산율은 우리 사회의 취약해진 지속 가능성을 단적으로 보여준다. 출산을 포기하는 데는 많은 이유가 있지만, 역산하면 불안정한 고용 현실로 귀결된다. 일자리가 불안한데 결혼과 출산이 나올 리 만무하다.

이때 ESG를 실현하면 고용은 개선할 수 있다. S의 핵심 항목 가운데 하나가 장기적이고 안정적인 고용인 데다 최근 MZ세대의 성과 배분 논쟁처럼 G와도 직결된다. 유력한 이해관계자인 직원의 고용 만족은 곧 출생 환경을 개선한다는 의미다. 인적 자원에 관한 관심과 배려를 평가하고 측정하면 기업은 신경 쓸 수밖에 없고, 이런 노력은 또 기업 문화로도 안착될 것이다.

'도시 집중 vs 지역 소멸'로 대변되는 도농 격차도 ESG가 들어오면 의외로 해결 실마리를 찾을 수 있다. 착하고 사랑받는 기업이 지역을 되살린다는 취지다.

서울과 수도권의 인구 밀집도는 위험 수위를 넘어섰다. 많은 경우 원인은 교육과 취업 탓이다. 즉 고연봉에 장기 고용을 기대할 수 있는 좋은 회사를 찾으려면 '로컬 → 도시'로의 사회 이동은 불가피하다. 최근에는 역으로 우수한 인적 자원을 찾아서 수도권으로 몰려드는 기업마저 생겨났다. 수익 창출과 자원 확보를 위한 합리적인 선택이지만, 지방 붕괴를 낳는 도농 불균형은 가속화한다.

이때 ESG라면 적으나마 기대 효과는 달라질 수밖에 없다. 당장 투자자에게 좋은 점수를 받지 못해서다. 반대로 로컬 사회에 참여하고 공헌하는 운명 공동체처럼 위치하면 상황은 역전된다. 어쩌면 더 좋은 점수를 받고자 로컬로 옮기는 회사가 생겨날 수도 있다. 로컬로서는 간만의 호기를 통해 역전의 발판으로 삼는 것이 좋다.

ESG가 확산되면 지역 활성화는 본격화될 것이다. 기업이 ESG를 위해 되레 지역에 노크할 수도 있다. ESG가 대세라면 기업은 지역 활

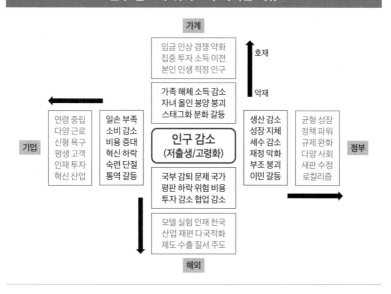

인구 감소가 위기보다 기회인 이유

가계

임금 인상 경쟁 약화
집중 투자 소득 이전
본인 인생 적정 인구

호재

가족 해체 소득 감소
자녀 올인 봉양 붕괴
스태그화 분화 갈등

악재

| 기업 | 연령 중립
다양 근로
신형 욕구
평생 고객
인재 투자
혁신 산업 | 일손 부족
소비 감소
비용 증대
혁신 하락
숙련 단절
통역 갈등 | **인구 감소**
(저출생/고령화) | 생산 감소
성장 지체
세수 감소
재정 악화
부조 붕괴
이민 갈등 | 균형 성장
정책 파워
규제 완화
다양 사회
새판 수정
로컬리즘 | 정부 |

국부 감퇴 문제 국가
평판 하락 위험 비용
투자 감소 협업 감소

모델 실험 인재 천국
산업 재편 다국적화
제도 수출 질서 주도

해외

성화만큼 명분과 실리를 갖출 대상도 별로 없다. 당연히 준비된 지역일수록 유리하다. 관료주의, 폐쇄주의, 하달주의의 경직성을 넘어 소중하고 대등한 파트너로 기업을 흡수하면 지역은 저절로 되살아난다.

한편 지방자치단체조차 ESG의 내재화는 당연시된다. 경영 평가에 사회 가치의 확대가 현실화됐다는 점에서 ESG는 행정 분야에도 적용할 수 있다. 선진국의 많은 지방자치단체가 국가지속가능발전목표(SDGs)를 경영 목표에 넣은 것은 우연이 아니다.

ESG의 학습 효과는 우리가 왜 인구 위기에 주목해야 하는지에 있다. 비용과 갈등을 유발하는 대단히 위협적이고 광범위한 과제지만 이를 잘 극복하고 체화하면 단순한 경쟁 우위가 아닌 달라진 질서 장악을 뜻하기 때문이다. 인구 악재 역시 뜯어보면 성장 호재의 거름이 될 수 있다.

가계는 경쟁 약화 속에 임금 인상을 기대하며 자녀 감소 덕에 소득 이전과 집중 투자가 가능해진다. 기업은 다양한 근로를 실현하며 새로운 욕구에 올라타 평생 고객을 혁신 모델로 품을 수 있다. 또 정부는 균형 성장의 돌파구를 통해 다양성 사회를 실현하고 새로운 제도 질서로 한강의 기적 2.0버전을 구체화할 수 있다. 이를 통해 요소 투입형에서 보완되고 대체된 신자본주의가 실험 단계를 넘어서면 우리나라 모델의 해외 수출은 물론 세계 질서까지 움켜쥘 수 있다. 물론 이를 위한 전제는 낯설고 힘겹다. 그렇다고 하지 않을 수는 더더욱 없는 노릇이다.

출발은 인구 감소가 기회일 수 있다는 긍정적인 인식 전환과 적극적인 해법 타진부터다. 타이밍은 무르익었다.

KI신서 11805

인구 감소, 부의 대전환
인구경제학이 찾아낸 미래 비즈니스 모델 총정리

1판 1쇄 발행 2024년 3월 27일
1판 4쇄 발행 2024년 5월 29일

지은이 전영수
펴낸이 김영곤
펴낸곳 (주)북이십일 21세기북스

인문기획팀 팀장 양으녕 **책임편집** 서진교 **마케팅** 김주현
디자인 표지 말리북 **본문** 푸른나무디자인
출판마케팅영업본부장 한충희
마케팅2팀 나은경 정유진 백다희 이민재
영업팀 최명열 김다운 권채영 김도연
제작팀 이영민 권경민

출판등록 2000년 5월 6일 제406-2003-061호
주소 (10881) 경기도 파주시 회동길 201(문발동)
대표전화 031-955-2100 **팩스** 031-955-2151 **이메일** book21@book21.co.kr

(주)북이십일 경계를 허무는 콘텐츠 리더

21세기북스 채널에서 도서 정보와 다양한 영상자료, 이벤트를 만나세요!

페이스북 facebook.com/jiinpill21 **포스트** post.naver.com/21c_editors
유튜브 youtube.com/book21pub **인스타그램** instagram.com/jiinpill21
홈페이지 www.book21.com

당신의 일상을 빛내줄 탐나는 탐구 생활 **〈탐탐〉**
21세기북스 채널에서 취미생활자들을 위한 유익한 정보를 만나보세요!

ⓒ 전영수, 2024
ISBN 979-11-7117-493-5 03320